Arbitragem de Investimento

Arbitragem de Investimento

IMPACTOS DO SISTEMA INTERNACIONAL DE PROTEÇÃO AOS DIREITOS HUMANOS

2022

Lucas de Medeiros Diniz

ALMEDINA

ARBITRAGEM DE INVESTIMENTO
IMPACTOS DO SISTEMA INTERNACIONAL DE PROTEÇÃO AOS DIREITOS HUMANOS

Autor: Lucas de Medeiros Diniz

Diretor Almedina Brasil: Rodrigo Mentz
Editora Jurídica: Manuella Santos de Castro
Editor de Desenvolvimento: Aurélio Cesar Nogueira
Assistentes Editoriais: Isabela Leite e Larissa Nogueira
Estagiária de Produção: Laura Roberti

Diagramação: Almedina
Design de Capa: Roberta Bassanetto

ISBN: 9786556276779
Novembro, 2022

Dados Internacionais de Catalogação na Publicação (CIP)
(Câmara Brasileira do Livro, SP, Brasil)

Diniz, Lucas de Medeiros
Arbitragem de investimento : impactos do sistema internacional de proteção aos direitos humanos / Lucas de Medeiros Diniz. – São Paulo : Almedina, 2022.

Bibliografia.
ISBN 978-65-5627-677-9

1. Arbitragem internacional 2. Direitos humanos 3. Direito internacional 4. Investimentos I. Título.

22-120912 CDU-341

Índices para catálogo sistemático:

1. Direito internacional 341

Eliete Marques da Silva – Bibliotecária – CRB-8/9380

Este livro segue as regras do novo Acordo Ortográfico da Língua Portuguesa (1990).

Editora: Almedina Brasil
Rua José Maria Lisboa, 860, Conj. 131 e 132, Jardim Paulista | 01423-001 São Paulo | Brasil
www.almedina.com.br

NOTA DO AUTOR

Partindo da noção contemporânea de direito internacional, que encontra nos direitos humanos o seu fator estruturante, o presente trabalho investiga o impacto do sistema jurídico internacional de proteção aos direitos humanos no sistema jurídico internacional de proteção aos investimentos, tomando como objeto de estudo a arbitragem de investimento.

Assim, após explanar esses dois sistemas normativos, bem como suas origens e acepções contemporâneas, apresenta-se, a partir das óticas dos principais sujeitos da arbitragem de investimento, quais sejam os investidores, os Estados, a sociedade civil na condição de *amicus curiae* e o próprio tribunal arbitral, de que formas as questões e os argumentos que tangenciam, direta ou indiretamente, o arcabouço normativo de proteção aos direitos humanos passaram a ser suscitadas no âmbito daquele mecanismo de solução de disputas.

Em seguida, a presente obra traz ao debate alguns casos emblemáticos em que tribunais arbitrais foram suscitados a enfrentar ou analisar questões típicas de direitos humanos para solucionar as lides apresentadas nas arbitragens de investimento.

Por fim, ante as dificuldades experimentadas pelos tribunais arbitrais de investimento relativas à sua falta de jurisdição para aplicação de normas que não estejam contempladas nos tratados de investimento demonstra-se ser necessário, tal como vem acontecendo de forma ainda bastante incipiente, que o sistema jurídico internacional de proteção aos investimentos passe pelo processo de humanização a ser refletido nos tratados de investimento.

Desejo a toda(o)s uma excelente leitura!

LUCAS DE MEDEIROS DINIZ

AGRADECIMENTOS

O presente livro é fruto da pesquisa que desenvolvi ao longo de três anos durante o Mestrado na Faculdade de Direito da Universidade de São Paulo (2018-2020), uma jornada extremamente enriquecedora, mas repleta de obstáculos, desafios e questionamentos. Naturalmente, a superação desses percalços só foi possível graças à constante presença da rede de apoio que construí ao longo da vida.

Devo iniciar revelando que, até vivenciar a pesquisa no nível de Pós-Graduação, não era dos maiores entusiastas de externar mensagens de gratidão em livros e textos científicos. Sempre enxerguei estes textos com certo ceticismo e não compreendia como algo tão subjetivo e pessoal, como um *agradecimento*, poderia integrar um trabalho com tamanha objetividade, como os textos científicos. Contudo, enquanto vivenciava a pesquisa de forma tão intensa e percorria esses longos anos na pós-graduação, revisitei, como é natural de qualquer pesquisador, diversos dos meus (pre)conceitos e, finalmente, entendi o motivo de se querer registrar em um livro acadêmico o quão grato ficamos a algumas pessoas. Isso ocorre porque, embora se busque, na pesquisa científica, responder a uma pergunta objetiva, o processo investigativo é bastante subjetivo e, muitas vezes, introspectivo, de forma que, ante a natureza gregária do ser humano, a passagem por esse árduo processo de investigação seria completamente impossível se não tivéssemos o apoio de mestres, amigos, familiares e colegas.

Por óbvio, minhas meras palavras não chegam nem perto de ser suficientes para expressar o quão grato sou – e sempre serei – àquele(a)s que estiveram do meu lado durante este processo, mas deixo aqui registrado que, sem vocês, este livro não teria saído do plano das ideias e encontrado a objetividade que permitiu sua concepção.

Pois bem. Feitas estas notas introdutórias, passo agora ao registro dos meus agradecimentos a todos e todas que, em maior ou menor grau, contribuíram para o curso dessa longa jornada.

Em *primeiro lugar*, como não poderia ser diferente, agradeço ao prof. Dr. Pedro Bohomoletz de Abreu Dallari, meu querido prof. Pedro, que não apenas aceitou a missão de orientar o mineiro recém-graduado que bateu à sua porta no Instituto de Relações Internacionais da USP, como o fez com maestria, estando presente em todos os momentos dessa jornada. Agradeço imensamente ao prof. Pedro, mestre que tanto me inspira, por todas as longas conversas, pelo imprescindível e constante apoio e pelo minucioso e cuidadoso trabalho com minha dissertação, que deu origem a este livro.

Em *segundo lugar*, agradeço à minha querida Júlia, fiel companheira de estrada, que esteve presente durante todo o processo de pesquisa que deu origem a este livro, sempre, a qualquer hora do dia ou da noite, com uma palavra motivacional ou um simples abraço carinhoso. Agradeço pelo companheirismo, pela parceria e pela paciência. Afinal, não é qualquer pessoa que sempre se voluntaria a fazer uma cuidadosa revisão desse texto e que se acostuma a viver permeada por livros e *post-it* na mesa da sala de jantar.

Agradeço também aos meus pais, Heloiza e Tomaz, que, além de terem fornecido as bases para qualquer conquista, não apenas me atura(ra)m falando repetidamente sobre arbitragem de investimento, mas sempre foram condescendentes com a impossibilidade de estar em Belo Horizonte em muitas ocasiões. Mãe, Pai, o contínuo apoio de vocês foi – e sempre será – fundamental.

Agradeço também ao querido prof. Luiz Olavo Baptista (*in memoriam*), com quem tive a feliz oportunidade de trabalhar e que tanto me inspirou a seguir neste caminho. Certamente, o resultado dessa pesquisa é fruto de ideias originadas e debatidas em nossas diversas conversas no nosso eterno Atelier Júridico e das preciosas lições em minha banca de qualificação.

Agradeço, também, aos demais professores que tão bem me acolheram nas arcadas e construíram em mim o orgulho e a felicidade de ser um franciscano. Agradeço, especialmente, ao prof. Rodrigo Octávio Broglia

Mendes, que não apenas esteve na minha banca de qualificação, como, hoje, me dá a honra de ser seu assistente e diariamente, com toda sua calma e sensatez, auxilia na minha formação como jurista.

Agradeço a todo(a)s o(a)s amigo(a)s querido(a)s, dos mais antigos aos mais recentes, que sempre estiveram dispostos a ouvir minhas questões jurídicas, meus dilemas e, principalmente, minhas lamúrias. Para não correr o risco de cometer quaisquer injustiças, abstenho-me de mencionar seus nomes, mas estou certo de que estes sabem a quem me refiro e que, sem vocês, percorrer este caminho não teria sido possível.

Agradeço, ainda, ao Comitê Brasileiro de Arbitragem e os membros da sua Diretoria, tanto da atual gestão como de gestões passadas, por terem me concedido a oportunidade de publicar minha pesquisa na Coleção CBAr. Agradeço especialmente à Debora Visconte, ao André Abbud e ao Giovanni Nanni, não apenas por terem me recebido no nosso CBAr com tanto carinho e plantado em mim a semente da arbitragem, que, desde então, venho cultivando com tanto cuidado, mas por sempre terem me incentivado na minha pesquisa e na sua publicação. Vocês, sem dúvida, são exemplos e me motivam, diariamente, a regar esta semente para que minha árvore floresça como a de vocês.

APRESENTAÇÃO

Desde que ingressei nas minhas duas graduações, as quais cursei concomitantemente, as diferenças dos cursos de direito e relações internacionais sempre me intrigaram. Fosse pela didática dos professores, fosse pelo perfil dos alunos, fosse pelos próprios campos de estudo em si, fiquei estarrecido como áreas da ciência tão próximas poderiam ser tão diferentes.

Aos poucos e à medida que fui imergindo em ambas as áreas, fui percebendo que, de fato, esses campos jamais poderiam ser idênticos, afinal, de um lado, a base de estudo partia de um ambiente absolutamente anárquico, sem qualquer autoridade suprema, e, do outro, a premissa era justamente a existência de uma autoridade central que, por meio de um pacto social, visava a organizar a sua sociedade civil, exterminando qualquer resquício do estado hobbesiano de natureza.

Ao longo do curso de relações internacionais, talvez precisamente em decorrência desse dualismo entre ser um jurista e um analista de relações internacionais, fiquei fascinado em compreender como o ambiente transnacional, sem qualquer autoridade central, teria um alto grau de governança.

Foi neste contexto que me deparei com o conceito de regimes internacionais, que me motivou a investigar, no meu trabalho de conclusão de curso, mecanismos de se mensurar a eficácia desses regimes. Para fazê-lo, aplicando os conceitos de Oran Young, tomei como base o regime de proteção aos direitos da criança e o analisei à luz do alto índice de recrutamento forçado de crianças pelo *Lord's Resistance Army*, em Uganda. O trabalho deu, posteriormente, origem a um artigo publicado pela revista de relações internacionais da Pontifícia Universidade Católica de Minas Gerais.[1]

Dali em diante, resolvi direcionar meus estudos para o direito internacional, buscando entender, principalmente, como os conflitos entre dois Estados ou entre entes privados de dois Estados distintos poderiam (ou deveriam) ser resolvidos. Foi ali que me deparei com a arbitragem, método volitivo que oferecia às Partes um foro neutro, sem a imposição de um sistema jurídico e com a preponderância do respeito à sua vontade (*pacta sunt servanda*), como mecanismo de solução de controvérsias.

Alguns anos depois, em meu trabalho de conclusão de curso no direito, busquei compreender como o ordenamento jurídico brasileiro lidava com a internalização de medidas cautelares proferidas no âmbito das arbitragens comerciais cujas sedes fossem fora do Brasil.

Dali em diante, adotando as premissas do prof. Carlos Alberto Carmona, passei a ver a arbitragem como o mecanismo adequado para a solução de controvérsias, e comecei, naquele momento, a não mais buscar pontos de divergência entre o direito e as relações internacionais, mas sim os planos de convergência entre estes dois campos, tendo como cerne a resolução de disputas.

Nesta procura, deparei-me, então, com um campo relativamente novo – e ainda muito pouco explorado no Brasil – que conferia a um ente privado a possibilidade de litigar em pé de igualdade contra um Estado. Esse intrigante mecanismo de solução de controvérsias, denominado, arbitragem de investimento, possibilitava a investidores internacionais que tivessem seus direitos violados em um território estrangeiro, pleitear, perante um tribunal arbitral, indenizações por danos eventualmente sofridos.

Ao estudar as arbitragens de investimento, gradativamente, fui constatando que questões de direitos humanos eram tópicos de recorrentes discussões naquelas decisões arbitrais. Apesar disso, na maioria das vezes, os tribunais não se reconheciam competentes para verificar as demandas relacionadas aos direitos humanos, afinal, suas jurisdições estavam

[1] DINIZ, Lucas. As Crianças Invisíveis: O Regime de Proteção à Utilização de crianças nas Forças Armadas do Lord's Resistance Army. **Revista Fronteira**. Belo Horizonte: PUC Minas. Disponível em: <http://periodicos.pucminas.br/index.php/fronteira/article/view/8431>. Acesso em 12 jul. 2020.

adstritas aos limites impostos pelos termos dos tratados de investimento que embasavam aquelas demandas, instrumentos estes que, por sua vez, apenas previam questões relativas à proteção dos investimentos. Muito embora não me parecesse fazer sentido impedir que o árbitro, na função de um adjudicador internacional, analisasse as questões de direitos humanos no âmbito da arbitragem de investimento, a premissa máxima determinava que o direito internacional seria fragmentado.[2] Logo, os tribunais, nas arbitragens de investimento, eram incumbidos de analisar exclusivamente o caráter econômico das disputas entre investidores e Estados.

Ocorre que, tal como a arbitragem de investimento demonstrava empiricamente, o direito internacional não se mostrava efetivamente setorizado, mas se apresentava como um emaranhado de sistemas que permeavam entre si, especialmente com relação às normas de direitos humanos. Aliás, muitas das críticas tecidas ao sistema de arbitragem de investimento decorriam justamente da sua falta de diálogo com as normas típicas do sistema de proteção aos direitos humanos.[3]

No início de 2017, fui agraciado com a oportunidade de trabalhar com o prof. Luiz Olavo Baptista (*in memorian*), com quem tive a honra de aprender sobre o funcionamento das arbitragens de investimento. Ali, auxiliando o professor, pude perceber, na prática, a constante interação daquele sistema com outros diversos ramos do direito internacional. À luz das longas conversas com o meu querido Dr. Luiz, fui me convencendo da impossibilidade de se analisar o direito internacional de forma estanque. Por isso, resolvi investigar mais a fundo essa relação da arbitragem de investimento com outros sistemas jurídicos, tomando como base, então, o sistema internacional de proteção aos direitos humanos.

Ao ingressar no processo seletivo do mestrado da Faculdade de Direito da Universidade de São Paulo (respectivamente, "FD-USP" e "USP"), lembro-me de, após depositar meu projeto, ter ido timidamente ao

[2] "*The new global configuration builds on informal relationships between different types of units and actors while the role of the state has been transformed from legislator to a facilitator of self-regulating systems.*" (KOSNENNIEMI, Martti; LEVINO, Päivi. Fragmantation of International Law? Postmodern Anxieties. **Leiden Journal of International Law**. Vol. 15. Issue 03, 2002, p. 557).

[3] STEININGER, Silvia. What's Human Rights Got to Do with It? An Empirical Analysis of Human Rights References in Investment Arbitration. **Leiden Journal of International Law**, 2017.

Instituto de Relações Internacionais ("IRI") da USP na expectativa de que o ilustríssimo prof. Pedro Dallari aceitasse me orientar no programa de Pós-graduação da FD-USP. Recordo-me, em nossa conversa, da minha tentativa de me esquivar do debate sobre a fragmentação do direito internacional, pois arguia, de forma bastante acanhada, que os sistemas jurídicos de investimentos internacionais e de direitos humanos não apenas interagiam, mas, na verdade, se imiscuíam. Até que em um dado momento, o professor, muito categoricamente, me deixando bem mais tranquilo em nossa conversa, comentou que "*se o sistema político internacional é fragmentado, essa automática correlação com o direito não se justifica*[ria]."[4] Naquele momento, tive certeza de que o amparo do prof. Pedro seria imprescindível para o desenvolvimento da minha pesquisa, como de fato o foi. Basicamente, este é o ponto que se demonstra com a presente obra.

Neste livro, cuja origem é a minha pesquisa realizada no Mestrado da FD-USP busquei compreender o soerguimento das normas internacionais de proteção aos direitos humanos no âmbito das arbitragens de investimento.

Para fazê-lo, perpasso, inicialmente, pela origem e pelo funcionamento do sistema internacional de proteção ao investimento, tendo como enfoque principal o surgimento da arbitragem de investimento e a crise de legitimidade enfrentada, hoje, por este método de resolução de conflitos. Na sequência, levo os leitores à origem do sistema internacional de proteção aos direitos humanos, com especial atenção à transposição dos direitos humanos para o ambiente internacional. A partir daí, convido os leitores a compreender, em um primeiro momento, teoricamente, como as questões de direitos humanos passaram a surgir nas arbitragens de investimento e, na sequência, procuro demonstrar de forma prática, à luz de diversos precedentes, a permeabilidade desses dois sistemas.

Por fim, busco demonstrar como a nova ordem global, que tem nos direitos humanos o seu fator estruturante, clama por uma visão mais holística dos sistemas jurídicos internacionais e requer, cada vez em maior escala, a preponderância da proteção aos direitos humanos. Concluo,

[4] DALLARI, Pedro. The integration of Law in a Politically fragmented world. *In* VALENTE, Isabel Maria Freitas; OLIVEIRA Iranilson Buriti de (Coord). **Euro-atlântico: Espaço de Diálogos.** Editora da Universidade Federal de Campina Grande Imprensa da Universidade de Coimbra, 2017. p. 42.

então, que é necessário que o sistema internacional de proteção aos investimentos, incluindo a arbitragem de investimento, passe, tal como já é uma tendência nos diversos sistemas jurídicos internacionais, por um processo de humanização, isto é, de centralização dos direitos humanos. Felizmente, embora um longo e árduo caminho ainda deva ser percorrido para se garantir arbitragens de investimento mais humanas, os primeiros passos já foram dados, de forma que ainda é possível resgatar o sistema internacional de proteção aos investimentos e torná-lo mais hodierno e afeto às questões de direitos humanos.

Inverno, 2022.

LUCAS DE MEDEIROS DINIZ

PREFÁCIO

UMA CONTRIBUIÇÃO À CONSIDERAÇÃO DA ARBITRAGEM DE INVESTIMENTO NO CONTEXTO DA INTEGRAÇÃO DO DIREITO E DA CONFORMAÇÃO DA ORDEM JURÍDICA GLOBAL

Este livro – Arbitragem de investimento: impactos do sistema internacional de proteção aos direitos humanos – é fruto da excelente dissertação de mestrado que Lucas Medeiros Diniz defendeu no final de 2020 na Faculdade de Direito da Universidade de São Paulo. Fui seu orientador nessa sua jornada na pós-graduação e tive muita satisfação em acompanhar a evolução do trabalho de pesquisa que desenvolveu. E dele me beneficiei grandemente, entre outros modos, ao contar com a assistência de Lucas em curso de direito internacional que ministrei naquele mesmo ano no Instituto de Relações Internacionais.

Da leitura da obra, ressalta descrição minuciosa sobre a evolução e o atual estado da arbitragem de investimento como mecanismo de solução de controvérsias no plano internacional. Esse qualificado enfoque descritivo, próprio das dissertações de mestrado, propicia um conjunto de informações muito relevante e útil, não só para o meio acadêmico, mas, indo além dele, no universo concreto da condução prática dos procedimentos de arbitragem.

Há, no entanto, uma dimensão ainda mais significativa nesta produção de Lucas, decorrente de sofisticada elaboração intelectual que conferiu à sua dissertação de mestrado a qualidade de verdadeira tese de doutorado, para a qual as regras universitárias exigem reflexão científica de feição inovadora. Com efeito, a abordagem da obra permite a clara visualização da arbitragem de investimento como mecanismo que ilustra de forma significativa a tendência de integração do direito em âmbito internacional, na nítida perspectiva da configuração de uma ordem jurídica global que tem no ser humano sua unidade sistêmica básica.

Ao identificar o impacto crescente dos princípios e normas de direitos humanos em procedimentos formalmente subordinados, sob a perspectiva material, a rígidos parâmetros contratuais de natureza estritamente econômica, Lucas demonstra inequivocamente a superação do quadro de fragmentação usualmente associado ao direito internacional. Por meio desse registro, aponta, a pesquisadores acadêmicos e operadores jurídicos, um quadro evolutivo na esfera das negociações econômicas em que será cada vez maior o impacto de critérios fundados nos direitos humanos. Um rol que inclui o direito à não discriminação, o direito à saúde, o direito à proteção social, o direito à segurança e o direito ao meio ambiente equilibrado, entre tantos outros, vem crescentemente se impondo como condicionante das relações econômicas, fenômeno que fica claramente evidenciado.

Assim, mais do que trazer informações acuradas sobre o regime jurídico atual da arbitragem internacional de investimento, o que, por si só, é de grande valor, esta obra permite constatar uma tendência e antecipar o futuro, o que a torna ainda mais valiosa. Os benefícios que advirão de sua leitura são, portanto, especialmente significativos.

Ao finalizar esse breve prefácio, não posso deixar de registrar fato marcante no curso da jornada acadêmica de Lucas. Integrou a banca de seu exame de qualificação de mestrado, em 29 de agosto de 2019, o notável jurista Luiz Olavo Baptista, antigo professor titular de direito do comércio internacional na Faculdade de Direito, que, entre diversas funções desempenhadas ao longo da vida, havia sido presidente do Órgão Permanente de Apelação, o tribunal judicial da Organização Mundial do Comércio. Especialista na matéria objeto do projeto de qualificação, Luiz Olavo tinha sido meu professor na graduação, e Lucas havia trabalhado com ele no início de sua vida profissional, o que nos levou a querer tê-lo conosco no exame, como forma de reconhecimento e homenagem. A idade avançada e a saúde debilitada não impediram o homenageado de oferecer importante contribuição ao projeto, com observações judiciosas e instigantes.

Terminado o exame, no final da manhã daquela quinta-feira de agosto, acompanhei mestre Luiz Olavo até a garagem da Faculdade. Lá nos despedimos pela última vez. Menos de dois meses depois, ele faleceu. Aquela havia sido sua derradeira atividade acadêmica pública. No momento em que ele se ia, dava-se, com a participação dele, a emergência de um novo jurista, o autor desta obra, seguindo-se, assim, a ordem natural da academia, da ciência e da vida.

São Paulo, setembro de 2022.

PEDRO BOHOMOLETZ DE ABREU DALLARI
Professor Titular de Direito Internacional do Instituto
de Relações Internacionais da Universidade de São Paulo

LISTA DE SIGLAS E DEFINIÇÕES

AG ONU	Assembleia Geral da Organização das Nações Unidas
ASEAN	Associação de Nações do Sudeste Asiático
Carta da ONU	Carta da Organização das Nações Unidas
CCI	Corte de Comércio Internacional
CEDH	Convenção Europeia para a Proteção dos Direitos do Homem e das Liberdades Fundamentais
CIDH	Convenção Interamericana de Direitos Humanos
CIADI ou ICSID	Centro Internacional para a Arbitragem de Disputas sobre Investimentos (do inglês, *International Centre for Settlement of Investment Disputes*)
CIJ	Corte Internacional de Justiça
CPA ou PCA	Corte Permanente de Arbitragem (do inglês, *Permanent Court of Arbitration*)
Corte Europeia de DH	Corte Europeia de Direitos Humanos
Corte Interamericana de DH	Corte Interamericana de Direitos Humanos
CPJI	Corte Permanente de Justiça Internacional

CVDT	Convenção de Viena sobre o Direito dos Tratados de 1969
Declaração Francesa	Declaração dos Direitos do Homem e do Cidadão de 1789
DUDH	Declaração Universal dos Direitos Humanos (1948)
ECT	Tratado da Carta da Energia (do inglês, *Energy Charter Treaty*)
FCN	Tratados de Amizade, Comércio e Navegação (do inglês, *Treaties of Friendship, Commerce and Navigation Investment*)
FTAs	*Free Trade Agreements*
GATT	Acordo Geral de Tarifas e Comércio (do inglês, *General Agreement on Tariffs and Trade*)
ILC	*International Law Commission*
MAI	*Multilateral Agreement on Investment*
NAFTA	*North American Free Trade Agreement*
OCDE	Organização para a Cooperação e Desenvolvimento Econômico
OMC	Organização Mundial do Comércio
OMS	Organização Mundial da Saúde
ONG	Organizações Não Governamentais
ONU	Organização das Nações Unidas
OPAS	Organização Pan-Americana da Saúde
OIT	Organização Internacional do Trabalho
RIs	Relações Internacionais
SCC	*Arbitration Institute of the Stockholm Chamber of Commerce*
SIPDH	Sistema Jurídico Internacional de Proteção aos Direitos Humanos

SIPI	Sistema Jurídico Internacional de Proteção aos Investimentos
STF	Supremo Tribunal Federal do Brasil
TBIs ou BITs	Tratados Bilaterais de Investimento (do inglês, *Bilateral Investment Treaties*)
TPI	Tribunal Penal Internacional
UNCITRAL	Comissão das Nações Unidas para o Direito Comercial Internacional (do inglês, *United Nations Commission on International Trade Law*)
UNCTAD	Conferência das Nações Unidas sobre Comércio e Desenvolvimento (do inglês, *United Nations Conference on Trade and Development*)
UNGP	Princípios Orientadores sobre Empresas e Direitos Humanos das Nações Unidas (do inglês, *United Nations Guiding Principles on Business and Human Rights*)
URSS	União das Repúblicas Socialistas Soviéticas
UE	União Europeia
HRBHRA	*Hague Rules on Business and Human Rights Arbitration*
Regulamento ICSID	Regras Procedimentais implementadas pelo ICSID
Secretaria da Convenção-Quadro	Secretaria da Convenção-Quadro da OMS para o Controle do Tabaco
Convenção-Quadro	Convenção-Quadro da OMS para o Controle do Tabaco

SUMÁRIO

INTRODUÇÃO

O cenário internacional contemporâneo é marcado por uma expressiva teia transnacional de relações comerciais. A solidificação da *comunidade humana internacional*, constituída após o fim da Segunda Guerra Mundial (1939-1945) e fortalecida após o término da Guerra Fria (1947-1991), dá ensejo a uma paulatina dissolução das fronteiras de forma que, cada vez em maior escala, investidores nacionais de um determinado país passam a aplicar seus recursos em territórios alienígenas com o propósito de auferir lucro.

Contudo, investimentos internacionais implicam não apenas a assunção dos riscos inerentes da atividade em si, mas a sujeição de ativos a uma legislação e uma jurisdição estrangeira. Justamente em razão dessa insegurança jurídica enfrentada pelos investidores internacionais, a comunidade transnacional passou, em meados da década de 1960, a instrumentalizar, por via de tratados, uma série de princípios, regras e normas[5] que visavam a resguardar os investimentos estrangeiros de eventuais práticas expropriatórias por parte dos governos dos Estados receptores de investimento.

[5] Embora no presente trabalho a utilização dos termos normas e regras aconteça de forma intercambiável, posto que as causas estruturais dos regimes internacionais, segundo o preceituado na teoria das relações internacionais, não são relevantes para a análise ora proposta, como se verá mais a frente ao analisar a formulação dos regimes, segundo a ciências políticas, há uma distinção entre estes dois elementos na doutrina encetada por Stephen Krasner.

Como a mera previsão de garantias substantivas acabava não sendo suficiente para assegurar que os Estados cumprissem aquelas normas, a partir de um determinado momento, aqueles tratados de investimento passaram a instituir também um procedimento de resolução de disputas que tinha como objetivo permitir que investidores pleiteassem, na esfera internacional, indenizações em face de Estados estrangeiros. O principal desses mecanismos de tomada de decisões, isto é, a principal forma de solução de controvérsias, correspondeu à arbitragem de investimento, que, rapidamente, assumiu um importante papel no cenário internacional e se difundiu por quase todos os tratados de investimento.

Basicamente, aquela espécie de arbitragem preconizada nos tratados de investimento, que muito se aproximava de um procedimento arbitral comum, garantia *ex ante* aos investidores o consentimento de Estados para que eventuais lides relacionadas aos seus investimentos fossem solucionadas por tribunais compostos por árbitros nomeados pelas próprias partes. Àqueles árbitros, então, eram atribuídas as missões de julgar eventuais acusações de alegadas transgressões aos termos dos tratados de investimento opostas pelos investidores aos Estados.

Os tratados de investimento, contendo cláusulas arbitrais, se difundiram rapidamente pela comunidade internacional, de forma que mais de 3.200 (três mil e duzentos) tratados, com previsão de cláusulas compromissórias, foram firmados em um lapso temporal de pouco mais de 30 (trinta) anos.[6] Esta complexa rede de tratados de investimento, embora descentralizada e fragmentada, conta com disposições normativas altamente similares entre si, o que permite concluir pela existência de, como conceitua a doutrina majoritária na área do direito econômico internacional com base em um conceito típico da teoria das relações internacionais, um *regime internacional de proteção aos investimentos.* Esse conceito é utilizado para revelar a configuração não apenas jurídica desses tratados, que, também, são fortemente permeados de elementos sociais e políticos. Importante esclarecer desde já que, embora seja este o conceito adotado majoritariamente pela doutrina especializada em direitos dos investimentos, o presente trabalho ater-se-á à uma análise de aspectos de direito e, por considerar apenas o arcabouço normativo desse *regime*

[6] Informações disponibilizadas pela pela UNCTAD. **Investment Policy Hub**. Disponível em <https://tinyurl.com/y5aba2ke>. Acesso em 5 out 2020.

internacional de proteção aos investimentos, referir-se-á ao sistema jurídico internacional de proteção aos investimentos ("SIPI").

Assim como houve progresso na área de proteção aos investimentos internacionais no cenário pós Segunda Guerra Mundial (1939-1945), outras áreas das relações internacionais ("RIs") também foram impulsionadas na esfera política internacional. Essa intensificação nas RIs deu ensejo, então, ao estabelecimento de agendas políticas múltiplas, as quais acreditava-se que deveriam ser fragmentadas em *regimes internacionais* especializados e, supostamente, autônomos. Com efeito, surgem, na esfera internacional, diversos conjuntos de *princípios, normas, regras* e *procedimento de tomada de decisão*[7] sobre áreas políticas distintas, tais como o regime do comércio internacional, representado pelo sistema Acordo Geral de Tarifas e Comércio ("GATT", do inglês *General Agreement on Tariffs and Trade*) e posteriormente pela Organização Mundial do Comércio ("OMC"), o regime para combate e controle do desenvolvimento e disseminação de armas nucleares, o regime de proteção ao meio ambiente e outros. Consequentemente, essa fragmentação da política internacional criou a ilusão que o direito internacional e seus diversos sistemas jurídicos também deveriam ser segmentados.

Contudo, gradativamente, a instrumentalização das normas daqueles vários sistemas vigentes na esfera internacional foi demonstrando que, mesmo que o sistema político pudesse ser analisado de forma desmembrada, o direito internacional não o poderia ser, afinal, trata-se de uma ordem jurídica una.[8]

Exemplo patente dessa impossibilidade de tratar os diversos sistemas jurídicos formadores do direito internacional de forma estanque são evidenciados, justamente, no âmbito das arbitragens de investimento. Nesse

[7] Estes são justamente os elementos constitutivos de um *regime internacional* no âmbito das RIs, segundo o preceituado por Stephen Krasner. (Cf., KRASNER, Stephen. Causas Estruturais e Consequências dos Regimes Internacionais: Regimes Como Variáveis Intervenientes. **International Organization**, v. 36, n. 2. Cambridge: Spring, 1982. p. 185-205. Tradução: Dalton Guimarães, Feliciano Guimarães e Gustavo Biscaia de Lacerda. Rev. Sociol. Polít., Curitiba, v. 20, n. 42, jun. 2012. p. 93).

[8] PELLET, Alain. Notes sur la "fragmentation" du droit international: Droit des investissements internationaux et droits de l'homme. *In* ALLAND, Denis; CHETAIAL, Vincent; FROUVILLE, Olivier; VIÑUALES, Jorge (coords). **Unité et diversité du droit international: Ecrits en l'honneur du Professeur Pierre-Marie Dupuy**. Haia: Nijil | Brill, 2014. p. 762.

mecanismo de solução de disputas, embora os árbitros sejam suscitados a resolver questões relativas à aplicação das normas típicas do SIPI, cada vez em maior frequência se vêem instados a aplicar normas típicas do sistema internacional de proteção aos direitos humanos ("SIPDH"). Com efeito, a permeabilidade das normas do SIPDH no âmbito das arbitragens de investimento evidencia "[...] *a procedural or institutional-type of unity for the international arbitration regime, as well as a substantive-type of unity between these two bodies of law*".[9]

Essa intrínseca conexão entre o SIPDH e o SIPI, que impede a análise dos dois sistemas jurídicos como se autônomos fossem, decorre do processo de humanização do direito internacional que se iniciou, primordialmente, após a Segunda Guerra Mundial (1939-1945). Até aquele trágico episódio da história mundial, as questões de direitos humanos eram, a rigor, disciplinadas no âmbito doméstico, sendo cada Estado inteiramente responsável por sua população. Contudo, os horrores do nazifascismo demonstraram que a preponderância da soberania absoluta, tal como idealizada pela Paz de Westefália (1648), levaria ao colapso da espécie humana. Naquele momento, a esfera internacional se mobilizou e passou a gravitar em torno da proteção dos indivíduos, instituindo o *regime internacional de proteção aos direitos humanos*. O arcabouço normativo desse regime, o SIPDH, passaria, então, a reger toda a base e estrutura do direito internacional contemporâneo. Afinal, tal como se reconheceu naquele contexto pós-guerra, o bem jurídico tutelado pelo direito internacional, ou seja, o seu verdadeiro sujeito, era, em último grau, o próprio indivíduo.

A relação entre SIPI e SIPDH foi justamente o que se buscou entender e analisar neste trabalho. Embora, por muito tempo, a proteção aos investimentos internacionais e dos direitos fundamentais tenham sido vistas como dois universos paralelos – e até mesmo antagônicos –, nos últimos anos, verificou-se um exponencial aumento da menção de questões típicas dos direitos humanos no âmbito das arbitragens de investimento. Afinal, os direitos humanos e as disposições de investimento não só podem ser complementares, especialmente na proteção do direito à propriedade,

[9] FRY, James. International Human Rights Law in Investment Arbitration: Evidence of International Law's Unity. **Duke Journal of Comparative & International Law**. V. 18, nº 1. Nova Iorque: DJCIL, 2007. p. 80.

como podem, também, impor aos Estados deveres de limitar as obrigações contraídas em acordos de investimento.

Partindo, então, do pressuposto de que as normas de direitos humanos e as regras dos tratados de investimento não poderiam ser vistas como dois sistemas jurídicos autônomos, mas sim como permeáveis entre si e integrantes de um mesmo universo jurídico, buscou-se entender de que forma as questões de direitos humanos vêm sendo suscitadas na arbitragem de investimento. A análise proposta no presente trabalho buscou sistematizar situações em que as normas típicas de direitos humanos foram trazidas para o âmbito da arbitragem de investimento sob quatro perspectivas, quais sejam: (*i*) a proteção aos direitos humanos dos investidores; (*ii*) a responsabilidade dos Estados de agir para garantir os direitos humanos de sua população; (*iii*) o empoderamento da comunidade civil para levar ao conhecimento dos tribunais arbitrais questões relativas à proteção de direitos humanos; e (*iv*) a complementariedade das normas de direitos humanos frente às normas típicas de investimentos como fundamento do tribunal arbitral para o proferimento de sua decisão. Com efeito, os cinco capítulos do livro percorrem o caminho lógico utilizado para se fazer a presente investigação.

O *primeiro capítulo* visa a explanar a origem do regime internacional de proteção de investimentos e, em especial, do sistema normativo que o integra, o SIPI, bem como a origem da arbitragem de investimento, mecanismo de solução de disputas típico daquele sistema jurídico. Com efeito, perpassar-se-á pela natureza desse mecanismo de resolução de controvérsias e pelas diversas fontes aplicáveis aos deslindes das controvérsias. Ao final do capítulo apresentar-se-á algumas das críticas que tal sistema vem sofrendo, especialmente em relação a uma suposta visão pró-investidor dos tribunais e em razão da insularização do SIPI no que diz respeito aos outros sistemas normativos que compõem o direito internacional.

O *segundo capítulo*, por sua vez, objetiva explanar o surgimento do sistema internacional de proteção aos direitos humanos, buscando conceituar o que efetivamente seriam os direitos humanos, perpassando pelo seu processo evolutivo e apresentando as principais características desse sistema jurídico sob a ótica internacional, que teve o condão de alterar toda a sistemática do direito internacional e assumir, hoje, o seu epicentro.

O *terceiro capítulo*, sincretizando o exposto nos dois capítulos anteriores, tem por finalidade justamente analisar teoricamente algumas das possibilidades de se constatar a introdução de questões típicas de direitos humanos no âmbito da arbitragem de investimento, fazendo-o sob as diferentes óticas dos principais sujeitos desse mecanismo de resolução de disputas, quais sejam: os *Estados*, na condição de requeridos nas arbitragens de investimento; os *investidores*, sob a qualidade de requerentes; os *terceiros*, admitidos (ou não) como *amici curiae*; e o *tribunal arbitral*, que recorre àqueles instrumentos como parâmetros e diretrizes interpretativas.

O *quarto capítulo*, seguindo a mesma categorização proposta no *terceiro capítulo*, propõe-se a trazer exemplos práticos dessa permeabilidade entre os dois sistemas jurídicos ora analisados, apresentando alguns precedentes de arbitragens de investimento em que os tribunais foram instados a analisar questões relativas aos direitos humanos. Buscou-se, por óbvio, a fim de demonstrar a imiscuição entre estes dois arcabouços normativos, focar naqueles direitos humanos que não estão tipicamente preconizados nos tratados de investimento, como é o caso do respeito à propriedade privada e a um julgamento justo e equitativo. Neste capítulo, procurou-se também identificar as principais dificuldades encontradas pelos tribunais em lidar com os argumentos dos direitos humanos.

Por fim, o *quinto capítulo*, à luz de todos os capítulos anteriores, visa a explanar a necessidade de se assegurar aos tribunais arbitrais a competência para se sopesar questões de direitos humanos no escopo de sua jurisdição fixada pelas cláusulas compromissórias firmadas nos tratados de investimento, o que já vem sendo alcançado por muitos dos tratados de investimento em diferentes graus. Afinal, desde o advento da Carta da Organização das Nações Unidas (respectivamente "ONU" e "Carta da ONU"), assinada em São Francisco, a 26 de junho de 1945, seguida Declaração Universal dos Direitos Humanos ("DUDH"), adotada em 10 de dezembro de 1948, o principal objetivo do direito internacional é garantir o interesse comum de proteção dos seres humanos.

Em suma, o *primeiro* capítulo explica e conceitua o sistema internacional de proteção aos investimentos; o *segundo* conceitua o sistema internacional de proteção aos direitos humanos e seus impactos na esfera internacional, especialmente no contexto pós Segunda Guerra Mundial (1939-1945); o *terceiro* averigua a relação entre SIPI e o SIPDH; o *quarto* traz exemplos dessa relação; e, por fim, o *quinto*, à luz das dificuldades de compatibilização encontradas, explana a nova ordem vigente no direito internacional e o que precisa ser alterado – o que, aliás já vem acontecendo – a fim de assegurar que os tribunais arbitrais tenham competência para analisar os conflitos de arbitragem de investimento sob uma ótica holística e em concordância com o direito internacional hodierno, que tem nos direitos humanos o fator estruturante.

CAPÍTULO 1
UM MECANISMO DE SOLUÇÃO DE CONTROVÉRSIAS: A ARBITRAGEM DE INVESTIMENTO

Este capítulo dedica-se a situar a formação do regime de proteção aos investimentos sob a ótica das relações internacionais ("RIs") e, particularmente, do sistema jurídico internacional de proteção aos investimentos ("SIPI")[10], sob a ótica do direito internacional, visando a introduzir os objetos de estudo e análise do presente trabalho, quais sejam, os elementos jurídicos que permeiam este regime e a arbitragem de investimento.

Para isso far-se-á, inicialmente, uma breve explanação sobre a origem e o soerguimento do que se denomina neste trabalho de SIPI. Como se verá,

[10] No presente trabalho, não se deve interpretar o conceito de *regimes* segundo a sua acepção jurídica, mas sim a partir da definição da teoria das RIs. A doutrina do direito internacional econômico costuma recorrer a este conceito típico das ciências políticas para deixar claro que o direito internacional dos investimentos não apenas é formado por elementos jurídicos, mas também permeado de variáveis de naturezas social e política (*infra*, item I.1). Como, contudo, a investigação proposta no presente trabalho limitar-se-á, essencialmente, a uma análise jurídica do conjunto normativo que permeia o regime de proteção dos investimentos, até para evitar qualquer imprecisão, não se utilizará o conceito de *regimes internacionais* da teoria das RIs para análise proposta neste trabalho, mas sim o conceito jurídico de *sistemas*. Perpassar-se-á (*infra*, item I.1), de forma breve e sucinta, pelos elementos constitutivos desse regime seguindo a lógica das ciências sociais aplicadas, tal como faz a doutrina, apenas com o propósito de explicar a correlação dos instrumentos jurídicos que o compõem, ou seja, do SIPI, com seus elementos de natureza social e política.

por ser um sistema normativo com forte cunho sociopolítico, os doutrinadores do direito internacional econômico e das relações internacionais analisam, normalmente, o seu conjunto de *normas* conjugados com os processos políticos e sociais que o permeiam. Por isso, para fazê-lo, recorrem, então, ao conceito de *regime internacional*, conforme cunhado por Stephen Krasner no âmbito da teoria das relações internacionais, e concebem o que denominam de *regime internacional de proteção aos investimentos* (*infra*, item I.1).[11] Entretanto, como a análise proposta no presente trabalho se resume, essencialmente, aos aspectos jurídicos desse *regime*, dar-se-á especial enfoque aos seus elementos normativos e jurídicos constitutivos, ou seja, o SIPI.

Feitas tais notas introdutórias, passar-se-á à análise do mecanismo típico de solução de disputas desse sistema jurídico, a arbitragem de investimento, que é justamente o principal foco de investigação desse trabalho. Explanar-se-á, então, o surgimento e o soerguimento desse método de resolução de disputas entre investidores e Estado (*infra*, item I.2), bem como sua natureza jurídica (*infra*, item I.3). Em seguida, analisar-se-á as principais fontes de direito aplicáveis no âmbito da arbitragem de investimento (*infra*, item I.4). Por fim, buscar-se-á, na última seção (*infra*, item I.5), demonstrar como o SIPI vem sendo visto pelos internacionalistas hoje e os motivos das principais críticas que vem recebendo.

1.1. A consolidação do Sistema Jurídico Internacional de Proteção aos Investimentos

Diferentemente do que se verificava até meados do século XIX, o ambiente internacional atual é caracterizado por um sólido arcabouço normativo de proteção aos investimentos internacionais. Essa estrutura, embora seja fracionada em mais de 3.200 (três mil e duzentos) tratados, permite afirmar que existe um sistema jurídico uno composto por um arcabouço normativo, que oferece aos investidores estrangeiros uma série de garantias, bem como mecanismos para reivindicar indenizações por danos causados aos seus investimentos.[12] Esse SIPI carrega, em sua

[11] KRASNER, 2012, loc. cit.

[12] Informações disponíveis através da plataforma Investment Policy Hub, promovida pela UNCTAD. Disponível em <https://investmentpolicy.unctad.org/international-investment-agreements>. Acesso em 5 fev de 2020.

essência, processos políticos e sociais próprios das relações internacionais e, por isso, é conceituado no direito internacional econômico, com base em um conceito típico das ciências políticas, como um regime internacional.

Esse regime político internacional de proteção aos investimentos resultou de um profícuo debate que se desenvolveu na esfera internacional como resposta à desestabilização da antiga ordem mundial. A origem desse regime se deu alguns anos após o início do processo de descolonização da América Latina, no final do século XIX. Naquele momento, a intensificação do comércio internacional e o aumento do influxo de investimentos internacionais, em meio a um cenário de instabilidade política, acentuavam a preocupação internacional com o status legal de estrangeiros no exterior e com a proteção de seus interesses econômicos.

Esta preocupação assumiu um papel central na agenda política internacional do início do século XX, posto que, embora os países exportadores exigissem dos países importadores de capital a garantia de um padrão mínimo de tratamento aos seus investimentos (*minimum standard of treatment*)[13], estes se recusavam a oferecê-lo. Isto porque, com receio de que a garantia desse padrão mínimo de tratamento pudesse constituir uma sujeição à vontade das antigas metrópoles europeias e, consequentemente, uma forma de neocolonialismo, defendiam aqueles Estados recém-emancipados que a propriedade de estrangeiros deveria ser tratada

[13] *"The capital exporting states' approach is reflected in Elihu Root's 1910 address to the American Society of International Law: 'Each country is bound to give to nationals of another country in its territory the benefit of the same laws, the same administration, the same protection, and the same redress for injury which it gives to its own citizen's, and neither more nor less: provided the protection which the country gives to its own citizens conforms to the established standard of civilization There is a standard of justice, very simple, very fundamental, and of such general acceptance by all civilized countries as to form part of the international law of the world. A country is entitled to measure the standard of justice due an alien by the justice it accords its own citizens only when its system of law and administration conforms to this general standard. If any country's system of law and administration does not conform to that standard of justice, although the people of the country may be content or compelled to live under it, no other country can be compelled to accept it as furnishing a satisfactory measure of treatment to its citizens'."* (NEWCOMBE, Andrew; PARADELL, Lluís. **Law and Practice of Investment Treaties: Standards of Treatment**. Holanda: Kluwer Law International, 2009. p.12).

de acordo com as normas do Estado em que se encontrasse, sem qualquer intervenção do direito internacional (*national standard treatment*).

Essa insistência daqueles Estados importadores de capital, em especial na América Latina, em não aceitar que investidores estrangeiros gozassem de condições mais benéficas do que os seus nacionais, verificada principalmente no início do século XX, aliada aos eventos expropriatórios ocorridos na Revolução Russa (1917)[14] e, posteriormente, ao colapso do sistema político europeu no contexto pós-Guerra (1945), resultou em uma enorme desestabilização na proteção da propriedade de estrangeiros e dos investimentos internacionais. Logo, os acontecimentos da primeira metade do século XX e as indefinições típicas do cenário pós-Segunda Guerra Mundial (1939-1945) acabavam por, justificadamente, inibir eventuais aplicações de capital por investidores em territórios alienígenas. Afinal, a possibilidade de se obter lucro com investimentos internacionais quando contraposta aos riscos de sujeitar ativos à discricionariedade de outro Estado, em um cenário de situações políticas incertas, terminava por não valer à pena para os investidores. Assim, embora os investidores desejassem aplicar recursos em outros países em razão dos promissores mercados que se recuperavam das Guerras Mundiais, não tinham segurança jurídica para fazê-lo.

Neste contexto de absolutas instabilidades, os investidores passaram a exigir, então, o estabelecimento de diretrizes que lhes garantisse certa previsibilidade de como seus investimentos transnacionais seriam tratados em territórios estrangeiros. Por isso, investidores de diversos países, principalmente daqueles exportadores de capital, passaram a envidar enormes esforços na busca por um mecanismo que auferisse segurança jurídica à aplicação de seus recursos em territórios internacionais.

A primeira resposta à ineficácia do, até então vigente, sistema internacional na proteção dos investimentos internacionais veio, em 1946, pelos EUA, que passaram a regular a proteção da sua propriedade em

[14] A recusa do governo revolucionário russo em pagar indenizações às empresas estrangeiras com base na, primordialmente latino-americana, noção do *national treatment standard* suscitou uma série de demandas internacionais, como o caso *Lena Goldfields*, no qual a URSS foi condenada ao pagamento de indenização pela expropriação perpetrada. Para mais informações, ver: VEEDER, Jhonny. The Lena Goldfields Arbitration: The Historical Roots of Three Ideas. **The International and Comparative Law**, Vol. 47, n. 4. London: Cambrigde University Press, 1998. pp. 747-779.

territórios estrangeiros por meio de tratados de amizade, comércio e navegação ("FCN", do inglês *Treaties of Friendship, Commerce and Navigation Investment*). Aqueles tratados, apesar de já empregados pelos EUA há bastante tempo, tiveram seus escopos substancialmente alterados no contexto pós-Segunda Guerra Mundial (1939-1945), de forma que não mais visavam a regular apenas o comércio internacional, mas, sim as relações econômicas entre os EUA e outros países importadores de capital. Basicamente, por meio daqueles tratados, os seus Estados contratantes acordavam em cumprir certas diretrizes, tais como a garantia de um tratamento "justo e equitativo" (*fair and equitable treatment*)[15] ao investimento internacional, a vedação a qualquer tipo de discriminação (*most favored nation*), o tratamento de investimentos internacionais como se nacionais fossem (*national treatment*), a oferta de justa compensação nos casos de expropriação e outras, que proporcionavam maior segurança aos investidores internacionais. Além disso, aqueles tratados passaram, a partir de um certo momento, a dispor de uma cláusula de resolução de disputas, designando a Corte Internacional de Justiça ("CIJ") como competente para solucionar eventuais deslindes relacionados à sua interpretação ou aplicação.[16] Importante ressaltar que, naquele momento, aquele sistema ainda dependia, como se verá na próxima seção (*infra*, item I.2), da proteção diplomática para eventuais adjudicações de demandas pelos investidores, ou seja, inexistia qualquer mecanismo direto para que o investidor pleiteasse indenizações contra o Estado que recebia sua aplicação.

Por outro lado, enquanto os EUA envidavam esforços para firmar tratados de amizade, comércio e navegação sobre relações econômicas internacionais, os países europeus, em especial a Alemanha[17], começaram, alguns anos mais tarde, a responder às ameaças de atos expropriatórios

[15] PETERSON, Luke Eric. **Human Rights and Bilateral Investment Treaties Mapping the role of human rights law within investor-state arbitration.** Montreal: Rights & Democracy, 2009. p. 12

[16] DIEHL, Alexandra. The Core Standard of International Investment Protection. **International Arbitration Law Library**, Volume 26. Haia: Kluwer Law International, 2012. pp. 38-39.

[17] À época, o ambiente internacional perpasava pela Guerra Fria (1947-1991) e, por isso, merece elucidar que trata-se aqui da República Federal da Alemanha, também conhecida como Alemanha Ocidental.

com a criação dos tratados bilaterais de investimento ("TBIs" ou, do inglês, *Bilateral Investment Treaties*, "BITs"). Os BITs também correspondiam ao comprometimento de dois Estados em prover, reciprocamente, determinadas garantias aos investidores provenientes do outro Estado. Tipicamente, aqueles tratados eram divididos em três partes, (***i***) definiam investimentos internacionais, bem como o escopo de sua aplicabilidade, (***ii***) traziam disposições substantivas aplicadas aos investimentos, e (***iii***) determinavam como eventuais disputas seriam resolvidas.

A Alemanha foi responsável por celebrar o primeiro BIT, o qual foi firmado com o Paquistão em 1959. Além das diretrizes de proteção aos investimentos estrangeiros, o Tratado para Promoção e Proteção de Investimentos entre a República Federal da Alemanha e o Paquistão (1959)[18] garantiu não só a possibilidade de os Estados solucionarem conflitos perante a CIJ, mas também por meio de arbitragens *ad hoc* por via da proteção diplomática, ou seja, entre o Estado receptor do investimento e o Estado de origem do investidor.[19]

[18] **Treaty for the Promotion and Protection of Investments (with Protocol and exchange of notes).** Assinado na cidade de Bonn, em 25 de novembro de 1959. Disponível em <https://tinyurl.com/y2ymzsq7>. Acesso em 27 out 2020.

[19] **Treaty for the Promotion and Protection of Investments (with Protocol and exchange of notes).** ***Article 11***: *(1) In the event of disputes as to the interpretation or application of the present Treaty, the Parties shall enter into consultation for the purpose of finding a solution in a spirit of friendship. (2) If no such solution is forthcoming, the dispute shall be submitted (a) to the International Court of justice if both Parties so agree or (b) if they do not so agree to an arbitration tribunal upon the request of either Party. (3) (a) The tribunal referred to in paragraph (2) (b) above shall be formed in respect of each specific case and it shall consist of three arbitrators. Each Party shall appoint one arbitrator and the two members so appointed shall appoint a chairman who shall be a national of a third country. (b) Each Party shall appoint its arbitrator within two months after a request to this effect has been made by either Party. If either Party fails to comply with this obligation the arbitrator shall be appointed upon the request of the other Party by the President of the International Court of justice. (c) If within one month from the date of their appointment the arbitrators are unable to agree on the chairman of the arbitration tribunal such chairman shall upon the request of either Party be appointed by the President of the International Court of justice; (d) If the President of the International Court of justice is prevented from acting upon a request under sub-paragraph (b) or sub-paragraph (c) of the present paragraph or if the President is a national of either Party the Vice-President shall make the appointment. If the Vice-President is prevented or if he is a national of either Party the appointment shall be made by the seniormost member of the International Court of justice who is not a national of either Party. (e) Unless the Parties otherwise decide, the arbitration tribunal shall determine its own rules of procedure. (f) The arbitration tribunal shall take its decisions*

Naquele momento, vários países europeus vislumbraram na proposta alemã uma forma de salvaguardar seus investimentos e começaram a seguir os passos da Alemanha, a exemplo da Suíça, que, em 1961, firmou um BIT com a Tunísia. Posteriormente, em meados da década de 1970, até mesmo os EUA já haviam aderido ao modelo europeu de tratados bilaterais de investimento.

Aqueles tratados, notadamente inovadores, endereçavam as preocupações relacionadas à proteção de investimentos internacionais em dois aspectos: *em primeiro lugar*, concediam aos investidores uma série de direitos substantivos específicos, os quais garantiam segurança e previsibilidade aos investimentos estrangeiros; e, em *segundo lugar*, ofereciam mecanismos para que os Estados, por meio da proteção diplomática (*epousal*), pleiteassem indenizações por violações dos direitos substantivos dos seus investidores. Como será melhor explanado posteriormente (*infra, item* I.2), esses mecanismos de reivindicação de indenizações pela violação dos direitos dos investidores evoluíram ao longo do tempo, de forma que, anos mais tarde, os BITs passaram a reconhecer a capacidade postulatória dos próprios investidores para apresentação de reivindicações contra atos expropriatórios.[20]

A criação de regulamentações substantivas específicas de proteção ao investimento e a garantia de que os próprios investidores poderiam reivindicar indenizações por iniciativa própria garantiu maior segurança aos investimentos internacionais, posto que aqueles ativos não mais ficariam à exclusiva mercê do subjetivismo dos costumes internacionais e nem mais dependeriam dos seus Estados de origem para, por meio da proteção diplomática, apresentar eventuais demandas em face de eventuais atos expropriatórios.[21]

by a majority of votes. Such decisions shall be binding upon the Parties and shall be carried out by them. (*op. cit.*)

[20] VANDEVELDE, Keneth. A Brief History of International Investment Agreements. **U.C.-Davis Journal of International Law & Policy**, 2005. p. 170-174.

[21] Neste sentido, José Alvarez explica que "[l]*ike many other international regimes, this 'move to law' has proceeded along three dimensions: increasing levels of obligation, precision, and delegation*" (ALVAREZ, José. The Public International Law Regime Governing International Investment. **The Pocket Books of The Hague Academy of International Law**, Volume: 11, 2011. p. 24)

Em meados de 1970 e 1980, os principais expoentes dos tratados bilaterais de investimentos eram os países exportadores de capital, que buscavam, por meio daqueles tratados, garantir a segurança dos seus investidores em territórios alienígenas. Em 1987, 265 BITs haviam sido concluídos, a maioria dos quais tinham, de um lado um país exportador de capital, e do outro, um país em desenvolvimento, normalmente da África ou do sudeste asiático.

Naquele período, contudo, os Estados latino-americanos ainda resistiam em aceitar, segundo a perspectiva dominante à época, a aplicação de normas internacionais pelas suas cortes domésticas, mesmo em se tratando de investimentos internacionais. Entretanto, o sucesso econômico de várias economias asiáticas com os BITs e a necessidade de capital para construção de uma economia independente demandou que os países latino-americanos relativizassem sua insularização frente aos países exportadores de capital.

As décadas de 1980 e 1990 foram, então, marcadas pela execução de diversos tratados bilaterais, inicialmente entre um país em desenvolvimento, principalmente aqueles da América Latina, e um país exportador de capital. Posteriormente, BITs passaram, inclusive, a ser celebrados entre dois países em desenvolvimento.[22] Logo, verificou-se, no final do século XX e início do século XXI, uma rápida *tratificação* dos investimentos internacionais. Enquanto, entre 1959 e 1989, o número de BITs não chegava a 400 (quatrocentos), entre 1990 e 2005, este número chegou a 2.000 (dois mil).[23]

Basicamente, entendia-se que, por meio daqueles tratados, os Estados manifestavam a *expressão da* sua *boa fé*[24] em proteger investimentos estrangeiros no âmbito internacional, o que, por sua vez ensejava o aumento do volume de investimentos internacionais. Essas manifestações, que viriam a se tornar as principais "*ferramentas da globalização e remoção de barreiras ao comércio e aos investimentos*"[25], passaram, inclusive, a

[22] FRANCK, Susan. The Legitimacy Crisis in Investment Treaty Arbitration. **Fordham Law Review**. Volume 73 Issue 4 Article 10, 2005. p. 1529.

[23] SALACUSE, Jeswald. **The Law of Investment Treaties**. 2ª ed. Reino Unido: Oxford Public International Law, 2015. p. 58.

[24] *Ibid.*

[25] DIEHL, Alexandra. The Core Standard of International Investment Protection, **International Arbitration Law Library**. Haia: Kluwer Law International, Volume 26, 2012. p. 48.

ser verificadas em outros instrumentos internacionais, como os acordos econômicos ("FTAs", do inglês, *Free Trade Agreements*) com disposições sobre investimentos e os acordos de investimentos com mais de dois Estados-parte, como é o caso do Tratado da Carta da Energia (do inglês, *Energy Charter Treaty*, "ECT"). O atual quadro jurídico internacional que rege os investimentos estrangeiros consiste em uma rede de mais de 3.200 (três mil e duzentos) tratados de investimento, dentre bilaterais e multipartes, dos quais aproximadamente 80% (oitenta por cento) já estão em vigor.[26]

Estes instrumentos, independentemente de seus signatários, contêm disposições notavelmente uniformes.[27] Em suma, seus textos preveem, além das suas definições substantivas típicas, quais sejam: (*i*) a definição de determinados conceitos, além do seu escopo de aplicabilidade; (*ii*) as condições para entrada de investimentos e investidores estrangeiros; (*iii*) normas gerais aplicáveis ao tratamento dos investidores e investimentos estrangeiros; (*iv*) transferências monetárias; (*v*) as definições de expropriação e desapropriação; (*vi*) suas condições operacionais; (*vii*) perdas por conflito armado ou desestabilização interna; (*viii*) eventuais exceções, condições para modificações e/ou denúncia, além (*ix*) dos mecanismos de resolução de disputas, dentre os quais, destaca-se a arbitragem de investimento, como será explanado na próxima seção (*infra*, item I.2).[28]

A estrutura desses acordos internacionais de investimento também é altamente similar e, basicamente, é composta de: (*i*) um preâmbulo, o qual, apesar de não atribuir responsabilidades vinculantes aos Estados contratantes, traz importantes ferramentas interpretativas; seguido de (*ii*) uma lista de termos e definições, na qual são definidas palavras-chave que delimitam a aplicabilidade daquele instrumento, como investimento,

[26] Informações disponíveis através da plataforma Investment Policy Hub, promovida pela UNCTAD. Disponível em <https://investmentpolicy.unctad.org/international-investment--agreements>. Acesso em 5 out de 2020.

[27] "[R]*egardless of which states negotiate BITs, provisions of these agréments are remarkably uniform.*" (VANDEVELDE, Kenneth. The Political Economy of a Bilateral Investment Treaty. **American Journal of International Law**, 1998. pp. 621 e 628).

[28] SALACUSE, Jeswald. The Emerging Global Regime for Investment. **Harvard International Law Journal**. v. 427, 2010. pp. 445-447.

investidor, nacionalidades, empresas, e outras; (*iii*) um artigo com o seu escopo de aplicação e as previsões gerais do tratado; (*iv*) as definições dos padrões de tratamento que serão oferecidos aos investidores estrangeiros, que normalmente são, "tratamento justo e equitativo", "proteção e segurança", "não discriminação" e "tratamento nacional"; (*v*) a cláusula da "nação mais favorecida"; (*vi*) a definição e a vedação à expropriação sem justa compensação; e (*vii*) uma cláusula de resolução de disputas, normalmente prevendo, dentre outros, a arbitragem de investimento, por meio da qual os Estados regulam como serão resolvidas eventuais lides, caso o Estado receptor de investimento falhe em oferecer proteção ao investimento estrangeiro.[29] Importante notar que esses instrumentos não costumam prever obrigações aos investidores, mas apenas aos Estados, o que vem sendo objeto de intensos debates nos dias atuais (*infra*, CAPÍTULO V).

Logo, ainda que formado por diversos instrumentos internacionais, a estrutura, natureza e o conteúdo similares daqueles tratados, em vistas do seu contexto político e social de celebração, permitem verificar a formação de um regime, segundo o conceito típico da teoria das relações internacionais, para proteção dos investimentos internacionais.

A compreensão dessa rede de tratados de proteção aos investimentos internacionais como um regime internacional, tomando como base um conceito típico da teoria das relações internacionais, traz uma série de vantagens visto que somente assim é possível se analisar a perspectiva legal daqueles tratados tipicamente jurídicos, de forma a levar em conta a pertinência das questões políticas que o permeiam. Neste sentido, explica o Jeswald Salacuse:

> *The use of regime theory as a lens through which to examine the mass of investment treaties negotiated over the last sixty years would seem to have several potential advantages. First, it offers an analytical framework to understand and capture the essential, common elements of the approximately 3,300 legally separate and distinct treaties and to understand the systemic nature of what states have created through the treaty-making process. Second, it may enable observers and scholars to gain a better*

[29] DIEHL, Alexandra. The Core Standard of International Investment Protection. **International Arbitration Law Library**, Volume 26. Haia: Kluwer Law International, 2012. p. 67.

understanding of the dynamics of the relationships established by these treaties among states and between states and foreign investors. [...] Third, regime theory may make more visible the political nature and dimensions of these treaties, for political issues are often at the heart of investment relationships between states and are also deeply imbedded in investor–state disputes, regardless of their applicable legal superstructures. An exclusively legal analysis of treaty provisions and investor–state disputes often overlooks this important dimension. And finally, one might also suggest that while lawyers and arbitrators do not normally use the term 'regime' in referring to investment treaties, they implicitly treat investment treaties as constituting a regime in that they regularly refer to prior decisions applying one treaty in order to interpret a wholly separate treaty. Regime analysis may make explicit what has heretofore been implicit.[30]

Assim, tomando como referência o célebre conceito de *regimes internacionais*, cunhado por Stephen Krasner, verifica-se que o regime internacional de proteção aos investimentos corresponde a um conjunto de "*princípios, normas, regras e procedimentos de tomada de decisões de determinada área das relações internacionais em torno dos quais convergem as expectativas dos atores*".[31]

Em *primeiro lugar*, os princípios, ou, como define Krasner, as "*crenças em fatos, causas e questões morais*"[32], podem ser verificados no regime internacional de proteção aos investimentos na medida em que aqueles tratados são firmados com base na convicção de que a oferta de maior segurança aos investimentos estrangeiros, seja pela garantia de padrões de tratamento, seja pela oferta de mecanismos jurisdicionais eficazes, motiva os investidores internacionais a aplicar seus recursos no exterior, possibilitando ao Estado receptor de investimentos um aumento no influxo de capital e, consequentemente, uma maior prosperidade econômica. Basicamente, acredita-se que a existência de uma legislação que ofereça maior previsibilidade aos investidores diminui os riscos de transação possibilitando que os investidores, através de um cálculo econômico racional,

[30] SALACUSE, Jeswald. **The Law of Investment Treaties.** 2ª ed. Reino Unido: Oxford Public International Law, 2015. p. 9.

[31] KRASNER, 2012. loc. cit.

[32] KRASNER, 2012, loc. cit.

afiram a "*calculabilidade*" necessária[33] para que aloquem seus recursos em territórios alienígenas.[34]

Em *segundo lugar*, as normas, definidas por Krasner como os "*padrões de comportamento definidos em termos de direitos e obrigações*"[35], podem, evidentemente, ser verificadas no regime internacional de proteção aos investimentos. Como *supramencionado*, os diversos tratados de investimentos replicam um determinado padrão de tratamento que circunscreve o comportamento do governo dos Estados receptores de investimento e, consequentemente, garantem proteção aos investimentos estrangeiros. Eventuais transgressões daquele padrão passam a constituir violações ao tratado e ensejam a responsabilidade do Estado infrator em indenizar pelos danos eventualmente causados.

Em *terceiro lugar*, as regras, que correspondem às "*prescrições ou proscrições especificas para a ação*"[36], estão, igualmente, presentes nos tratados de investimento. Afinal, no próprio bojo daqueles tratados em si, prescrições específicas sobre determinadas situações são discriminadas. Como exem-

[33] "Em sua sociologia econômica, Weber ressaltou a importância de dois aspectos do direito para o desenvolvimento capitalista: (1) seu relativo grau de calculabilidade e (2) sua capacidade de desenvolver provisões substantivas – principalmente relacionadas à liberdade de contrato – necessárias ao funcionamento do sistema de mercados. A primeira razão era a mais importante das duas. Weber afirmava que o capitalismo requer uma organização normativa altamente calculável. Sua pesquisa sobre tipos de direito indicava que apenas o direito moderno e racional, ou a racionalidade lógico-formal, poderiam prover a calculabilidade necessária. O legalismo auxiliou o desenvolvimento do capitalismo ao prover uma atmosfera estável e previsível. O capitalismo encorajou o legalismo porque a burguesia tinha consciência da necessidade deste tipo de estrutura governamental. O legalismo é o único meio de prover o grau de certeza necessária para a operação do sistema capitalista. Weber afirmava que o capitalismo "não teria continuidade se o controle de seus recursos não fosse resguardado pela coação jurídica estatal; se seus direitos formalmente 'jurídicos' não forem resguardados pela ameaça do uso de força". Indo além, Weber especificou que: "A racionalização e a sistematização do direito em geral e (...) uma crescente calculabilidade do funcionamento do processo jurídico em particular, constituíram uma das mais importantes condições para a existência de (...) empreendimentos capitalistas, que não podem passar sem segurança jurídica." (TRUBEK, David. Max Weber on Law and the Rise of Capitalism, 1972. Traduzido por: ZULLO, José Rafael. Max Weber sobre Direito e ascensão do Capitalismo. **Revista de Direito**, GB v. 3, n.1, 2007, p. 151-186).

[34] SALACUSE, Jeswald. **The Law of Investment Treaties**. 2ª ed. Reino Unido: Oxford Public International Law, 2015. p. 9.

[35] KRASNER, 2012, loc. cit.

[36] KRASNER, 2012, loc. cit.

plo, pode-se citar as proscrições às expropriações sem indenização[37], a prescrição de como serão feitas as compensações em caso de guerras[38], os procedimentos para instauração das arbitragens de investimento[39] e

[37] Por exemplo, o Tratado-Modelo da Holanda (2019 Netherlands Model Agreement) prevê que "*Article 12: Expropriation 1. Neither Contracting Party shall nationalize or take any other measures depriving, directly or indirectly, the investors of the other Contracting Party of their investments, unless the following conditions are complied with: a) the measure is taken in the public interest; b) the measure is taken under due process of law; c) the measure is taken in a non-discriminatory manner; and d) the measure is taken against prompt, adequate and effective compensation.* [...]. *The compensation referred to in paragraph 1 of this Article shall amount to the fair market value of the investment at the time immediately before the expropriation or the impending expropriation became known, whichever is earlier. For greater certainty, this method to evaluate the compensation also applies in case of unlawful expropriation. Valuation criteria shall include going concern value, asset value including the declared tax value of tangible property, and other criteria, as appropriate, to determine fair market value. In addition to paragraph 5 of this Article, the compensation shall include interest at a normal commercial rate from the date of expropriation until the date of payment and shall, in order to be effective for the investor, be paid and made transferable, without delay, to the State designated by the investor and in the currency of the State of which the investor is a national or in any freely convertible currency accepted by the investor. 7. The affected investor shall have the right, under the law of the expropriating Contracting Party, to a prompt review of its claim and of the valuation of its investment, by a judicial or other independent authority of that Contracting Party, in accordance with the principles set out in this Article. 8. Except in the rare circumstance when the impact of a measure or series of measures is so severe in light of its purpose that it appears manifestly excessive, nondiscriminatory measures of a Contracting Party that are designed and applied in good faith to protect legitimate public interests, such as the protection of public health, safety, environment or public morals, social or consumer protection or promotion and protection of cultural diversity, do not constitute indirect expropriations. 9. This Article does not apply to the issuance of compulsory licences granted in relation to intellectual property rights, to the extent that such issuance is consistent with the Agreement on Trade-Related Aspects of Intellectual Property Rights in Annex 1C to the WTO Agreements.*" (**Netherlands Model Agreement (2019)**. Disponível em <https://tinyurl.com/y6pqo2rq>. Acesso em 27 out 2020)

[38] Por exemplo, o BIT firmado entre o México e os Emirados Árabes Unidos, determina que: "*Article 5: Compensation for losses: Investors of a Contracting Party whose investments in the territory of the other Contracting Party suffer losses owing to war, armed conflict, a state of national emergency, insurrection, riot or any other similar event, shall be accorded, as regards the restitution, indemnification, compensation or other settlements, treatment no less favorable than the treatment the other Contracting Party accords to its own investors or investors of any third State.*" (**Mexico – United Arab Emirates BIT (2016)**. Disponível em <https://tinyurl.com/y4vambtt>. Acesso em 27 out 2020).

[39] Neste sentido, o BIT firmado entre a Austrália e Hong Kong em 2019 prevê que: "*Article 24: Submission of a Claim to Arbitration 1. If an investment dispute has not been resolved within six months of the receipt by the respondent of a written request for consultations in accordance with Article 23.2: (a) the claimant, on its own behalf, may submit to arbitration under this Section a claim that: (i) the*

outras. Além disso, regras também são definidas no regime internacional de proteção aos investimentos por meio das decisões proferidas por tribunais arbitrais ao aplicar as normas concretas a situações específicas.[40] No caso *Duke Energy v. Equador*[41], por exemplo, o tribunal definiu, de forma bastante objetiva, os critérios utilizados para se avaliar eventual quebra da *expectativa legítima*. Após aquela sentença, diversos outros tribunais arbi-

respondent has breached an obligation under Section A (Definitions and Substantive Obligations); and (ii) the claimant has incurred loss or damage by reason of, or arising out of, that breach; and (b) the claimant, on behalf of an enterprise of the respondent that the claimant owns or controls directly or indirectly, may submit to arbitration under this Section a claim that: (i) the respondent has breached an obligation under Section A (Definitions and Substantive Obligations); and (ii) the enterprise has incurred loss or damage by reason of, or arising out of, that breach. 2. At least 90 days before submitting any claim to arbitration under this Section, the claimant shall deliver to the respondent a written notice of its intention to submit a claim to arbitration (notice of intent). The notice shall specify: (a) the name and address of the claimant and, if a claim is submitted on behalf of an enterprise, the name, address and place of incorporation of the enterprise; (b) for each claim, the provision of this Agreement alleged to have been breached and any other relevant provisions; (c) the legal and factual basis for each claim; and (d) the relief sought and the approximate amount of damages claimed. 3. The claimant may submit a claim referred to in paragraph 1: (a) under the UNCITRAL Arbitration Rules; or (b) if the disputing parties agree, to any other arbitral institution or under any other arbitration rules. 4. A claim shall be deemed submitted to arbitration under this Section when the claimant's notice of or request for arbitration (notice of arbitration): (a) referred to in the UNCITRAL Arbitration Rules, together with the statement of claim referred to therein, are received by the respondent; or (b) referred to under any arbitral institution or arbitration rules selected under paragraph 3(b) is received by the respondent. A claim asserted by the claimant for the first time after such notice of arbitration is submitted shall be deemed submitted to arbitration under this Section on the date of its receipt under the applicable arbitration rules. 5. The arbitration rules applicable under paragraph 3 that are in effect on the date the claim or claims were submitted to arbitration under this Section shall govern the arbitration, except to the extent that such arbitration rules are modified by this Agreement. 6. The claimant shall provide with the notice of arbitration: (a) the name of the arbitrator that the claimant appoints; or (b) the claimant's written consent for the Secretary-General to appoint that arbitrator." (**Australia – Hong Kong Investment Agreement (2019).** Disponível em <https://tinyurl.com/y5x9x2db>. Acesso em 27 out 2020)

[40] *"An intensified knowledge of international investment treaties and related jurisprudence is therefore vital for government officials who negotiate, interpret, and apply them, as well as for those who manage relations with actual and prospective foreign investors in their territories. Many officials and their governments have learned at significant cost that international investment treaties are not just "expressions of good will" but are binding instruments of international law that impose enforceable legal obligations on host country governments."* (SALACUSE, Jeswald W. The Emerging Global Regime for Investment, **Harvard International Law Journal**. v. 427, 2010. p. 447).

[41] Caso ICSID n. ARB/04/19. **Duke Energy Electroquil Partners and Electroquil SA v Equador**. Sentença proferida em 18 ago 2008.

trais, como *Micula v. Romênia*[42] (*infra*, item IV.4.2), *Bayindir v. Paquistão*[43], e outros, recorreram àquele precedente para averiguar a ocorrência de uma quebra da expectativa legítima[44]. Neste sentido, Joswald Salacuse chega a defender que não se pode conhecer ou entender as regras do regime de investimento sem analisar as decisões dos tribunais arbitrais, os quais são responsáveis por dar vazão a termos vagos empregados em diversos tratados frente a situações concretas.[45]

O *último elemento* elencado por Krasner como parte integrante de um regime, denominado *procedimento de tomada de decisões*, corresponde às "*práticas predominantes para criar e executar a decisão coletiva*"[46]. A rigor, ainda que esse regime não detenha um órgão centralizado de tomada de decisões – como a OMC ou até mesmo a ONU – é possível elencar, pelo menos, quatro procedimentos de tomadas de decisão que vigoram de forma relativamente consistente no regime internacional de proteção aos investimentos, sendo que esta pode ocorrer (***i***) de forma amigável, por meio de *consulta* (***a***) entre Estados[47] ou (***b***) entre investidor e Estado; ou (***ii***) pela

[42] Caso ICSID n. ARB/05/20. **Ioan Micula, Viorel Micula, S.C. European Food S.A, S.C. Starmill S.R.L. and S.C. Multipack S.R.L. v. Romênia.** Decisão proferida em 11 dez 2013.

[43] Caso ICSID n. ARB/03/29. **Bayindir Insaat Turizm Ticaret Ve Sanayi A.S. v. República Islâmica do Paquistão.** Decisão proferida em 27 ago 2009.

[44] Aquele tribunal, já recorrendo a outros precedentes, ponderou que *"[t]he stability of the legal and business environment is directly linked to the investor's justified expectations. The Tribunal acknowledges that such expectations are an important element of fair and equitable treatment. At the same time, it is mindful of their limitations. To be protected,* ***the investor's expectations must be legitimate and reasonable at the time when the investor makes the investment*** *[Tecmed, ¶ 154; Occidental, ¶ 185; LG&E, ¶ 127]. The assessment of the reasonableness or legitimacy* ***must take into account all circumstances, including not only the facts surrounding the investment, but also the political, socioeconomic, cultural and historical conditions prevailing in the host State****. In addition, such expectations must arise from the conditions that the State offered the investor and the latter must have relied upon them when deciding to invest [SPP v. Egypt136, ¶ 82; LG&E, ¶¶ 127-130; Tecmed, ¶ 154]."* (Caso ICSID n. ARB/04/19. **Duke Energy Electroquil Partners and Electroquil SA v Equador**. Sentença proferida em 18 ago 2008, § 340 – grifo nosso).

[45] SALACUSE, Jeswald. **The Law of Investment Treaties.** 2ª ed. Reino Unido: Oxford Public International Law, 2015. p. 13.

[46] KRASNER, 2012, loc. cit.

[47] *"Occasionally, when faced with particular problems arising out of a bilateral treaty, the concerned states will also consult with each other. For example, the governments of the Czech Republic and the Netherlands consulted to modify their regime after a partial award was made in the case of CME v. Czech Republic.' Dissatisfied with the way the tribunal in that case had interpreted the Czech-Netherlands BIT, the*

via litigiosa, por meio da arbitragem (***a***) entre Estados[48], ou (***b***) pelas arbitragens entre Investidor-Estado, isto é, pelas arbitragens de investimento, que constituem o principal objeto de estudo do presente trabalho e serão posteriormente melhor explicadas (*infra*, item I.3). Interessante perceber que, a despeito de não deter um mecanismo de tomada de decisões centralizado, há um considerável grau de uniformização e consistência entre as decisões proferidas pelos mais distintos tribunais arbitrais. Afinal, os árbitros, membros de uma mesma comunidade epistêmica, decidem com base em regras essencialmente similares, levando sempre em conta outras decisões proferidas em arbitragens de investimento.

Assim, mesmo que a proteção dos investimentos tenha se desenvolvido primordialmente sob bases bilaterais – e não sob uma perspectiva multilateral e de organismos centralizados de resolução de disputas, como é o caso do regime do comércio internacional[49] –, não se pode negar que esse conjunto desses diversos instrumentos normativos possibilitam a

Czech government, as provided for in the text of the treaty, called for consultations with the Netherlands. ***Delegations from the two countries met at The Hague in April 2002, to arrive at a common understanding of the three issues of treaty interpretation that arose out of the partial award***". (SALACUSE, Jeswald. The Emerging Global Regime for Investment. **Harvard International Law Journal**. v. 427, 2010. p. 456 – grifo nosso).

48 "*Interstate arbitration is a traditional method for the peaceful resolution of interstate disputes. While some of the United States' friendship, commerce and navigation treaties provided for the settlement of interstate disputes by the International Court of Justice, 44 nearly all investment treaties today provide for interstate arbitra- tion as a means to resolve disputes between the contracting parties.*" (*Ibid.*, 2010. p. 457).

49 "*The international investment legal regime has other defining characteristics. Unlike the regime governing trade in goods, it lacks a single definitive multilateral treaty text or a single over-arching institution. [...] The international investment regime broadly understood includes: Bilateral Investment Treaties ('BITs'); Free Trade agreements ('FTAs' such as NAFTA's Chapter 11); the energy Charter Treaty; the WTO's Trade Related Investment Measures ('TRIMs'), Services agreement ('GATS'), and Trade-Related aspects of Intellectual Property ('TRIPS'); a number of relevant general assembly resolutions and other soft law efforts (e.g., OECD's guidelines for Multinational enterprises); the OECD's Code of Capital Movements; the world Bank's International Centre for the Settlement of Investment Disputes ('ICSID') (and other arbitral mechanisms, such as UNCITRAL); and the Multilateral Investment guarantee agency ('MIGA') (and other mechanisms for political risk insurance such as the United States' overseas Private Investment Corporation ('OPIC')).* (ALVAREZ, José. **The Public International law regime governing International Investment**. Haia: Hague academy of InternatIonal law, 2011. p. 24-27).

formulação de um regime, o *regime internacional de proteção aos investimentos*. Neste sentido, Jeswald Salacuse ensina que:

> *An international regime is essentially a system of governance in a particular area of international relations. Focusing on the elements of a regime, a leading scholar of international relations has advanced a more particularized and widely accepted definition of an international regime as '...* ***principles, norms, rules, and decision-making procedures around which actors' expectations converge in a given area of international relations.*** *' International regimes, according to two other scholars, '... constrain and regularize the behavior of participants, affect which issues among protagonists are on and off the agenda, determine which activities are legitimized or condemned, and influence where, when, and how conflicts are resolved. 'Thus, one may argue that* ***international investment treaties as a group represent a convergence of expectations by states as to how host governments will behave toward investments from other regime members. The norms and rules embodied in investment treaties are intended to constrain and regularize such behavior in order to fulfill those expectations.***[50]

Embora, mesmo para fins de um estudo jurídico, possa fazer sentido perpassar por todos esses elementos constitutivos do que a doutrina denomina, importando o conceito das de *regime internacional* das ciências sociais aplicadas, não se pode olvidar que os *regimes internacionais* para a teoria das relações internacionais não apenas congregam elementos jurídicos, mas também componentes sociais e políticos que embasam um determinado interesse do Estado. Portanto, mesmo que, como já mencionado, a adoção de conceitos das ciências políticas e, consequentemente, um olhar da teoria das relações internacionais possa auxiliar os juristas na compreensão da gênese dos sistemas jurídicos e à luz das questões políticas que o permeiam[51], não se pode confundir os conceitos de *regime jurídico* e *regime internacional*.

[50] SALACUSE, Jeswald. The Emerging Global Regime for Investment. **Harvard International Law Journal**. v. 427, 2010. p. 164 – grifo nosso.

[51] *"If the normative project that is central to international public law were more closely linked with the empirical project of international relations scholars, both enterprises might be enriched."* (KRASNER, Stephen. International Law and International Relations: Together, Apart, Together? **Chicago Journal of International Law.** Vol. 1: n. 1, 2000. p. 99).

Aliás, como a análise que se propõe neste trabalho ater-se-á a questões jurídicas do regime internacional de proteção aos investimentos, examinando exclusivamente o ordenamento normativo que o integra, adotar-se-á, até para que se elimine eventuais riscos de se interpretar o conceito de regime sob a ótica do direito[52], o termo *sistema jurídico* para se referir ao arcabouço normativo do regime internacional de proteção aos investimentos.

Feitas essas notas introdutórias sobre o papel e o funcionamento do regime internacional de proteção aos investimentos, bem como a definição do SIPI, passa-se, agora, à análise específica do principal – e mais comum – mecanismo oferecido aos investidores internacionais para pleitear eventuais indenizações por danos ao seu patrimônio no âmbito desse regime jurídico.

1.2. O soerguimento de um novo mecanismo de solução de controvérsia: a arbitragem de investimento

Até meados do século XIX, a proteção da propriedade individual em territórios alienígenas não era objeto de grandes preocupações no sistema internacional. Havia, entre os países, uma aceitação comum sobre a possibilidade de aplicação da lei nacional de estrangeiros em territórios de outros Estados, de forma que cortes domésticas poderiam reconhecer e aplicar aos litígios envolvendo investidores internacionais normas e preceitos dos seus Estados de origem.

Ocasionalmente, quando não resolvidas nas cortes locais dos Estados receptores de investimento, as disputas investidor-Estado suscitavam demandas internacionais, como brevemente mencionado na seção anterior (*supra*, item I.1) por via da *proteção diplomática*. Tal mecanismo de solução de disputas, fundado nos ensinamentos de Emmerich Vattel (1714-1767), tinha uma configuração peculiar, posto que, figurava no polo ativo o Estado de origem do investidor e, no polo passivo, o Estado receptor de investimento.

Aos investidores estrangeiros não era ofertado qualquer mecanismo direto para reivindicar internacionalmente eventual indenização pela violação de seus direitos. Logo, a solução de disputas internacionais por meio

[52] Como mencionado (ver nota 10 *supra*), o conceito de regime no direito se limita a um conjunto de precrições e proscrições de direitos e deveres a determinadas relações sociais.

da proteção diplomática dependia, necessariamente, de que o Estado de origem do investidor estivesse disposto a "encampar" (*epouse*[53]) o direito à reparação detido pelo investidor para que, então, apresentasse uma reclamação em face do Estado receptor dos investimentos pelos danos causados aos seus nacionais.

Além de sujeitar os direitos dos investidores à discricionariedade do governo do Estado de origem do investidor, que nem sempre tinha condições ou estava disposto a pleitear no ambiente internacional em nome de seu nacional, a eficácia da proteção diplomática encontrava diversos percalços. Em *primeiro lugar,* litigar no sistema internacional exigia, necessariamente, o exaurimento dos remédios locais (*exhaustion of local remedies*), ou seja, só poderia ser acionada após o esgotamento da tentativa de obtenção de reparação dentro do sistema jurídico interno do suposto Estado violador. Neste sentido, o Andrew Clapham observou mencionando os ensinamentos de Brierley que:

> [The investor] *has no remedy of his own, and the state to which he belongs may be unwilling to take up his case for reasons which have nothing to do with its merits; and even if it is willing to do so, there may be interminable delays before, if ever, the defendant state can be induced to let the matter go to arbitration.*[54]

Em *segundo lugar,* a resolução de uma eventual disputa dependia do consentimento dos Estados com a sua forma de resolução, que nem sempre seria possível de ser alcançado uma vez que a disputa já tivesse surgido. Em *terceiro lugar*, muitas vezes, ainda que houvesse a condenação do Estado receptor do investimento, como a condução do procedimento litigioso se dava pelo Estado de origem do investidor, o resultado do processo acabava infrutífero para o investidor.[55]

[53] "*Espousal is a mechanism whereby an injured national's state assumes the national's claim as its own and presents the claim against the state that has injured the national.*" (VANDEVELDE, Kenneth. **A Brief History of International Investment Agreements.** Thomas Jefferson School of Law Research, 2013. p. 160).

[54] CLAPHAM, Andrew. **Brierly's Law of Nations: An Introduction to the International Law of Peace**, 6ª ed. Reino Unido: Oxford University Press, 2012. p. 277.

[55] NIGEL, Blackaby; PARTASIDES, Constantine; et al., **Redfern and Hunter on International Arbitration,** 6ª ed. Reino Unido: Kluwer Law International; Oxford University Press, 2015. pp. 441- 500.

Em *quarto lugar*, uma complicação adicional correspondia à capacidade de um país estender a proteção diplomática aos seus nacionais que são acionistas de empresas estrangeiras. Sobre o assunto, como pontuam Dolzer and Schreuer[56], o emblemático caso *Barcelona Traction* (1970), que correspondeu a uma ação movida pela Bélgica na CIJ em face da Espanha em nome de acionistas belgas da empresa canadense *Barcelona Traction*, registrou esse limite inerente à proteção diplomática de forma bastante clara:

> *The State must be viewed as the sole judge to decide whether its protection will be granted, to what extent it is granted, and when it will cease. It retains in this respect a discretionary power the exercise of which may be determined by considerations of a political or other nature, unrelated to the particular case. Since the claim of the State is not identical with that of the individual or corporate person whose cause is espoused, the State enjoys complete freedom of action. Whatever the reasons for any change of attitude, the fact cannot in itself constitute a justification for the exercise of diplomatic protection by another government, unless there is some independent and otherwise valid ground for that.*[57]

Quando acionado, o exercício da proteção diplomática dividia-se, normalmente, em dois momentos, sendo o *primeiro* deles a tentativa de solução pela via negocial entre os dois Estados e, na falha deste, em um *segundo* momento, a verdadeira adjudicação da demanda. Inicialmente, essa adjudicação acontecia perante tribunais *ad hoc* ou comissões internacionais e, com o passar dos anos e a institucionalização da jurisdicionalização do direito internacional, também perante a Corte Permanente de Justiça Internacional ("CPJI"), posteriormente, substituída pela CIJ.[58]

[56] DOLZER, Rudolf; SCHREUER, Christoph. **Principles of International Investment Law.** Nova Iorque: Oxford University Press, 2012. p. 233.

[57] CIJ. Barcelona Traction, Light and Power Co, Ltd (Bélgica vs. Espanha), 1970. Disponível em <https://tinyurl.com/y5cle668>. Acesso em 12 abr 2020.

[58] LOURIE, Greg. Investment Arbitration, Diplomatic Protection Under the State-to-State Arbitration Clauses of Investment Treaties. *In* KLAUSEGGER, Christian; KLEIN, Peter; et al. (eds), **Austrian Yearbook on International Arbitration**, Manz'sche Verlags- und Universitätsbuchhandlung; Manz'sche Verlags- und Universitätsbuchhandlung, 2015. pp. 511 – 542.

O fato de esse mecanismo de solução de disputas ter sido, por muito tempo, a única forma de solucionar litígios no âmbito internacional fundamenta-se na ferrenha ideologia estadocêntrica que prevaleceu até meados dos séculos XIX e XX. Afinal, a idealização de um Estado onipotente e absolutamente soberano levava à conclusão de que "[...] cada Estado [teria] a obrigação de proteger seus cidadãos e de que uma ofensa a um cidadão por um outro Estado é uma ofensa direta ao próprio Estado do qual o indivíduo é nacional [...]"[59]. Este entendimento fica claro no precedente da CPJI, *Mavrommatis Palestine Concessions*, no qual constou que:

> *It is an elementary principle of international law that a State is entitled to protect its subjects, when injured by acts contrary to international law committed by another State, from whom they have been unable to obtain satisfaction through the ordinary channels. By taking up the case of one of its subjects and by resorting to diplomatic action or international judicial proceedings on his behalf, a State is in reality asserting its own rights – its right to ensure, in the person of its subjects, respect for the rules of international law.*[60]

Apesar de esse mecanismo de solução de disputas ter sido eficaz até o fim da Era Colonial, a nova ordem global, caracterizada pela ascensão de novos países no contexto internacional, começou a colocá-lo em xeque. As cortes locais não eram mais tão eficazes para os investidores, como se via à época da hegemonia colonialista, de forma que utilização da proteção diplomática acabou se fazendo mais necessária e frequente.

Quase que sob a forma de um neocolonialismo, a proteção diplomática, na tentativa de continuar impondo os interesses dos exportadores de capital aos países menos desenvolvidos economicamente passou a ser marcada por ameaças militares, as quais partiam dos países mais desenvolvidos economicamente em face daqueles Estados importadores de investimentos

[59] GREBLER, Eduardo; GRECO, Felipe. Mecanismos de Resolução de controvérsias entre investidores e Estados: uma análise comparativa entre a Arbitragem Investidor Estado e os Acordos de Cooperação e Facilitação de Investimentos. *In* CASADO FILHO, Napoleão; QUINTÃO, Luísa; et. all. (orgs.). **Direito Internacional e Arbitragem**. São Paulo: Quartier Latin, 2019. p. 333.

[60] CPIJ. Sentença no caso Mavrommatis Palestine Concession. Decisão de 1924. p. 2.

(*gunboat diplomacy*)[61]. Afinal, a utilização da força como mecanismo de coerção não era inconsistente com as práticas do direito internacional e, por isso, era arbitrariamente empregada pelas grandes potências contra nações menos favorecidas econômica e belicamente. Logo, como aquele sistema ainda conseguia impor a vontade dos países europeus perante os países que viriam a ser definidos posteriormente como países em desenvolvimento, o *status quo* foi mantido por algum tempo.

Desnecessário mencionar que o efeito gerado nas antigas colônias, principalmente na América Latina, foi o surgimento de uma forte aversão à utilização da *proteção diplomática* como meio de solução de disputas. Embasados pela ideologia do jurista Carlos Calvo (1824-1906) e pela Doutrina Drago[62], os países importadores de capital não apenas defendiam que os investimentos de estrangeiros deveriam dispor exclusivamente dos mesmos direitos concedidos aos investimentos nacionais (*national treatment standard*)[63] (*supra*, item I.1), como também que eventuais demandas relacionadas a investimentos estrangeiros deveriam ser resolvidas perante as cortes locais do Estado receptor de investimento e seguindo as normas previstas naquele ordenamento jurídico. Com efeito, como a proteção diplomática dependia necessariamente do consentimento dos Estados para cada disputa específica, aquele sistema começou a se mostrar ineficaz.

[61] Para mais informações sobre *gunboat diplomacy*, ver: HOBSBAWM, Eric J. **A Era dos Impérios**. 13 ed. São Paulo: Paz e Terra, 2011.

[62] Após a Inglaterra, Alemanha e Itália utilizarem forças armadas para cobrar o pagamento de dívidas públicas da Venezuela (1902), o antigo ministro das Relações Exteriores da Argentina, Luis Drago (1859-1921) enviou uma nota diplomática ao ministro norte-americano Martin García Mérou, em 29 dezembro de 1902, na qual argumentava que a dívida pública dos estados latino-americanos não poderia dar ensejo à intervenção armada no caso de débitos públicos. À tal doutrina deu-se o nome de Doutrina Drago.

[63] "*Con esta cuestión, se relaciona el gravísimo asunto de las constantes reclamaciones de las grandes potencias europeas cerca de los gobiernos de los Estados americanos. Todas se han fundado en ofensas personales, reales unas veces, otras abultadas por sus agentes, pintadas siempre por ellos con vivos colores. Y la regla que en más de un caso han tratado de imponer las primeras a los segundos es, que los extranjeros merecen más consideración y mayores respetos y privilegios que los mismos naturales del país en que residen. Este principio, cuya aplicación es notoriamente injusta y atentatoria á la ley de la igualdad de los Estados, y cuyas consecuencias son esencialmente perturbadoras, no constituye regla de derecho aplicable en las relaciones internacionales de los de Europa, y siempre que se ha exigido por alguno, la contestación del otro ha sido absolutamente negativa.*" (CALVO, Carlos. **Derecho Internacional Teórico y Práctico de Europa y América.** Paris: D'amyot, 1868. p. 392-393).

Além de todas as incertezas inerentes à dicotomia importadores *versus* exportadores de capital no contexto pós-colonial, a assinatura do Pacto Multilateral contra a Guerra, também conhecido como Pacto de Briand-Kellog (1928), trouxe ainda mais inseguranças aos investidores internacionais. Aquele instrumento, ao colocar fim à legalidade da até então vigente *gunboat diplomacy*, passou a determinar que uma vez resolvidas as disputas relacionadas ao direito internacional, fossem exigidas por meios pacíficos. Logo, os investidores não mais poderiam contar com o uso da força por seus Estados de origem para exigir indenizações decorrentes da violação de seus direitos em territórios estrangeiros.

Posteriormente, com o fim da Segunda Guerra Mundial (1939-1945), as incertezas e inseguranças reativas aos investimentos estrangeiros foram acentuadas em decorrência da adoção de regimes comunistas, principalmente por parte de países do leste europeu. Afinal, naquele momento que perdurava a Guerra Fria (1947-1991), além da prática maciça de atos expropriatórios pelos governos dos países socialistas, inclusive de investimentos internacionais, a aversão aos países capitalistas da Europa Ocidental e dos EUA acabava advogando entre os países latino-americanos (e alguns países socialistas) em favor da ideologia preconizada pela Doutrina Calvo.

Portanto, naquele momento, os investidores internacionais, (*i*) sob um eminente risco de ter seus investimentos expropriados, (*ii*) não dispunham de um mecanismo efetivo para reivindicações de indenizações, posto que a proteção diplomática se mostrava, na nova ordem global, incerta e burocrática; e, (*iii*) tampouco dispunham da prerrogativa que detinham até o Pacto de Briand-Kellog (1928) de requerer que seus Estados de origem se impusessem mediante o uso da força.

Em resposta a todas aquelas indefinições do sistema internacional, os Estados exportadores de capital, na tentativa de minimizar os riscos da aplicação de recursos em países estrangeiros, passaram a conjecturar sobre novos sistemas de reivindicações de indenizações por eventuais danos causados aos seus investimentos que lhes permitissem pleiteá-las de forma eficaz. Afinal, embora as regulações e normas que ofereciam segurança aos investimentos internacionais estivessem sendo firmadas por vias de tratados (*supra*, item I.1), de nada adiantaria se inexistisse um mecanismo de coerção para se exigir o cumprimento daqueles padrões de tratamentos. Ou seja, era imprescindível que se estabelecesse um mecanismo jurisdicional eficiente para eventual exigência dos preceitos preconizados naqueles instrumentos.

Justamente neste sentido, os FCNs e os tratados bilaterais de investimentos, além de preverem padrões de tratamentos aos investimentos estrangeiros, passaram, por meio da inserção de cláusulas de resoluções de disputas entre seus dispositivos, a prever, desde a assinatura dos tratados, que eventuais disputas seriam resolvidas por tribunais internacionais, fossem eles cortes ou tribunais *ad hoc*. Daquela forma, o consentimento com a jurisdição era manifestado de forma prévia (*ex ante*), sendo que, ao ser eventualmente demandado, por via da proteção diplomática, pelo Estado de origem do investidor, não poderia o Estado receptor de investimento alegar falta de concordância com a instauração da lide.

Contudo, mesmo com o consentimento prévio dos Estados receptores de investimentos, os investidores continuavam à mercê dos seus países de origem para pleitear internacionalmente as indenizações em face de outros Estados. Com efeito, as falhas inerentes ao sistema de proteção diplomática acabavam não sendo superadas por aqueles tratados bilaterais de investimento ou pelos FCNs.[64]

Após o fim da Segunda Guerra Mundial, conforme será mais bem explicado à frente (*infra*, item II.2.4), o sistema internacional foi reconfigurado, resultando no reconhecimento de atores[65] não Estatais no sistema internacional, conferindo os indivíduos, aliás, com capacidade postulatória em algumas esferas do direito internacional.[66] Aplicando-se, então,

[64] NEWCOMBE, Andrew; PARADELL, Lluís. **Law and Practice of Investment Treaties: Standards of Treatment.** Holanda: Kluwer Law International, 2009. p. 19-20.

[65] Os sujeitos de direito internacional publico correspondem àqueles capazes de ser titulares de direitos e deveres, sendo este um conceito típico do direito internacional público. Contudo, encontrar-se-á em algumas passagens do presente trabalho a expressão atores de direito internacional, conceito este típico das ciências políticas com uma abrangência maior e que abarcar todos aqueles entes que, de alguma forma, participam das relações jurídicas e políticas internacionais.

[66] "*Modern international law grants certain substantive rights to individuals, particularly human rights. For instance, the International Covenant on Civil and Political Rights uses broad rights declaring language to provide that 'every human being has the inherent right to life' and '[e]veryone has the right to liberty and security of person.' Even provisions not formulated in rights language, such as 'no one shall be subjected to torture or to cruel, inhuman or degrading treatment or punishment,' are generally understood as creating a right to be free from such interference. Some human rights treaties also grant individuals procedural rights. The European Convention on Human Rights ("ECHR"), for example, provides that the European Court*

esta *ratio* de garantir a atores não estatais a capacidade postulatória em fóruns internacionais, começou-se a cogitar a possibilidade de oferecer aos investidores o *jus postulandi* para ingressar diretamente com demandas por indenizações em face de Estados.[67]

Acontece que, em razão dos motivos já expostos, os países importadores de capital, em especial aqueles adeptos à doutrina Calvo, embasados pelo temor do neocolonialismo, mostravam-se absolutamente contrários à possibilidade de investidores estrangeiros litigarem contra Estados em foro internacional, afinal, aqueles passariam a fazer jus a condições mais benéficas que aquelas ofertadas aos investidores nacionais.

O ápice dessa discussão foi atingido no âmbito das ONU, quando foi votada a Declaração sobre a Soberania Permanente sobre Recursos Naturais. Naquele momento, curvando-se à vontade dos países exportadores de capital, a Assembleia Geral da ONU ("AG ONU") adotou, em 1962, a Resolução 1803, que previu expressamente que caso uma expropriação desse ensejo a um conflito judicial, "por acordo entre Estados soberanos e ***outras partes interessadas***, o litígio [poderia] ser julgado por arbitragem ou tribunal judicial internacional".[68] Logo, a partir daquele momento, reconheceu-se, para fins da Declaração sobre a Soberania Permanente sobre Recursos Naturais, a capacidade postulatórias internacional de

of Human Rights ("ECtHR") 'may receive applications from any person, non-governmental organization or group of individuals claiming to be the victim of a violation by one of the High Contracting Parties of the rights set forth.' This right exists alongside the right of the treaty parties to bring claims. For instance, the ECHR permits any treaty party to 'refer to the Court any alleged breach of the provisions of the Convention' by any other treaty party." (ROBERTS, Anthea. State-to-State Investment Treaty Arbitration: A Hybrid Theory of Interdependent Rights and Shared Interpretive Authority. Harvard: **Harvard International Law Journal**, 2014. p. 32).

[67] "*It has been suggested that a solution might be found by allowing individuals access in their own right to some form of international tribunal for the purpose, and if proper safeguards against merely frivolous or vexatious claims could be devised, that is a possible reform which deserves to be considered*". (CLAPHAM, Andrew. **Brierly's Law of Nations: An Introduction to the International Law of Peace**, 6th edition, *apud* NIGEL, Blackaby. Investment Arbitration and Commercial Arbitration (or the Tale of the Dolphin and the Shark. *In* MISTELIS, Loukas; LEW, Julian David Mathew (eds). Pervasive Problems in International Arbitration. International Arbitration Law Library, Volume 15. Holanda: Kluwer Law International, 2006. pp. 219-220).

[68] Resolução 1803 (XVII) da Assembleia Geral, de 14 de dezembro de 1962, sobre a "Soberania Permanente sobre os Recursos Naturais".

investidores. Dali em diante, tratados de investimento passariam a prever cláusulas compromissórias entre suas disposições.

Paralelamente, em debate desenvolvido sob a égide do Banco Mundial, a comunidade internacional defendia que, para a proteção de investimentos estrangeiros, seria até mais importante que estabelecer padrões substantivos de tratamento para os investimentos internacionais (*supra*, item I.1), garantir mecanismos procedimentais efetivos e imparciais de resolução disputas ("*procedure before substance*").[69] Por isso, em 1961, o Secretário Geral do Banco Mundial, Aron Broches, propôs, através da Convenção de Washington, a criação do Centro Internacional para a Arbitragem de Disputas sobre Investimentos ("CIADI" ou, em inglês, *International Centre for Settlement of Investment Disputes*, "ICSID").[70]

O ICSID viria a ser um fórum de disputas que permitiria a instauração de arbitragens relativas aos contratos de investimentos por investidores contra os Estados receptores de investimentos, desde que houvesse consentimento de ambas as Partes para arbitrar. Aquele fórum oferecia aos investidores uma estrutura, bem como um corpo normativo procedimental com a definição do curso processual do procedimento arbitral, para que apresentassem demandas em face de Estados no caso de eventuais violações aos seus direitos.[71] O conjunto de regras procedimentais implementado pelo ICSID ("Regulamento ICSID") poderia ser adotado pelos Estados como aplicáveis às eventuais disputas nas cláusulas compromissórias previstas nos tratados de investimento.

Embora, sem dúvida, o ICSID tenha se tornado hoje a maior e mais especializada instituição arbitral no que tange à arbitragem de investimento, não se trata da única instituição que cuida dessa espécie de arbitragem. Diversas outras instituições passaram a oferecer regramentos para aquela espécie de arbitragem que surgia em meados da década de 1960, como a *Arbitration Institute of the Stockholm Chamber of Commerce* ("SCC"), a Corte

[69] DOLZER, Rudolf; SCHREUER, Christoph. **Principles of International Investment Law.** Nova Iorque: Oxford University Press, 2012. p. 9.

[70] Considerando que, mesmo no idioma português, a doutrina costuma adotar a sigla do Centro Internacional para a Arbitragem de Disputas sobre Investimentos em inglês, no presente trabalho, adotar-se-á, também, a sigla ICSID para designar o referido órgão.

[71] REISMAN, Michael; CRWAFORD, James; et al. (eds). ***Foreign Investment Disputes: Cases, Materials and Commentary***, 2nd edition. Holanda: Kluwer Law International, 2014. pp. 281-380.

Internacional da Câmara de Comércio Internacional ("CCI") e outras. Igualmente, ainda que o Regulamento ICSID tenha se tornado, ao longo dos anos, o regulamento mais difundido em matéria de arbitragem de investimento, também haveria outros, como o da própria já mencionada SCC. Aliás, a Comissão das Nações Unidas para o Direito Comercial Internacional ("UNCITRAL", do inglês, *United Nations Commission on International Trade Law*) cuidou de elaborar um regulamento aplicável às arbitragens *ad hoc*, ou seja, não administradas por uma instituição arbitral.

Partindo, então, dessa ideologia do *procedure before substance*, conforme preconizada na Convenção de Washington (1965), os Estados, visando a atrair investimentos, começaram a incluir em seus tratados de investimento cláusulas de arbitragem. Aquelas cláusulas, que poderiam ou não recorrer a uma instituição ou regulamento procedimental específico, garantia aos investidores o direito de recorrer, eles próprios, à arbitragem para solucionar eventuais disputas com os Estados receptores dos seus recursos, ao que se deu o nome de arbitragens de investimento.

O primeiro tratado que ofereceu aos investidores a possibilidade de ingressar com uma arbitragem de investimento foi o BIT Indonésia-Holanda (1968)[72-73]. Gradativamente, diversos outros começaram a contar com aqueles dispositivos, recorrendo, em sua maioria, às regras

[72] "[...] *Any dispute between the Contracting Parties concerning the interpretation or application of the present Agreement which is not settled in any other way, shall be submitted, at the request of any party to the dispute, to an arbitral tribunal composed of three members. Each party shall appoint one arbitrator and the two arbitrators thus appointed shall together appoint a third arbitrator who is not a national of either party*". (**Netherlands and Indonesia Agreement on economic cooperation** (with protocol and ex changes of letters de 17 jun 1968).

[73] NEWCOMBE, Andrew; PARADELL, Lluís, Historical Development of Investment Treaty Law. **Law and Practice of Investment Treaties: Standards of Treatment**. Holanda: Kluwer Law International, 2009. p. 44. Apesar disso, os autores reconhecem que a cláusula arbitral prevista neste tratado bilateral não seria clara ao dispensar o consentimento do Estado no momento da disputa e, por isso, defendem que o BIT firmado entre a República do Chade e Itáilia (1969) deve ser efetivamente considerado o marco do início da nova era dos BITs. Autores como Dolzer e Schreurer defendem, por outro lado, que o primeiro tratado bilateral a prever arbitragens investidores-Estados foi o BIT Indonésia-Holanda, assinado em 1969. (DOLZER, Rudolf; SCHREUER, Christoph. **Principles of International Investment Law.** Nova Iorque: Oxford University Press, 2012. p. 7).

procedimentais do ICSID para instrumentalizar os procedimentos arbitrais.[74]

As vantagens daquele mecanismo de solução de disputas justificam a sua rápida propagação por meio dos BITs. De um lado, o investidor ganhava acesso a um foro neutro e efetivo para solucionar eventuais disputas e reivindicar potenciais danos relacionados aos seus investimentos no ambiente internacional.[75] De outro, os Estados, além de maximizar o influxo de investimentos internacional em seus territórios, se protegiam contra disputas interestatais, notadamente pela via da proteção diplomática.[76]

Aliás, a rápida propagação das cláusulas de resoluções de disputas por arbitragens de investimentos não ficou restrita a negociações bilaterais. Em meados dos anos 1990, os EUA, Canadá e México firmaram o Tratado Norte-Americano de Livre Comércio (do inglês, *North American Free Trade Agreement*, "NAFTA") com previsão de arbitragens como mecanismo de solução de controvérsias entre investidores e Estados. Da mesma forma, diversos países europeus firmaram o ECT relacionado a investimentos energéticos, também com previsão de arbitragens de investimento investidor-Estado. Justamente sobre a importância desse mecanismo, destacou Alejandro Escobar que:

> [o]*ne of the most prominent features of recent investment treaties is that, in addition to providing for State-to-State arbitration to settle questions concerning their interpretation or application, they allow the covered investors themselves to*

[74] Consideram-se Estados Contratantes do ISCID todos os países que assinaram e ratificaram a Convenção de Washington, excetuando, por óbvio, aqueles países que a denunciaram (Bolívia, Equador e Venezuela). Atualmente, segundo a base de dados do Banco Mundial, o ICSID conta com 154 Estados Contratantes. Importante ressaltar que o Brasil nunca integrou o referido sistema. (ICSID. **Database dos Membros do ICSID**. Disponível em <https://tinyurl.com/y3sphxkb>. Acesso em 3 fev de 2020).

[75] Neste sentido, esclarece Aron Broches que "[f]*rom the legal point of view the most striking feature of the Convention is that it firmly establishes the capacity of a private individual or a corporation to proceed directly against a State in an international forum, thus contributing to the growing recognition of the individual as a subject of international law.*" (BROCHES, Aron. The Convention on the Settlement of Investment Disputes between States and Nationals of Other States. *In* BROCHES, Aron. **Selected Essays: World Bank, ICSID, and Other Subjects of Public and Private International Law**, 1995. p. 198).

[76] DOLZER; SCHREUER, op. cit., p. 236.

put in motion mechanisms for submitting disputes with the host State to binding arbitration, and in this way they ensure the enforcement of the treaties' substantive guarantees.[77]

Para que se compreenda efetivamente o que seria a arbitragem de investimento, a próxima seção (*infra*, item I.3) explanará, recorrendo às bases e origens desse mecanismo de solução de disputa, o seu funcionamento e suas peculiaridades.

1.3. A arbitragem de investimento: um modelo híbrido para solução de controvérsias?

As duas primeiras seções deste capítulo buscaram, respectivamente, apresentar o SIPI, bem como expor a formação e o soerguimento de um novo modelo de solução de disputas. Nesta terceira seção busca-se explanar o que é, efetivamente, esse mecanismo de solução de controvérsias conhecido como arbitragem de investimento, também denominado por alguns autores de "*arbitration without privity*"[78], bem como explicar o funcionamento desse novo modelo jurídico concebido para dirimir litígios entre investidores e Estados.

Não obstante seja um fenômeno relativamente recente, a arbitragem de investimento correspondeu à mera transposição de um antigo mecanismo de solução de controvérsias aos conflitos surgidos entre investidores e Estados na esfera internacional, que deu origem à nova espécie do gênero arbitragem, que já congregava as arbitragens comerciais e as arbitragens entre Estados.[79]

A arbitragem corresponde, essencialmente, a um modelo jurídico consensual que possibilita às partes, sejam elas Estados, indivíduos ou empresas, obter uma sentença terminativa e vinculante sobre determinado litígio. Ou seja, ao invés de recorrer às cortes estatais, as partes concordam que eventuais controvérsias deverão ser submetidas ao veredito de uma

[77] ESCOBAR, Alejandro. An Overview of the International Legal Framework Governing Investment, in Toward an Effective International Investment Regime. **ASIL Proceedings**, 1997. p. 489.

[78] PAULSSON, Jan. Arbitration Without Privity. **ICSID Review – Journal of foreign investment**, vol. 10, nº 2, pp. 232-257, 1995.

[79] BARROCAS, Manuel. **Manual de Arbitragem**. São Paulo: Almedina, 2010. p. 95-96.

ou mais pessoas de sua confiança, o árbitro ou o tribunal arbitral.[80] Neste sentido, Nigel Blackaby e Constantine Partasides definem:

> *Arbitration is essentially a very simple method of resolving disputes. Disputants* ***agree*** *to submit their* ***disputes*** *to an individual whose judgment they are prepared to* ***trust****. Each puts its case to this decision maker, this private individual – in a word, this 'arbitrator'. He or she listens to the parties, considers the facts and the arguments, and* ***makes a decision****. That decision is* ***final and binding on the parties*** *– and it is final and binding because the parties have agreed that it should be, rather than because of the coercive power of any state. Arbitration, in short, is an effective way of* ***obtaining a final and binding decision on a dispute, or series of disputes, without reference to a court of law*** *(although, because of national laws and international treaties such as the New York Convention, that decision will generally be enforceable by a court of law if the losing party fails to implement voluntarily).*[81]

A atuação do árbitro – ou do tribunal arbitral – corresponde ao exercício da atividade jurisdicional por ente não estatal, o qual, pela livre escolha das partes, é investido com poder para fazê-lo. A consequência

[80] Fouchard, Gaillard e Goldman explicam que "[i]n *France, arbitration is traditionally defined along the following lines: 'Arbitration is a device whereby the settlement of a question, which is of interest for two or more persons, is entrusted to one or more other persons–the arbitrator or arbitrators–who derive their powers from a private agreement, not from the authorities of a State, and who are to proceed and decide the case on the basis of such an agreement.' At first glance, there does not appear to be a serious divergence between French law and other legal systems as to the concept of arbitration. In Switzerland, for example, arbitration has been defined as: 'a private method of settling disputes, based on the agreement between the parties. Its main characteristic is that it involves submitting the dispute to individuals chosen, directly or indirectly, by the parties. In international arbitration, this definition is preferable to the negative definition found in domestic law, according to which the principal characteristic of arbitration is the fact that the dispute is removed from the jurisdiction of the courts. 'Common law authors have defined arbitration similarly, as involving: 'two or more parties faced with a dispute which they cannot resolve themselves, agreeing that some private individual will resolve it for them and if the arbitration runs its full course ... it will not be settled by a compromise, but by a decision'.*" (GAILLARD, Emmanuel; SAVAGE, John (eds), **Fouchard Gaillard Goldman on International Commercial Arbitration**. Holanda: Kluwer Law International, 1999. p. 9).

[81] BLACKABY, Nigel; PARTASIDES, Constantine; et. all, **Redfern and Hunter on International Arbitration**. 5ª edição. Nova Iorque: Oxford Press, 2009. p. 2 (grifo nosso).

dessa manifestação de vontade é justamente o efeito vinculante daquilo que for eventualmente decidido na sentença arbitral.[82]

Por se tratar de (*i*) um procedimento flexível, em que as próprias partes elegem tanto as regras procedimentais aplicáveis, quanto o direito material a ser utilizado na resolução do litígio, (*ii*) conduzido por pessoas especializadas e de confiança das partes, (*iii*) sem intervenção ou interesse político do Poder Estatal, as arbitragens tiveram uma célere difusão na esfera internacional desde o final do século XVIII[83], tornando-se hoje um dos principais – senão o principal – mecanismos de solução de disputas privadas internacionais.

No que tange às arbitragens comerciais, a utilização da arbitragem na resolução de disputas entre partes privadas remonta, contudo, à Grécia Antiga[84]. Desde aquela época, há relatos[85] de partes nomeando uma ou duas pessoas, que selecionavam uma terceira ("*koinos*"), para solucionar litígios privados.[86] Da mesma forma, no Império Romano, a despeito da

[82] "*As the chosen alternative to a national court, the decision of the parties is for arbitrators to resolve the dispute finally. The parties have accepted that not only will arbitration be the form of dispute settlement, but also that they will accept and give effect to the arbitration award. Implied with the agreement to arbitrate is the acceptance that the strict rules of procedure and rights of appeal of a national court are excluded, subject to very limited, but essential, protections. The decision of the arbitrators is final and binding on the parties. This is both a contractual commitment of the parties and the effect of the applicable law.*" (LEW, Julian David Mathew; MISTELIS, Loukas A., et al. **Comparative International Commercial Arbitration**. The Hague: Kluwer Law International, 2003. pp. 4-5).

[83] FIGUEIREDO, Roberto Castro. As Origens do Uso da Arbitragem Como Modo de Solução de Controvérsias em Disputas Relativas a Investimentos'. *In* BORJA, Ana Guerdau; FIGUEIREDO, Roberto Castro. **Revista Brasileira de Arbitragem: Edição Especial – A Proteção ao Investimento Estrangeiro**. Santa Maria: Comitê Brasileiro de Arbitragem CBAr & IOB, 2011, p. 7.

[84] Neste sentido, ensina Gary Born que "[t]he *procedures used in many ancient arbitrations between Greek city-states would not be unfamiliar to contemporary litigants. The parties were represented by agents, who acted as counsel (in a dispute between Athens and Megara, Solon represented the former), the parties presented documentary evidence and witness testimony (or sworn witness statements), oral argument was presented through counsel, with time limits imposed on counsel's arguments, and the arbitrators rendered written, signed and reasoned awards.*" (BORN, Gary. **International Arbitration: Cases and Materials**. Holanda: Kluwer Law International, 2015. p. 3).

[85] Neste sentido, ver: FURTADO, Paulo; VOULOS, Uadi Lammêgo. **Lei de Arbitragem comentada**. 2ª ed. (rev. e atual.). São Paulo: Saraiva, 1998.

[86] BORN, Gary. **International Arbitration: Cases and Materials**. Holanda: Kluwer Law International, 2015. p.12.

criação de um mecanismo de solução de controvérsias conduzido por magistrados do Estado, a arbitragem permaneceu como uma forma viável e legítima de se solucionar eventuais deslindes.

Anos mais tarde, a possibilidade de se solucionar litígios surgidos sem necessidade de recorrer à falha estrutura jurisdicional própria da Idade Média manteve ávida a utilização da arbitragem como mecanismo de solução de controvérsias durante a idade das trevas.[87-88]

Em meados dos séculos XVI e XVII, a arbitragem comercial passou a ser positivada como mecanismo legítimo de solução de disputas como ocorrido nas ordenanças francesas.[89] A partir daí, a forma moderna da arbitragem começou a ser delineada, cujo desenvolvimento se deu nos séculos XIX e XX, por meio das codificações e, posteriormente, convenções internacionais.[90] Naquele momento, e principalmente no contexto pós Segunda Guerra Mundial (1939-1945), o cenário internacional presenciou significativo avanço no que tange à utilização da arbitragem como mecanismo de solução de disputas entre entes privados principalmente no âmbito internacional. Este avanço foi marcado pela execução de instrumentos decisivos para aceitação internacional do processo arbitral, tais como a Convenção de Nova Iorque (1958), as Regras de Arbitragem da UNCITRAL (1976), a Lei Modelo da UNCITRAL sobre Arbitragem Comercial Internacional (1985) e diversos outros.

[87] *"A recurrent theme of this development was the use of arbitration by merchants in connection with merchant guilds, trade fairs, or other forms of commercial or professional organizations.* [...] *Arbitration of "international" disputes of this sort was preferred for reasons of expedition and commercial expertise, as well as, increasingly, the inadequacy of the local courts or other decision-makers to deal with the special jurisdictional and enforcement obstacles presented by foreign or 'international' litigation."* (*Ibid.*, p. 14)

[88] *"Although historical records are incomplete, scholars conclude that international arbitration 'existed on a widespread scale' during the Middle Ages, that 'the constant disputes that arose in those warlike days were very frequently terminated by some kind of arbitration,' and that 'it is surprising to learn of the great number of arbitral decisions, of their importance and of the prevalence of the 'clause compromissoire.'" The states of the Swiss Confederation and the Hanseatic League, (23) as well as German and Italian principalities, turned with particular frequency to arbitration to settle their differences, often pursuant to agreements to resolve all future disputes by arbitration."* (*Ibid.*, p. 4)

[89] BAPTISTA, Luiz Olavo. **Arbitragem Comercial e Internacional**. São Paulo: Lex Editora, 2011, p. 23.

[90] BORN, Gary. *Op. cit.*, pp. 63-64.

No entanto, a noção de arbitragem como mecanismo de resolução de disputas não se restringia apenas à solução de disputas comerciais.[91] Também na Grécia antiga, registros são encontrados com a utilização da arbitragem na solução de disputas públicas existentes entre as cidades--Estados (*ligas enfitônicas*)[92].

Diferentemente, contudo, do que aconteceu com a arbitragem comercial, apesar de mantida por um curto período no Império Romano, os romanos preferiam soluções políticas ou militares para solucionar litígios entre Estados ao invés de recorrer à arbitragem interestatal, o que acabou levando ao hiato dessa espécie de mecanismo de solução de controvérsias. Da mesma forma, durante a Idade Média, quase não se falava em arbitragem para solução de disputas interestatais.[93]

Posteriormente, com a sedimentação da noção de soberania advinda da Paz de Westfália (1648), a centralização de disputas públicas nas instituições dos próprios Estados soberanos levou praticamente ao desaparecimento da arbitragem interestatal.

Foi apenas em meados do fim do século XVIII, com a assinatura do Tratado de Amizade, Comércio e Navegação (também conhecido como "*Jay Treaty*")[94], firmado em 1794 entre os EUA e a Grã-Bretanha, que

[91] *"Historical scholarship provides no clear conclusions regarding the first recorded instance of international arbitration between states (or state-like entities). In the state-to-state context, some cite what contemporary reporters would denominate as the case of Lagash v. Umma, apparently settled in 2550 B.C. by King Mesilim of Kish, or the 2100 B.C. case of Ur v. Lagash, in which the King of Uruk ordered one city to return territory seized by force from another. Others look to two disputes decided in the 8th century B.C. by Eriphyle, a noble woman, over Argos's planstow age waron Thebes, a 650 B.C. dispute between Andros and Chalcisoverpossession of ades electricity, ora controversy between Athens and Megara in 600 B.C. over the island of Salamis."* (BORN, Gary. *Ibid.*, p. 9).

[92] Neste sentido, ver: FURTADO, Paulo; VOULOS, Uadi Lammêgo. **Lei de Arbitragem comentada**. 2ª ed. Rev. e atual. São Paulo: Saraiva, 1998.

[93] BORN, Gary. *Op. cit.*, p.4.

[94] *"The modern era of international arbitration properly dates from the Jay Treaty of 1794. We are compelled to pass over the sixteenth, seventeenth, and most of the eighteenth centuries, because arbitration in this long period suffered an eclipse. The sixteenth century, to be sure, was not altogether barren of international arbitrations, but it would hardly be profitable to describe the de- tails of the few cases in this century. The principle of arbitration, on the other hand, was not lost sight of during these three hundred years; arbitrations were occasionally provided for in treaties of peace, and jurists like Grotius and Pufendorf made space in their works for a few paragraphs on the subject. Philosophers and moralists also expressed themselves on international peace, especially in the eighteenth century when ideas of universal brotherhood*

a arbitragem ressurge como mecanismo de solução de disputas entre Estados. Aquele tratado, tido por muitos autores como o marco inicial da Era Moderna da arbitragem entre Estados[95], estabelecia que quaisquer disputas relativas à (*i*) fronteira EUA-Canadá, (*ii*) dívidas de cidadãos norte-americanos, e (*iii*) reivindicações de cidadãos dos EUA contra a Grã-Bretanha poderiam ser resolvidas por arbitragem entre os dois Estados. Neste mesmo sentido, o Tratado de Amizade, Fronteiras e Navegação ("*Pinckney Treaty*"), celebrado em 1795 entre os EUA e a Espanha, determinava que eventuais demandas contra a Espanha deveriam ser julgadas por uma comissão mista formada por um representante de cada Estado e um terceiro comissário escolhido por estes dois.[96]

Dali em diante, a arbitragem interestatal foi gradativamente retomada, percebendo-se um expressivo aumento no número de tratados com previsão de cláusulas arbitrais, a exemplo do Tratado de Guadalupe Hidalgo (1848), que colocou fim à Guerra do México e trouxe em seu texto o primeiro artigo vinculante sobre a resolução de conflitos por meio de arbitragem, o Tratado de Washington (1871) e outros[97], inclusive entre países latino-americanos.[98]

and social perfectibility began to assume shape. 87 But the rising tide of nationalism in the sixteenth and seventeenth centuries was by no means conducive to amicable relations among states. Popes do not allow an armistice to heretics, nor is arbitration the immediate jewel of Tudor souls. Europe was in the throes of transition, the old giving way to the new; strange theories of the balance of power and the value of trade were mingled in the air with the clash of doctrines and the cries of the persecuted." (FRASNER, Henry. Sketch of the History of International Arbitration. **The Cornell Law Quarterly**, Volume 11, Issue 2, 1926. p. 198).

[95] ACCIOLY, Hildebrando. **Tratado de derecho internacional.** Rio de Janeiro: Imprensa Nacional, 1946. pp. 45-47; BORN, Gary. **International Arbitration: Law and Practice.** 2ª ed., Holanda: Kluwer Law International, 2015. p. 445.

[96] Sobre o *Pinckney Tretaty*, ver: FIGUEIREDO, Roberto Castro. As Origens do uso da Arbitragem como modo de solução de controvérsias em disputas relativas a investimentos. **Revista Brasileira de Arbitragem: A Proteção ao Investimento Estrangeiro.** Santa Maria: Comitê Brasileiro de Arbitragem & IOB, 2011. pp. 7-19.

[97] FRASNER, Henry. Sketch of the History of International Arbitration. **The Cornell Law Quarterly**, Volume 11, Issue 2, 1926. p. 200.

[98] Neste sentido, Gary Born exemplifica: " [...] *an 1822 agreement between Colombia and Peru, which was intended to 'draw more closely the bonds which should in future unite the two states', provides that 'a general assembly of the American states shall be convened ... as an umpire and conciliator in their disputes and differences.' Moreover, many Latin American states engaged in inter-state arbitrations arising from contentious boundary disputes inherited from colonial periods, which the disputing parties submitted*

Casos emblemáticos, como *Alabama Claim Arbitration* (1871)[99], *Bering Sea* (1893) e *British Guyana* (1899) e *Venezuela Boundary* (1899) foram demonstrando que aquele mecanismo correspondia a uma alternativa extremamente eficiente à solução de disputas, ainda que pela via diplomática. A celebração de tratados internacionais que obrigassem os Estados a submeter suas disputas à arbitragem passou a ser vista como uma forma efetiva de apaziguar as frágeis relações diplomáticas e, consequentemente, como um mecanismo eficaz de se evitar conflitos armados.

Tamanho foi o reconhecimento da arbitragem no âmbito das relações interestatais que, em meados de 1875, o *Institut de Droit International* adotou "*les règles uniformes concernant la compétence des tribunaux*", um código uniforme de procedimento para arbitragem entre Estados.[100]

Posteriormente, em 1899, a Corte Permanente de Arbitragem ("CPA" ou, em inglês, *Permanent Court of Arbitration*, "PCA") foi criada por meio das Convenções para a Solução Pacífica de Controvérsias Internacionais, firmadas em Haia em 1899 e 1907. Diferentemente de uma corte para resolução de disputas, a PCA foi a primeira instituição global a oferecer ferramentas para solução de disputas entre Estados pela via arbitral.[101] A PCA, cuja lista de árbitros seria, anos mais tarde, composta pelos principais jurisconsultos do mundo, ofereceu aos países um órgão permanente

to a foreign sovereign or commission for resolution. Arbitration of such matters was not always successful, especially when the disputed territory was rich in natural resources or minerals, and boundary disputes at times required additional arbitrations to interpret an initial award." (BORN, Gary. **International Arbitration: Cases and Materials.** Holanda: Kluwer Law International, 2015. p. 6).

99 A *Alabama Claim Arbitration* foi instaurada em Genebra, em 1871, baseada nos Tratados de Washington, com o propósito de resolver uma disputa relacionada a pleitos apresentados pelos EUA em face da Grã-Bretanha. Esses pleitos decorreram da neutralidade britânica com relação à Guerra Civil Americana (1861-1865). As reivindicações americanas resultaram em enorme tensão entre os dois países, culminando em ameaças de guerra entre os dois países. A arbitragem foi, então, insaturada e, posteriormente conduzida por um tribunal internacional resultando na condenação da Grã-Bretanha ao pagamento de US$ 15.500.000,00. (Ver: BINGHAM, Tom. Alabama Arbitration. **Max Planck Encyclopedias of International Law.** Germany: Oxford University Press, 2006).

100 JUSTITIA ET PACE INSTITUT DE DROIT INTERNATIONAL. **Session de La Haye.** Compétence des tribunaux, 1875. Disponível em < https://tinyurl.com/y3v6n3pd >. Acesso em 12 out. 2020.

101 Neste sentido, ver: BROWNLIE, Ian. **Principles of Public International Law.** 6ª ed. Nova Iorque: Oxford University Press, 2003. p. 673.

com regras bem estabelecidas para a instauração de um procedimento arbitral entre dois Estados.[102]

Com efeito, a passos relativamente lentos, em meados dos séculos XIX e XX, a arbitragem foi paulatinamente se consolidando, também, como um mecanismo de solução de disputas para dirimir disputas entre países, o que possibilitou o estabelecimento de uma jurisprudência internacional a respeito da responsabilidade de Estados pela violação de direitos de cidadãos estrangeiros.[103]

Contudo, como se viu anteriormente (*supra, item* I.2), embora muitos desses tribunais arbitrais resolvessem litígios relacionados a direitos individuais de nacionais de um determinado Estado, a solução de controvérsias pela via arbitral estava necessariamente atrelada ao modelo de proteção diplomática[104], o que significa que apenas Estados – e não indivíduos – poderiam ser parte naquelas arbitragens. Logo, a reivindicação de direitos individuais por via da proteção diplomática[105] acabava sujeitando o indivíduo inteiramente à arbitrariedade do seu Estado de origem.

Foi nesse contexto que a arbitragem de investimento, oferecendo capacidade postulatória aos investidores estrangeiros, uniu características das arbitragens comerciais com especificidades das arbitragens interestatais, dando origem a um mecanismo híbrido[106] de solução de disputas. Utilizando um mecanismo originalmente concebido para solução de disputas entre partes privadas, a arbitragem de investimento suscita a aplicação de normas de direito internacional público para apreciação de

[102] FRASNER, Henry. Sketch of the History of International Arbitration. **The Cornell Law Quarterly**, Volume 11, Issue 2, 1926. p. 203.

[103] SHAW, Malcolm. **International Law**. 6th edition. Cambridge: Cambridge University Press, 2008. p. 1010 et seq.

[104] MCLACHLAN, Campbell; SHORE, Laurence; WEINIGER, Matthew. **International Investment Arbitration.** Nova Iorque: Oxford University Press (2nd Edition): Substantive Principles. 2007, p. 4.

[105] *"The theory underlying the principle of diplomatic protection is that an injury to a state's national is an injury to the state itself, for which it may claim reparation from any responsible state. Through the exercise of diplomatic protection, the home state makes a claim against the host state for an injury to the home state's national."* (NEWCOMBE, Andrew; PARADELL, Lluís. **Law and Practice of Investment Treaties: Standards of Treatment.** Holanda: Kluwer Law International, 2009. p. 5).

[106] DOUGLAS, Zachary. The Hybrid Foundations of Investment Treaty Arbitration. **British Yearbook of International Law**, Volume 74, Issue 1, 2003.

condutas do governo de um determinado Estado. Neste sentido, Josefa Sicard-Mirabal e Yves Derains definem a arbitragem de investimentos nos seguintes termos:

> [i]*nvestor-State arbitration is a unique development in international law, wherein an investor (individual or company) is provided with a direct right of action against a State, most commonly stemming from a bilateral or multilateral investment treaty (MIT). These treaties typically provide protection against expropriation, breach of fair and equitable treatment (FET), full protection and security (FPS), national treatment (NT), most-favored-nation treatment (MFN), and prevent arbitrary/unreasonable or discriminatory measures. A State is liable to pay compensation for breaching the obligations set forth in the treaty.*[107]

Os tratados de investimento marcaram o início da terceira era da resolução de disputas no direito internacional dos investimentos, que surgiu com o sincretismo da primeira era, caracterizada por um paradigma de direito internacional exclusivamente concentrado no poderio Estatal e na solução de disputas entre os próprios Estados (proteção diplomática), com a segunda era, caracterizada por uma excessiva preocupação com os direitos dos investidores e marcada pelo soerguimento de arbitragens comerciais entre investidores e Estados, as quais eram viabilizadas pela assinatura de contratos.[108]

Esse novo mecanismo de resolução de controvérsias, embora tivesse toda sua estrutura estabelecida sob a égide de um tratado, ou seja, um instrumento típico de direito internacional, passaria a recorrer a regras e estruturas típicas do direito privado de solução de disputas. Justamente por isso, a chave para entender este "ornitorrinco"[109] que é o sistema de tratados de investimento, é que essa estrutura híbrida reconheça e valorize

[107] SICARD-MIRABAL, Josefa; DERAINS, Yves. **Introduction to Investor-State Arbitration.** Haia: Kluwer Law International, 2018. p. 2.

[108] ROBERTS, Anthea. State-to-State Investment Treaty Arbitration: A Hybrid Theory of Interdependent Rights and Shared Interpretive Authority. Boston: **Harvard International Law Journal**, 2014. p. 28-29

[109] ROBERTS, Anthea. State-to-State Investment Treaty Arbitration: A Hybrid Theory of Interdependent Rights and Shared Interpretive Authority. Harvard: **Harvard International Law Journal**, 2014. p. 28-29.

simultaneamente ambas as relações estabelecidas e as inevitáveis tensões resultantes desse sincretismo do direito internacional e de um mecanismo de solução de controvérsias privado.

Tal mecanismo de solução de controvérsia, muito embora inovador, funciona exatamente da mesma forma que as arbitragens comerciais ou entre Estados[110], afinal, justamente em linha do explanado no início desta seção, trata-se de um meio de se solucionar disputas baseado no consentimento das partes, em que árbitros escolhidos por elas próprias sentenciam sobre a lide, dando-lhe uma solução final e vinculante.

> *The arbitral process, like a court case, goes through a series of procedural stages. Thus, the aggrieved party must initiate the process by filing a demand for arbitration, which the respondent must answer. The arbitrator or arbitrators must then be selected and their powers defined. The time and place of the arbitration hearing must be determined, along with the appropriate procedures. Once these preliminary matters are determined and any challenges to the jurisdiction of the arbitrators are resolved, each side submits its evidence and presents its case. Based on the evidence, the arguments of the parties, and the applicable rules and principles of law, the arbitrators decide the dispute and prepare an award embodying their decision. An arbitral award, however, is not self-enforcing. If the losing party refuses to respect the award, the winning party will need to rely on state power and particularly on state courts to enforce it*[111]

Apesar das similaridades entre as arbitragens de investimento com as arbitragens comerciais, há, por óbvio peculiaridades que as distinguem, como, por exemplo: (*i*) a forma (e no momento) de manifestação do consentimento das partes, posto que, os Estados o expressam pela assinatura e ratificação dos tratados de investimento[112]; e (*ii*) o direito substantivo

[110] Sobre as diferenças entre as arbitragens de investimento e as arbitragens entre Estados, ver: BORN, Gary. **International Arbitration: Law and Practice**, 2ª edição, Kluwer Law International, 2015. pp. 417 – 449.

[111] SALACUSE, Jeswald W. **The Law of Investment Treaties**. 2ª ed. Reino Unido: Oxford Public International Law, 2015 p. 413.

[112] "*The traditional form of consent to arbitration between a foreign investor and a host state was through an arbitration clause in a contract, such as a natural resource concession or a foreign investment agreement. During discussions of the 1965 ICSID Convention it was recognized that states could consent to arbitrate future disputes by making an offer to arbitrate in a foreign investment code or law, or by means of a treaty. The investor would accept this offer to arbitrate by submitting a claim. Therefore, unlike the typical form*

aplicado, que está primordialmente enraizado no direito internacional[113-114] (*infra*, item I.4), visto que o objeto a ser enfrentado pelos tribunais arbitrais nas arbitragens de investimento é averiguar se o Estado violou obrigações substantivas firmadas nos tratados de investimento, instrumentos estes típicos de direito internacional, que contemplam disposições como a expropriação sem justa compensação, o tratamento justo e equitativo e outras.[115]

of consent to international arbitration through an arbitration clause in a contract, investor-state arbitration under a foreign investment law or IIA can occur where there is no pre-existing formal contractual relationship between the foreign investor and the state. Because the consent to arbitration does not occur in an investment contract or concession, this form of arbitration has been referred to as 'arbitration without privity'." (NEWCOMBE, Andrew; PARADELL, Lluís. **Law and Practice of Investment Treaties: Standards of Treatment**. Holanda: Kluwer Law International, 2009. p. 44).

113 DOUGLAS, Zachary. The Hybrid Foundations of Investment Treaty Arbitration. **British Yearbook of International Law**. Vol. 74. Issue 1, 2004. p. 153.

114 "*Undoubtedly, investment treaty arbitration has unique features which set it apart from commercial arbitration. The first, memorably described by Jan Paulsson in his seminal article as "Arbitration Without Privity", stems from the fact that the parties' consent to arbitrate is not formed by the consensus ad idem of a contract. On the contrary, the state makes a standing offer to arbitrate by treaty, which is accepted by the investor when his claim is filed. Secondly, investment treaty arbitration always consists in the prosecution of a private claim against the state. The foreign investor is always the claimant, and the host state is always the respondent. This follows from the very nature of the rights being enforced, which are conferred by the state on investors as a result of an international agreement between states. The nature of the claim thus bears at least as many parallels, as Professor Geneviève Burdeau has suggested, to a human rights complaint before the European or Inter-American Court of Human Rights as it does to a commercial arbitration. Investment treaty arbitration was conceived in part as a response to the shortcomings of the public international law process of diplomatic protection. Indeed, it has grown to such an extent that the ICJ commented in its decision of June 2007 in the Diallo case that: ... in contemporary international law, the protection of the rights of companies and the rights of their shareholders, and the settlement of the associated disputes, are essentially governed by bilateral or multilateral agreements.... In that context, the role of diplomatic protection somewhat faded.... But it also represents a conscious move away from a contract model to a treaty model for the resolution of fundamental investment disputes. Only a minority of investors ever had concession contracts with the host state. There were in any event, as those who remember the great oil nationalization arbitrations of the 1970s will recall, considerable practical and legal difficulties in dealing with the misuse of sovereign power within a contractual framework*". (MCLACHLAN, Campbell. Investment Treaty Arbitration: The Legal Framework. *In* VAN DEN BERG, Albert Jan (ed). **50 Years of the New York Convention: ICCA International Arbitration Conference,** ICCA Congress Series, Volume 14, Kluwer Law International; ICCA & Kluwer Law International, 2009. p. 97-98.

115 NIGEL, Blackaby, Investment Arbitration and Commercial Arbitration (or the Tale of the Dolphin and the Shark. *In* MISTELIS, Loukas; LEWS, Julian (eds). **Pervasive Problems in**

Ao passo que os Estados expressam seu consentimento com a arbitragem pela assinatura e ratificação dos tratados de investimento e da sua cláusula compromissória, os investidores, ao se depararem com eventual desavença, dentre as opções de solução de disputas que lhes são oferecidas, optam pela arbitragem, aceitando, dessa forma, a oferta unilateral à arbitragem (*standing offer*) feitas pelos Estados naqueles tratados. A jurisprudência do ICSID já confirmou, em diversas oportunidades, que o consentimento dos investidores só se torna irrevogável quando ambas as partes o expressarem por escrito e, por isso, o investidor deve fazê-lo na primeira oportunidade que tiver, ou seja, tão logo ao apresentar o requerimento de arbitragem. Além disso, o requerimento deve ser apresentado com um breve resumo da disputa, as partes envolvidas e a comprovação da jurisdição do eventual tribunal arbitral.

Uma vez requerida a arbitragem, o requerimento da arbitragem será respondido pelo Estado requerido e o tribunal será constituído para dirimir as questões suscitadas. A praxe é que os árbitros indicados sejam figuras conhecidas e respeitadas nas áreas de direito internacional econômico.

O tribunal arbitral, então, se competente (*kompetenz-kompetenz*), deverá apreciar as consequências econômicas de atos perpetrados por Estados receptores do investimento que limitam (ou até mesmo impedem) o retorno econômico dos investimentos internacionais (competência *ratione materiae*) ao investidor estrangeiro (competência *ratione personae*) praticados em um determinado lapso temporal (competência *ratione temporis*).

> *Most treaties delineate which investors and investments are entitled to receive substantive protections. Establishing entitlement to protection is an important threshold issue as it permits investors to obtain protection and bargaining leverage of investment treaties. The standards that must be met are typically broad, and to secure the benefits of an investment treaty, there must be a qualifying person or entity (the ratione personae requirement), a qualifying subject matter (the ratione materiae requirement) and a dispute within a qualifying time frame (the ratione temporis requirement). The impact of these three 'standing' requirements is that-depending entirely upon how the investment is structured and the rules of the relevant investment treaty-investments that relate to*

International Arbitration, International Arbitration Law Library, Volume 15, Kluwer Law International, 2006. p. 222-223.

more than one country might permit investors to benefit from more than one investment treaty simultaneously.[116]

O curso de ação de cada arbitragem poderá variar, dependendo das regras procedimentais aplicáveis, se for o caso, ou de como for acordado entre as partes e o tribunal, o que aliás é uma das maiores vantagens do instituto. Entretanto, o curso habitual do procedimento é que, uma vez constituído o tribunal, a arbitragem siga com a apresentação das manifestações escritas pelas partes, sendo apresentadas as alegações iniciais pelos requerentes, na qual serão apresentados os fatos da disputa, bem como as razões jurídicas que os fundamentam, seguido da resposta da requerida, que provavelmente os refutará, seguido de uma réplica e de uma tréplica. Na sequência, há uma audiência na qual há apresentação oral tanto dos argumentos jurídicos quanto dos argumentos fáticos além da produção de eventuais provas testemunhais ou técnicas.

Obviamente, intercorrências, como a arguição de falta de jurisdição do tribunal, que podem levar à bifurcação do procedimento, apresentação de pedidos de *amicus curiae* e outros, também podem suscitar a alteração desse curso habitual.

Finda a instrução do procedimento arbitral, o tribunal passará ao seu juízo à luz das provas e argumentos suscitados pelas partes e com base nas fontes de direito internacional que entender devida, e, em seguida, procederá à prolação da sentença que, se condenatória fixando, determinará a reparação do investidor por via da restituição, compensação ou satisfação da prestação.[117]

1.4. As fontes de Direito da arbitragem de investimento

Como se viu (*supra*, item I.2), os métodos tradicionais de soluções de disputas relacionadas a investimentos internacionais, quais sejam o recurso às cortes domésticas e a proteção diplomática, acabavam tornando a

[116] FRANCK, Susan. The Legitimacy Crisis in Investment Treaty Arbitration: Privatizing Public International Law Through Inconsistent Decisions. **Fordham L. Rev.** 1521, 2005. pp. 1533-1535. Disponível em <https://ir.lawnet.fordham.edu/flr/vol73/iss4/10>. Acesso em 26 abr 2020.

[117] Neste sentido, ver: NEWCOMBE, Andrew; PARADELL, Lluís. **Law and Practice of Investment Treaties: Standards of Treatment.** Holanda: Kluwer Law International, 2009. p. 293-298.

resolução de entraves entre investidores internacionais e Estados ineficazes, o que levou à concepção de um inovador mecanismo de resolução de litígios internacionais.

A nova era do direito internacional, instaurada após a Segunda Guerra Mundial, passou a reconhecer o indivíduo como sujeito de direito internacional. Consequentemente, concebeu-se, na esfera internacional, uma série de preceitos que partia da premissa que os Estados não mais seriam os únicos sujeitos do direito internacional, reconhecendo-se até mesmo a capacidade postulatória do próprio indivíduo na esfera jurídica internacional.

Partindo dessas alterações na esfera internacional, guardadas, obviamente, as devidas distinções, o acesso direto a fóruns internacionais por pessoas que tivessem seus direitos humanos violados desencadeou uma repaginação da ineficiente visão estadocêntrica sobre a resolução de disputas internacionais relacionadas a investimentos. De um lado, os Estados passaram a ser vistos como um dos diversos outros atores de direito internacional, de outro, a capacidade postulatória de investidores internacionais passou igualmente a ser reconhecida perante a esfera transnacional.[118] Dentre os mecanismos oferecidos aos investidores para pleitear indenizações em face de atos praticados por Estados, um deles ganhou destaque: a arbitragem de investimento. Aquele nova espécie de arbitragem que soerguia no cenário internacional garantia aos investidores internacionais o direito de litigar de forma eficaz, perante um tribunal arbitral qualificado, neutro e de confiança das partes.

Tal mecanismo de solução de disputas, como visto (*supra,* item I.3), correspondeu à mera transposição de um antigo modelo jurídico próprio do direito privado a disputas típicas do direito internacional. Nas arbitragens de investimentos, os árbitros, ao invés de verificar a eventual quebra de cláusulas negociadas em contrato, seriam instados a decidir sobre a violação de obrigações substantivas firmadas nos tratados típicos do SIPI. A requisição de anulação à sentença parcial, de 21 de novembro

[118] *"Both systems establish international mechanisms for aggrieved parties to pierce State sovereignty to hold States accountable in some fashion for their failure to provide the required protections."* (KARAMANIAN, Susan. The Role of International Human Rights Law in Re-Shaping Investor-State Arbitration. **International Journal of Legal Information**, 2017. p. 432)

de 2000, do caso *Vivendi v. Argentina*[119] deixou claro o raciocínio aplicado às arbitragens de investimento:

> *A state may breach a treaty without breaching a contract, and vice versa, and this is certainly true of these provisions of the BIT.* [...] *In accordance with this general principle (which is undoubtedly declaratory of general international law), whether there has been a breach of the BIT and whether there has been a breach of contract are different questions. Each of these claims will be determined by reference to its own proper or applicable law–in the case of the BIT, by international law; in the case of the Concession Contract, by the proper law of the contract, in other words, the law of Tucumán. For example, in the case of a claim based on a treaty, international law rules of attribution apply, with the result that the state of Argentina is internationally responsible for the acts of its provincial authorities. By contrast, the state of Argentina is not liable for the performance of contracts entered into by Tucumán, which possesses separate legal personality under its own law and is responsible for the performance of its own contracts.* [120]

As investigações dos árbitros sobre eventuais violações das obrigações firmadas naqueles instrumentos do SIPI exigiam um diagnóstico à luz do direito internacional, afinal, a solução dos litígios relacionados àqueles tratados não poderia variar dependendo da localização e nacionalidade do investimento, mas deveria ter um significado único para ambas as partes pretendiam ao assiná-lo.[121]

A necessária aplicação do direito internacional não significa, contudo, que a solução daqueles litígios poderia ignorar as legislações domésticas do país receptor do investimento internacional, mesmo quando inexistente a eleição expressa pelas partes da lei aplicável. Por óbvio, considerando que a aplicação de recursos em um território alienígena se sujeitará à lei doméstica do Estado receptor de investimento, eventuais disputas

[119] Caso ICSID n. ARB/97/3. **Compañía de Aguas del Aconquija SA & Vivendi Universal v. Argentina.** Decisão proferida em 21 nov 2000.

[120] Caso ICSID n. ARB/97/3. **Compañía de Aguas del Aconquija SA & Vivendi Universal v. Argentina,** Decisão sobre anulatória de 3 jul 2002, §§ 95-96.

[121] NIGEL, Blackaby, Investment Arbitration and Commercial Arbitration (or the Tale of the Dolphin and the Shark. *In* MISTELIS, Loukas; LEWS, Julian (eds). **Pervasive Problems in International Arbitration, International Arbitration Law Library**, Volume 15, Kluwer Law International, 2006. p. 222-223.

terão certo vínculo com o sistema jurídico daquele país, especialmente para averiguar a existência do investimento, determinar o seu escopo, ou verificar as garantias e compromissos governamentais em relação ao investimento. Aliás, na grande maioria dos casos, é justamente a legalidade de atos legislativos do direito doméstico que será colocada em xeque.

Embora possam as leis domésticas ser relevantes em alguns momentos, as questões em disputa nas arbitragens de investimento versarão sobre a responsabilidade do Estado receptor do investimento pela implementação de medidas que violem o tratado de investimento e, consequentemente, serão solucionadas com base no direito internacional.[122] Afinal, a fonte primária da qual emanam os poderes do tribunal arbitral constitui um ato negocial do Estado no sistema internacional[123], qual seja, o tratado de investimento. Por sua vez, o direito internacional é o ramo do direito responsável por reger as relações entre os Estados[124]. Neste sentido, defende Richard Kreindler que,

> [i]*n international investment arbitration, particularly under regimes such as ICSID and NAFTA, the parties may be deemed to have directly agreed, by virtue of treaty, to the application of international law, at least in part. From the investor's standpoint, this result may be a way to shield it from an overbearing application of the Host State's law. From the Host State's standpoint, this result may be a way to avoid the application of a third-country law with no relation to the dispute.*[125]

122 Neste sentido, a já mencionada decisão anulatória da sentença parcial do caso Vevendi determinou que "*In the Committee's view, it is not open to an ICSID tribunal having jurisdiction under a BIT in respect of a claim based upon a substantive provision of that BIT, to dismiss the claim on the ground that it could or should have been dealt with by a national court. In such a case, the inquiry which the ICSID tribunal is required to undertake is one governed by the ICSID Convention, by the BIT and by applicable international law. Such an inquiry is neither in principle determined, nor precluded, by any issue of municipal law, including any municipal law agreement of the parties.*" (Caso ICSID n. ARB/97/3. **Compañía de Aguas del Aconquija SA & Vivendi Universal v. Argentina**. Decisão de Anulatória de 3 de julho de 2002, § 102).

123 LUÍS, Daniel Tavela; Proteção do investimento estrangeiro: o sistema do centro internacional para a resolução de disputas relativas ao investimento (CIRDI) e suas alternativas. 2013. **Dissertação (Mestrado)**. Universidade de São Paulo, São Paulo, 2013. p. 64.

124 SALACUSE, Jeswald W. **The Law of Investment Treaties**. 2ª ed. Reino Unido: Oxford Public International Law, 2015. p. 51.

125 KREINDLER, Richard. The Law Applicable to International Investment Disputes. *In* HORN, Norbert; KROLLL, Stefan (eds.), **Arbitrating Foreign Investment Disputes:**

Não se pode olvidar que, por se tratar de um tratado, as regras básicas de interpretação dos tratados de investimento são aquelas encontradas na Convenção de Viena sobre o Direito dos Tratados (1969, "CVDT"). Dispõe aquele metatratado que, havendo uma disputa sobre a violação de um acordo internacional concluído por escrito entre Estados e regida pelo direito internacional, deverão aqueles tratados ser interpretados considerando, *inter alia*, "quaisquer regras pertinentes de Direito Internacional aplicáveis às relações entre as partes".[126] Com efeito, reiterando este entendimento, Newcombe e Paradell acrescentam que o artigo 27 da CVDT estabelece que uma parte não pode invocar as disposições de seu direito interno como justificativa para a falha em cumprir um tratado.[127] A CVDT estabelece, ainda, regras gerais de interpretação dos tratados, orientações sobre a utilização de mecanismos de interpretação suplementares e formas de solucionar impasses interpretativos quando o tratado for autenticado em duas ou mais línguas.

Além disso, a estrutura utilizada pelos árbitros no processo de tomada de decisões apresenta características transnacionais, as quais não podem deixar de ser consideradas ao se teorizar sobre o processo de tomada de decisões dos tribunais de investimentos. O mero fato de o beneficiário final dos tratados de investimento não ser, necessariamente, um Estado, mas sim os investidores, não tem o condão de afastar a aplicação das normas de direito internacional, afinal, como já elucidado, o direito internacional hodierno reconhece que não apenas os Estados, mas também organizações internacionais, empresas multinacionais, coletividades não estatais e até mesmo o indivíduo, devem ser vistos como atores e sujeitos do sistema internacional.

Aliás, para que não paire dúvida de que as arbitragens de investimento devem ser regidas, primordialmente, pelo direito internacional, o relatório dos Diretores Executivos do ICSID explanou que, naquelas regras, "*[t]he term 'international law' as used in this context should be understood in the sense given to it by Article 38(1) of the Statute* [of the ICJ], *allowance*

Procedural and Substantive Legal Aspects, Studies in Transnational Economic Law, Volume 19. Alemanha: Kluwer Law International, 2004. p. 409

[126] CVDT, concluída em 23 de maio de 1969. Art. 31(3) c.

[127] NEWCOMBE, Andrew; PARADELL, Lluís. **Law and Practice of Investment Treaties: Standards of Treatment**. Holanda: Kluwer Law International, 2009, p. 99.

being made for the fact that Article 38 was designed to apply to inter-State disputes".[128]

O referido dispositivo do Estatuto da CIJ prevê, por sua vez, que o direito internacional tem quatro fontes, três das quais são plena e diretamente aplicáveis às arbitragens de investimento, sendo estas: (*i*) as convenções internacionais; (*ii*) os costumes internacionais; (*iii*) e os princípios gerais de direito internacional, conforme reconhecidos pelos Estados. Além dessas fontes, as arbitragens de investimento recorrem ainda, subsidiariamente, (*iv*) à doutrina e à jurisprudência (sentenças proferidas em outros tribunais de arbitragem de investimento ou até mesmo precedentes de outras cortes) como fontes subsidiárias que auxiliam na interpretação das demais fontes.

Neste sentido, o *primeiro* instrumento a ser verificado na solução de conflitos de investimento, conforme preconizado no Estatuto da CIJ, deve ser o próprio *tratado de investimento* aplicável ao caso, seja este um BIT, um tratado multilateral de investimento, como o ECT, ou um FTA com disposições sobre investimentos, como o NAFTA. Afinal, dali decorre a jurisdição do próprio tribunal e todos os padrões de tratamento estabelecidos para reger a relação entre o investidor internacional e o Estado receptor do investimento.

Contudo, apesar de ser majoritariamente regido pelas disposições dos tratados, estes não constituem a única fonte de direito do SIPI. Em *segundo lugar*, como se vê no art. 38 do Estatuto da CIJ, os costumes internacionais, isto é, regras gerais (prática reiterada) aceitas como normas de conduta (*opinio juris*), constituem uma importante fonte de direito internacional a ser aplicada pelo árbitro nos litígios relacionados ao direito dos investimentos internacionais.[129] A subjetividade dessa fonte de direito, a despeito do esforço da CIJ em tentar estabelecer critérios objetivos para definir o que pode ser considerado *costumes*, muitas vezes acaba dificultando o seu emprego.

Em *terceiro lugar*, os *princípios gerais de direito internacional* servem como diretrizes interpretativas em relação às disposições dos tratados. Trata-se

[128] ICSID. **2018 Report of Executive Directors on the ICSID Convention**, § 40.

[129] Neste sentido, ver: MITSI, Mary. **The Decision-Making Process of Investor-State Arbitration Tribunals**. International Arbitration Law Library, Volume 46. Den Haag: Kluwer Law International, 2018. p. 196-210.

de princípios legais reconhecidos pelos sistemas jurídicos da maior parte dos países. Portanto, servem como mecanismos de suplementação de lacunas na interpretação de determinados conceitos ou disposições. Schreuer e Dolzer[130] citam como exemplos os conceitos de boa-fé, *nemo auditur propriam turpitudinem allegans*, o conceito de *estoppel*, a alocação do ônus probatório e outros. Note-se que se refere aqui não aos princípios de regimes internacionais em si, como definido por Krasner nas ciências políticas (*supra*, item I.1), mas aos princípios de direito que regem a relação jurídica na esfera internacional. Por isso, embora não se ignore a relevância da acepção política e social dos regimes para as relações internacionais – e nem o consequente impacto desses elementos nos aspectos jurídicos que o permeiam –, é crucial que se entenda que o objeto de análise do presente trabalho é o arcabouço jurídico do regime internacional de proteção aos investimentos, isto é, o sistema[131].

Por fim, as chamadas fontes subsidiárias, sendo estas a doutrina e a jurisprudência, são especialmente utilizadas nas arbitragens de investimento como diretrizes interpretativas das três fontes de direito supra elencadas. As alegações dos advogados perante os tribunais arbitrais e as próprias decisões arbitrais referenciam, com enorme frequência, decisões proferidas por outros tribunais em arbitragens de investimentos, por outras cortes, ou outros órgãos similares de todo o mundo.

1.5. A evolução da arbitragem de investimento e o cenário internacional atual

Como se viu ao longo das quatro últimas seções deste trabalho, no curso do século XX, os tratados de investimento, além de estabelecerem certos padrões de tratamento ao investimento estrangeiro, passaram a fornecer aos investidores, de forma bastante inovadora, mecanismos singulares de resolução de disputas, permitindo-os, pela primeira vez na história, buscar

[130] NEWCOMBE, Andrew; PARADELL, Lluís. **Law and Practice of Investment Treaties: Standards of Treatment.** Holanda: Kluwer Law International, 2009. p. 18.

[131] No presente trabalho, não digredir-se-á sobre o conceito de sistema jurídico, posto não ser este o enfoque deste ensaio. Com efeito, adotar-se-á, a acepção atécnica do termo, definindo-o, como jurídico como o conjunto de proposições (normas) orientadas para se alcançar uma determinada ideia central. (LOSANO, Mario. **Sistema e estrutura no direito.** Tradução de Carlo Alberto Dastoli. São Paulo: Martins Fontes, 2008. v. I , p. 123).

diretamente reparação em face de Estados por eventuais prejuízos aos seus investimentos.

A partir de determinado momento, como se viu (*supra*, itens I.1 e I.2), aqueles tratados típicos do SIPI começaram a contar com um mecanismo peculiar de resolução de disputas, o qual garantia aos investidores o direito de apresentar eventuais demandas contra os Estados perante um tribunal arbitral. Como comentou Stephen Schwebel, aqueles dispositivos que ofereciam aos investidores um canal direto de solução de disputas na presença de um tribunal arbitral correspondeu ao passo mais ousado e inovador da história moderna da cooperação internacional em relação ao papel e à proteção do investimento estrangeiro.[132]

É evidente que a arbitragem de investimento ganhou, nos últimos anos, um expressivo papel na esfera internacional e constitui, hoje, um mecanismo consolidado e eficaz de solução de disputas entre investidores e Estados. O sucesso desses tratados de investimento dotados de cláusula compromissória comprovou-se pela sua rápida propagação, principalmente no contexto pós Segunda Guerra Mundial (1939-1945), intensificado ainda em no período pós-Guerra Fria (1947-1991), o que, por sua vez, levou à rápida difusão das arbitragens de investimento como mecanismo de solução de disputas.

Essa consolidação da arbitragem de investimento, contudo, foi bastante lenta e gradual. Enquanto o foro arbitral vinha sendo fornecido a certos investidores desde 1968 (*supra, itens* I.1 e I.2), apenas em 1990 foi prolatada a primeira sentença arbitral sob a égide de um tratado de investimento. O caso *Asian Agricultural Products Ltd vs. Sri Lanka* ("*AAPL v. Sri Lanka*")[133-134], cujo requerimento de arbitragem foi protocolado em 8 de julho de 1987, foi o primeiro caso que se conhece que um tribunal arbitral foi "*seized by an arbitration request exclusively based on a treaty provision*

[132] SCHWEBEL, Stephen. **Keynote Address to International Council on Commercial Arbitration: Defense of Bilateral Investment Treaties.** Miami: ICCA. 2014. p. 4.

[133] Caso ICSID n. ARB/87/3, **Asian Agricultural Products Ltd. v. Sri Lanka**, Decisão proferida em 1990.

[134] UNCTAD. Disponível em <https://investmentpolicy.unctad.org/investment-dispute-settlement>. Acesso em 9 março de 2020. Também disponível em NEWCOMBE, Andrew; PARADELL, Lluís. Law and Practice of Investment Treaties: Standards of Treatment. Holanda: Kluwer Law International, 2009. p. 58).

and not in implementation of a freely negotiated arbitration agreement directly concluded between the Parties".[135]

Naquele caso, apresentado sob os auspícios do BIT Sri Lanka-Reino Unido[136], uma empresa de Hong Kong especializada no cultivo de camarões apresentou, perante o ICSID, um requerimento de arbitragem arguindo que deveria ser indenizada pela destruição de suas instalações no Sri Lanka por força de uma ação militar conduzida pelas forças de segurança daquele Estado. Após a análise do caso, o tribunal entendeu que a demanda era procedente e ordenou que o Sri Lanka indenizasse a empresa pelos danos a ela causados.[137]

Após a sentença arbitral no caso *AAPL v. Sri Lanka*, gradativamente, o número de arbitragens de investimento foi aumentando, a exemplo do caso *Saar v. Polônia*, em meados de 1995[138], seguido do caso *American Manufacturing & Trading, Inc. v. República do Zaire*[139], em 1997 e do caso a *Fedax N.V. v. Venezuela*[140]. Enquanto ao final da década de 1990, se tinha conhecimento de 44 (quarenta e quatro) arbitragens iniciadas por investidores contra Estados, ao fim de 2007, esse número chegava a 207 (duzentos e sete).[141]

O rápido e exponencial aumento no número de arbitragens de investidores contra Estados, combinado com o aparecimento de decisões favoráveis aos investidores, despertaram uma acalorada, porém frágil, retórica em oposição à arbitragem de investimento. Tais críticas encontraram um terreno ainda mais fértil naqueles países historicamente renitentes às arbitragens de investimento e, rapidamente, tornaram-se a corrente de

[135] Caso ICSID n. ARB/87/3, **Asian Agricultural Products Ltd. v. Sri Lanka**, Decisão proferida em 1990, § 18.

[136] **UK-Sri Lanka BIT (1980)**. Disponível em < tinyurl.com/yzaw376a>. Acesso em 29 jan de 2021.

[137] Caso ICSID n. ARB/87/3, **Asian Agricultural Products Ltd. v. Sri Lanka**, Decisão proferida em 1990, § 21.

[138] *Ad hoc* (UNCITRAL), **Saar Papier Vertriebs GmbH v. Polônia**, Decisão proferida em 1995.

[139] Caso ICSID n. ARB/93/1. **American Manufacturing & Trading, Inc. v. República do Zaire (atual República Democrática do Congo**, Decisão proferida em 1997.

[140] Caso ICSID n. ARB/96/3. **Fedax N.V. v. Venezuela**, Decisão proferida em 1998.

[141] UNCTAD, Plataforma Investment Dispute Settlement Navigator. Disponível em < https://investmentpolicy.unctad.org/investment-dispute-settlement>. Acesso em 1 abr de 2020.

pensamento preponderante (*mainstream*) naqueles Estados. Tamanha a insatisfação de alguns países, principalmente da América Latina com o mecanismo de solução de disputas típico do SIPI, que alguns deles (i.e. Bolívia, Equador e Venezuela), chegaram ao extremo de denunciar a Convenção de Washington.[142]

Alguns críticos, como o membro do Parlamento Europeu, Yannick Jadot, alegavam que "[t]*he investor-state dispute settlement mechanism (ISDS) is a massive Trojan horse, which could be used by multinational corporations to whittle away EU standards and regulations across a range of policies from the environment to food safety to social protection.*".[143] Isso porque, além de uma suposta falta de transparência, os tribunais arbitrais tenderiam a uma interpretação excessivamente pró-investidor dos tratados.

Acontece que a maioria dessas críticas que são tecidas às arbitragens de investimento não possuem fundamentos ou respaldos na sua jurisprudência. O suposto enviesamento pró-investidor dos tribunais arbitrais daquelas arbitragens de investimento é desmistificado pela simples comparação entre o número casos decididos em favor do Estado ou em favor do investidor.[144] Conquanto a última década tenha sido marcada por um expressivo aumento no número de arbitragens de investimento, sendo que, hoje, se tem conhecimento de mais de 1.000 (mil) arbitragens de investimento, das quais, aproximadamente 674 (seiscentos e setenta e quatro), já foram concluídas, os números revelam que os Estados receptores de investimento comprovam, com frequência, sua falta de culpa perante tribunais arbitrais de investimento.[145] Dessas 674 arbitragens em comento, 198 foram resolvidas em favor do investidor, 246 em favor do Estado receptor de investimento, 139 terminadas por acordo, 77 descontinuadas e 14 decidas de forma neutra, isto é, reconhecendo

[142] LUIS; Daniel. FONTOURA, José. Repúblicas Bolivarianas e o ICSID: Será que o Inimigo não é Outro? **Anuario Mexicano de Derecho Internacional**, vol. 16, pp. 189-212, 2016. Disponível em: <https://tinyurl.com/qq75wf7>. Acesso em: 18 dez 2019.

[143] GREENS EFA. **Eu-US Trade Negotiations (TTIP) Investor Dispute Mechanism Trojan Horse Must Be Excluded From TTIP**. Disponível em <https://Www.Greens-Efa.Eu/En/Article/Press/Eu-Us-Trade-Negotiations-Ttip/>. Acesso em 26 abril 2020.

[144] UNCTAD. Disponível em <https://investmentpolicy.unctad.org/investment-dispute--settlement?status=2>. Acesso em 21 abr 2020.

[145] UNCTAD. Disponível em <https://investmentpolicy.unctad.org/investment-dispute--settlement>. Acesso em 21 abril 2020.

a responsabilidade, mas sem qualquer condenação ao pagamento de danos.[146] O gráfico abaixo ilustra exatamente este cenário.

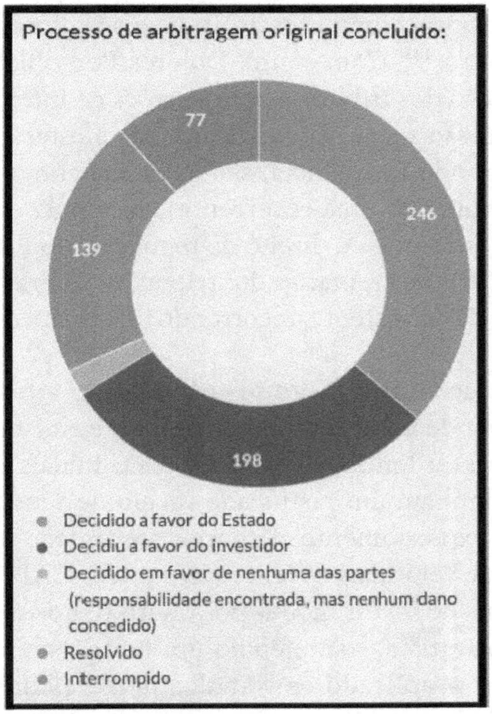

Figura 1: **Número de arbitragens de investimento concluídas até 2020**[147]

Tampouco é verdade que esses tribunais têm deixado de sensibilizar por questões de interesse público, o que se comprova justamente pela

[146] UNCTAD. Disponível em <https://investmentpolicy.unctad.org/investment-dispute--settlement>. Acesso em 13 março 2020. Tradução livre.

[147] Gráfico extraído de informação disponibilizada pela Conferência das Nações Unidas sobre Comércio e Desenvolvimento (do inglês, *United Nations Conference on Trade and Development*, "UNCTAD") através da plataforma *Investment Hub* (*ISDS Navigator*) em 20 de agosto de 2020 com base nos procedimentos de arbitragem entre investidores e Estados publicamente conhecidos. Disponível em <https://investmentpolicy.unctad.org/investment-dispute-settlement>. Acesso em 20 ago de 2020.

transparência hodierna que permeia o instituto da arbitragem de investimento. Diversas melhorias vêm sendo implementadas neste sistema ao longo do tempo especialmente no que diz respeito ao aumento da transparência dos procedimentos arbitrais e ao reforço dos códigos de conduta dos árbitros[148]. Com efeito, Dolores Bentolila[149] destaca ainda que a sensibilização dos tribunais por questões de interesse público tem gerado: (*i*) a admissão, quase sistemática, da manifestação de *amicus curiae*, os quais, com grande frequência, são substancialmente considerados nos laudos arbitrais; (*ii*) uma recorrente busca pelo equilíbrio entre a proteção dos investidores e o direito de regulação do Estado receptor de investimento; e (*iii*) uma tentativa dos tribunais arbitrais de se alcançar a uma jurisprudência consistente, recorrendo inclusive a decisões de outras cortes.

O problema que efetivamente se vislumbra na arbitragem de investimento corresponde ao fato de que aquele mecanismo de solução de disputas, por oferecer limitada jurisdição aos tribunais arbitrais, faz com que os árbitros tenham um justificado receio de acessar instrumentos que não estejam expressamente elencados nos tratados de investimento. Contudo, como se verá mais a frente (*infra*, item CAPÍTULO V), ainda que as arbitragens de investimento por muito tempo tenham, em razão da sua origem privatista, soado como um mecanismo que beneficiava os investidores[150] e aplicado os tratados de investimento como uma "*apólice de seguro*"[151], a qualificada comunidade epistêmica especializada em arbitragens de investimento tem, cada vez mais, se atentado às

[148] Recentemente, por exemplo, o ICSID adotou o *Draft Code of Conduct for Adjudicators in Investor-State Dispute Settlement*, que, ainda em fase de *consulting*, traz diretrizes que visam a aperfeiçoar o comportamento dos árbitros propondo soluções sólidas para melhorar o instituto. (UNCITRAL; ICSID. **Draft Code of Conduct for Adjudicators in Investor-State Dispute Settlement**. Nova Iorque: Banco Mundial, 2020. Disponível em <https://tinyurl.com/y2j8yc4q>. Acesso em 27 ago 2020).

[149] BENTOLILA, Dolores. Arbitrators as Lawmakers. **International Arbitration Law Library**, Volume 43. Holanda: Kluwer Law International 2017. p. 178.

[150] **Public Statement on the International Investment Regime, 2010**. Disponível em <https://www.osgoode.yorku.ca/public-statement-international-investment-regime-31-august-2010/>. Acesso em 30 setembro 2020.

[151] BENTOLILA, Dolores. Arbitrators as Lawmakers. **International Arbitration Law Library**, Volume 43. Holanda: Kluwer Law International 2017. p. 178.

questões típicas do direito internacional. Com efeito, as arbitragens de investimento, mais do que nunca, continuam a ser o fórum mais adequado para se resolver disputas internacionais de investimento (*built to suit*), que, além de fornecer decisões mais apropriadas às disputas de investimento, tem consistentemente resolvidos conflitos de maneira eficiente, imparcial e adequada.[152]

Assim, justamente para evitar a retaliação (*baklash*) desse sistema, propõe-se, como se verificará mais a frente, que sejam implementados mecanismos que (*i*) promovam maior sensibilização dos tribunais arbitrais ao interesse público, em especial aos direitos humanos e, (*ii*) minimizem os riscos de decisões inconsistente por uma maior transparência nas arbitragens de investimento.[153]

[152] ALVAREZ, Gloria Maria; BLASIKIEWICZ, Blazej et al. A Response to the Criticism against ISDS by EFILA. **Journal of International Arbitration,** Volume 33 Issue 1. Holanda: Kluwer Law International 2016. pp.1-36

[153] FRANCK, Susan. The Legitimacy Crisis in Investment Treaty Arbitration: Privatizing Public International Law Through Inconsistent Decisions. **Fordham L. Rev**. 1521, 2005. p. 1625. Disponível em <https://ir.lawnet.fordham.edu/flr/vol73/iss4/10>. Acesso em 26 abr 2020.

CAPÍTULO 2
O SISTEMA INTERNACIONAL DE PROTEÇÃO AOS DIREITOS HUMANOS

Embora os direitos humanos, como conhecidos na era contemporânea, tenham uma origem constitucional, nos últimos anos, passaram a ser primordialmente disciplinados e sistematizados na esfera internacional. A abrangente positivação dos direitos humanos por via de tratados tem sua origem no fim da Segunda Guerra Mundial (1939-1945), momento em que os Estados, temerosos de que as atrocidades praticadas pelo regime nazifascista se repetissem, se unem na tentativa de formação de uma *comunidade internacional*.

Ainda que a preocupação com a garantia de direitos fundamentais[154] existisse desde a Grécia antiga, tal como registrou Aristóteles em seu livro

[154] Apesar de parte da doutrina entender que "*direitos humanos*" definem os direitos estabelecidos no plano do Direito Internacional por via de *tratados e outras normas internacionais* e, de outro lado, os "*direitos fundamentais*", delimitam os direitos reconhecidos e positivados no âmbito constitucional de um determinado Estado, pelos motivos defendidos por André de Carvalho Ramos, adotar-se-á essas expressões, no presente trabalho, como definições sinônimas. Afinal, "[e]ssa 'união de termos' mostra que a diferenciação entre 'direitos humanos, representando os direitos reconhecidos pelo Direito Internacional dos Direitos Humanos, e os 'direitos fundamentais', representando os direitos positivados nas Constituições e leis internas, perde a importância, ainda mais na ocorrência de um processo de aproximação e mútua relação entre o Direito Internacional e o Direito interno na temática dos direitos humanos." (RAMOS, André de Carvalho. **Curso de Direitos Humanos**. 5ª ed. São Paulo: Saraiva Educação, 2018. p. 53).

Ética a Nicômaco, foi apenas com o reconhecimento do indivíduo como fim em si mesmo, em meados do século XX, que o ser humano passou a deter a tutela necessária para proteção da sua dignidade e dos seus direitos essenciais no ambiente internacional. Após o final da Segunda Guerra Mundial (1939-1945), o indivíduo passou a ser reconhecido como verdadeiro sujeito de direito internacional, dando origem ao que se conhece, atualmente, como o sistema jurídico internacional de proteção aos direitos humanos ("SIPDH").[155]

Justamente para que se compreenda a atual centralidade dos direitos humanos no direito internacional e a consequente formação desse SIPDH[156], o presente capítulo tem como objetivo digressionar, de forma sucinta, sobre a história dos direitos humanos (*infra*, item II.2) e apresentar suas principais características (*infra*, item II.3), demonstrando, com base nas alterações sociais, os motivos que levaram a essa centralização do indivíduo na *comunidade internacional* e o status do SIPDH hoje (*infra*, item II.4)

Antes, contudo, de perpassar pela evolução histórica e características do SIPDH, faz-se necessário tecer algumas notas introdutórias sobre a o conceito de direitos humanos (*infra*, II.1).

155 Embora se tenha utilizado o conceito de regimes da teoria das relações internacionais para se demonstrar que o direito internacional dos investimentos não se resume a um conjunto de normas jurídicas descritivas (v. nota 10 *supra*) e, aliás, o mesmo, talvez, possa ser sido feito para o SIPDH, como fazem Jack Donnelly, John Ruggie, Nicholas Onuf, David Forsythe – brevemente apresentado abaixo (v. item II.3 *infra*) –, no presente trabalho, opta-se por adotar o termo *sistema*, para designar o arcabouço normativo dos direitos humanos internacionais. Isto porque, a maior parte da doutrina nacional e internacional especializada em direitos humanos, muito provavelmente por ser composta majoritariamente de juristas, acaba utilizando a terminologia *sistema jurídico* para designar o conjunto de preceitos jurídicos relacionados aos direitos humanos, já que conquanto o conceito de *regime jurídico* no direito se limita a designar um conjunto descritivo de direitos e deveres aplicáveis a determinadas relações sociais, isto é, uma mera disciplina jurídica, o conceito de *sistema jurídico* é mais abrangente e remete aos elementos jurídicos que compõem o campo do direito de uma determinada área.

156 Ver: CANÇADO TRINDADE, Antonio. Desafios e Conquistas do Direito Internacional dos Direitos Humanos no início do Século XXI. *In* CACHAPUZ DE MEDEIROS, Antônio Paulo (org.), **Desafios do Direito Internacional contemporâneo.** Brasília: Fundação Alexandre Gusmão, 2007.

2.1. O conceito de direitos humanos

Tradicionalmente conhecidos como direitos dos homens[157], os direitos humanos correspondem a um *corpus juris* que garante "o reconhecimento da dignidade inerente a todos os membros da família humana e de seus direitos iguais e inalienáveis [sendo] o fundamento da liberdade, da justiça e da paz no mundo".[158] Ou seja, são direitos de conteúdos universais compartilhados por todos os seres humanos, independentemente de sexo, raça, nacionalidade e histórico econômico.

Basicamente, esses direitos humanos[159] consistem em direitos detidos pelos indivíduos e compartilhados igualmente por todos por simplesmente fazerem parte da espécie humana.[160] Neste sentido, Ruth Gavison ensina que,

> *Human rights are rights that "belong" to every person, and do not depend on the specifics of the individual or the relationship between the right-holder and the right-grantor. Moreover, human rights exist irrespective of the question whether they are granted or recognized by the legal and social system within which we live. They are devices to evaluate these existing arrangements: ideally, these arrangements should not violate human rights. In other words, human rights are moral, pre-legal rights. They are not granted by people nor can they be taken away by them. They can only be respected or violated by them.*[161]

[157] CRANSTON, Maurice. **What are Human Rights?** Nova Iorque: Basic Books Inc., 1962.

[158] ORGANIZAÇÃO DAS NAÇÕES UNIDAS. Declaração Universal dos Direitos do Homem (1948). Disponível em <https://nacoesunidas.org/wp-content/uploads/2018/10/DUDH.pdf>. Acesso em 19 jun 2020.

[159] "Human rights is a broad area of concern and the potential subject matter ranges from the questions of torture and fair trial to the so-called third generation o rights, which includes the right to economic development and the right to health." (BROWNLIE, Ian. **Principles of Public International Law**. 6ª ed. Nova Iorque: Oxford University Press, 2003. p. 529).

[160] ISHAY, Micheline. **The history of human rights**. Berkeley: University of California Press, 2008.

[161] GAVISON, Ruth. On the relationships between civil and political rights, and social and economic rights. *In* GARDNER, Anne-Marie; DOYLE, Michael; COICAUD Jean-Marc (eds.). **The Globalization of Human Rights**. Tóquio: United Nations University Press, 2003. pp. 25-26.

O cerne dos direitos humanos, como defende André de Carvalho Ramos[162], está na luta contra a opressão e na busca do bem-estar dos indivíduos, que, ancorado nas ideias iluministas de justiça, igualdade e liberdade representam valores essenciais considerados indispensáveis à vida digna.

Estes direitos, que acabaram fundamentando diversos diplomas internacionais, não detêm uma fonte objetiva, tal como possuem os contratos ou diplomas legais, mas emanam de diversas fontes e decorrem da própria natureza do homem ou da sociedade. Por isto, diz-se ser direitos inerentes ao ser humano, que surgem sem a necessidade de qualquer ação e nascem da mera existência da espécie humana.

Aliás, justamente pela ausência de uma fonte objetiva, diversas teorias são elaboradas a respeito da *gênese* desse corpo de direitos que visa a preservar a espécie humana, sua dignidade e liberdade. De um lado, há autores, como Christian Bay, que asseveram que os direitos humanos surgem da sua necessidade, ou seja, na medida em que direitos se fazem necessários à preservação da dignidade humana, uma prescrição de conduta, baseada na moralidade, é criada. De outro lado, a teoria do direito natural, associada primordialmente a John Locke (1632-1704), preconiza que, acima de qualquer lei positivada ou criada pelos seres humanos, existe um conjunto universal e absoluto de princípios e direitos, os quais, garantidos pelo contrato social, regem toda e qualquer relação entre os seres humanos no tempo e no espaço.

Independente de qual a teoria adotada para explanar a fonte dos direitos humanos, todas elas concordam que se trata de um conceito extremamente complexo, mas fundado na máxima de ser "humano" e que deve ser implementado por mecanismos específicos.

Por se tratarem de direitos desenvolvidos essencialmente na Europa, muitos autores criticam a atual acepção de direitos humanos.[163] Contudo, conquanto a noção de direitos humanos tenha, de fato, origens eurocêntricas, visto que seu principal instrumento normativo, a DUDH, foi fruto de um consenso restrito do qual não participaram os países da Ásia

[162] RAMOS, André de Carvalho. **Curso de Direitos Humanos**. 5ª ed. São Paulo: Saraiva Educação, 2018. p. 32.

[163] ONUMA, Yasuaki. **Direito Internacional em perspectiva transcivilizacional**. Belo Horizonte: Arraes, 2017.

e África[164], não se pode ignorar que aquele instrumento logrou êxito ao conseguir contemplar, na sua elaboração, regimes políticos, sistemas filosóficos e religiosos e tradições culturais completamente distintos. A exemplo, pode-se mencionar que a DUDH contemplou preceitos da Magna Carta (1215)[165], das manifestações de Francisco de Vitória (1480-1546) e Francisco Suarez (1548-1617) em defesa das populações ameríndias, da Declaração Inglesa (*Bill of Rights,* 1689), a Declaração de Independência dos EUA (1776), a Declaração dos Direitos do Homem e do Cidadão (1789 e 1793) e diversos outros ideais que a precederam. Não bastasse esse surpreendente consenso interestatal alcançado por aquele instrumento, ao longo dos anos, os direitos humanos evoluíram, abarcando, gradativamente, outras tradições políticas e socioculturais. Exemplo disso

[164] "A elaboração da Declaração teve início na primeira sessão plenária da Comissão em janeiro/fevereiro de 1947, tendo como método de trabalho um comitê de redação de oito membros escolhidos com base de representação geográfica (Austrália, Chile, China, EUA, França, Líbano, Reino Unido e União Soviética) incumbidos de redigir uma minuta com base num modelo proposto pelo secretariado. Na segunda sessão, em dezembro de 1947, a Comissão produziu uma minuta da Declaração que foi submetida aos estados-membros para comentários. Em maio de 1948 o comitê de redação reviu a sua minuta à luz dos comentários recebidos. De 24 de maio a 16 de junho de 1948 fez novas revisões da minuta antes de submetê-la ao Conselho Econômico e Social que a encaminhou à Assembleia Geral da ONU em agosto de 1948. A Assembleia Geral da ONU, na sua terceira sessão, realizada em Paris (setembro a dezembro de sua terceira comissão, votando cada um dos seus dispositivos, nenhum contra e oito abstenções (Arábia Saudita, Bielorrússia, Checoslováquia, Polônia, Ucrânia, União Sul Africana, União Soviética e Iugoslávia). Duas delegações (Honduras e Iêmen) não participaram da votação e por isso os seus votos não foram computados (The United Nations and Human Rights - 1945-1995, 1995, p. 24; Trindade, 1999, p. 15-18)". (LAFER, Celso. **Direitos Humanos: Um percurso no Direito no século XXI. V.1**. São Paulo: Grupo Gen | Atlas, 2015. pp. 18-19).

[165] "O documento que a maioria dos autores considera o antecedente direito mais remoto, das Declarações de Direito, é a Magna Carta da Inglaterra, de 1215. Na realidade, não se pode dizer que as normas da Magna Carta constituam uma afirmação de caráter universal, de direitos inerentes à pessoa humana e oponíveis a qualquer governo. O que ela consagrou, de fato, foram os direitos dos barões prelados ingleses, restringindo o poder absoluto do monarca. Todavia, essa afirmação de direitos, feita em caráter geral e obrigando o rei da Inglaterra no seu relacionamento com os súditos, representou um avanço, tendo fixado alguns princípios que iriam ganhar amplo desenvolvimento, obtendo a consagração universal." (DALMO, Dallari. **Elementos de Teria Geral do Estado**. São Paulo: Saraiva, 2013. p. 205).

pode ser verificado nos instrumentos adotados pela Conferência de Viena (1993), que contou com mais de 171 países na sua elaboração.[166]

Dali em diante, paulatinamente, a ideia de proteção *universal* dos direitos humanos se desenvolveu cada vez mais, sendo tratada primordialmente, como se verá (*infra*, item II.3), sob os auspícios da comunidade internacional, culminando no que se conhece hoje como SIPDH.

A evolução dos direitos humanos rumo à sua universalização teve como base os princípios da *universalidade*, da *integralidade* e da *indivisibilidade* dos direitos protegidos, inerentes à pessoa humana, bem como o princípio da complementariedade dos subsistemas[167] e mecanismos de proteção (de base nacional, global e regional)[168], que formam um corpo normativo harmônico e indivisível, cujo propósito é salvaguardar a dignidade humana e proteger, a qualquer custo, a vida humana.[169]

Assim, para que se entenda efetivamente a sedimentação do conceito de direitos humanos no ambiente internacional, bem como se compreenda efetivamente a formação desse SIPDH, feitas estas considerações iniciais, passa-se, na próxima seção (*infra*, item II.2), à análise da evolução social e histórica dos direitos humanos, perpassando pela contribuição de

[166] ONUMA, Yasuaki. **Direito Internacional em perspectiva transcivilizacional**. Belo Horizonte: Arraes, 2017.

[167] Sobre este aspecto e a existência de subregimes, e consequentemente, seus subsistemas, Jack Donnelly explica que: "[a]*lthough 'nesting' implies too neat and hierarchical an arrangement, even within a single issue-area there may be multiple levels and types of regimes. In the case of human rights there are several 'lower level' regional and single-issue human rights regimes, which might be considered as largely autonomous, but relatively coherently 'nested', (sub)regimes.*" (DONNELLY, Jack. International human rights: a regime analysis. **International Organization** 40, 3, Boston: Massachusetts Institute of Technology and the World Peace Foundation, 1986. p. 620).

[168] "Ao adotar o valor da primazia da pessoa humana, tais sistemas se complementam, somando-se ao sistema nacional de proteção, a fim de proporcionar a maior efetividade possível na tutela e promoção de direitos fundamentais. Essa é, aliás, a lógica e a principiologia próprias do Direito dos Direitos Humanos." (PIOVESAN, Flávia. **Direitos humanos e justiça internacional: um estudo comparativo dos sistemas regionais europeu, interamericano e africano**, 5. ed. rev., ampl. e atual. São Paulo: Saraiva, 2014. p. 74).

[169] CANÇADO TRINDADE, Antonio. Desafios e Conquistas do Direito Internacional dos Direitos Humanos no início do Século XXI. *In* CACHAPUZ DE MEDEIROS, Antônio Paulo (org.), **Desafios do Direito Internacional contemporâneo**. Brasília: Fundação Alexandre Gusmão, 2007. p. 418.

cada um dos distintos períodos históricos que culminaram no atual quadro normativo dos direitos humanos.

2.2. A evolução histórica dos direitos humanos

2.2.1. Os direitos humanos até o Congresso de Viena (1815)

Apesar das muitas controvérsias sobre a sua origem, há certo consenso de que o humanismo religioso e as tradições antigas têm grande influência na concepção hodierna de direitos humanos.[170] Diversos registros demonstram que as civilizações antigas indianas, chinesas e islâmicas detinham um sólido corpo normativo e um sistema ético político extremamente avançado no que dizia respeito aos direitos fundamentais.

Da mesma forma, apesar de não partir de uma ótica *universalista*, a herança grega é expressiva no que diz respeito aos direitos humanos. Além de oferecer uma forte participação política dos *cidadãos* na *pólis*, a Grécia antiga garantia a proteção de diversos *direitos fundamentais*, chegando ao ponto de reconhecer sua *superioridade*, mesmo face a determinações advindas do poder estatal. Ou seja, ainda que eventuais atos ou normas adviessem dos órgãos administrativos da *pólis*, se fossem contrárias àqueles preceitos fundamentais, não poderiam prevalecer. Neste sentido, Aristóteles, em sua obra *Ética a Nicômaco*, ressaltava a necessidade de se agir com justiça para o bem da *pólis*, mesmo em face de leis injustas.[171]

Posteriormente, o direito romano teve uma importante contribuição no que tange à sedimentação do princípio da legalidade, ao encetar na Lei das Doze Tábuas, a vedação a condutas arbitrarias, além de dar um importante passo no reconhecimento do *jus gentium*.[172]

[170] Por isso este motivo, parte da doutrina chega a defender que não há, efetivamente, regras de Direitos Humanos até meados do Estado Constitucional, o que pode ser exemplificado com o massacre dos povos indígenas, apenas algumas décadas após a chegada de Colombo à América. Contudo, conforme defendido por André de Carvalho Ramos, essa crítica não pode eliminar "a valiosa influência de culturas antigas na afirmação dos direitos humanos" afinal, há uma grande herança de costumes e instituições sociais da Antiguidade que influenciaram a atual percepção dos direitos fundamentais. Ver: RAMOS, André de Carvalho. **Curso de Direitos Humanos**. 5ª ed. São Paulo: Saraiva Educação, 2018, p. 37.

[171] RAMOS, André de Carvalho. **Curso de Direitos Humanos**. 5ª ed. São Paulo: Saraiva Educação, 2018, p. 35.

[172] RAMOS, 2018, *loc. cit.*

Embora diversos outros avanços tenham sido alcançados ainda na antiguidade[173], com o início da Idade Média, a ascensão de uma forma de governo autocrática extirpou do ordenamento social qualquer limitação à atuação do poder governamental. Por este motivo, poucos avanços foram obtidos na esfera dos direitos humanos no curso da Idade das Trevas. Apesar disso, não se pode dizer que inexistiram, durante toda a Idade Média, instrumentos que zelassem pela garantia de direitos fundamentais. Afinal, justamente em razão dos retrocessos típicos daquele período em matéria de direitos humanos, levantes populares que buscavam garantias na seara dos direitos fundamentais começaram a surgir e conquistaram a elaboração e adoção de instrumentos como *Declaração das Cortes de Leão* (1188) e a *Magna Carta* (1215). Interessante ressaltar também que a doutrina, naquele período, representada principalmente por Frei Bartolomeu de Las Casas (1484-1566) e Francisco de Vitória (1483-1546), evoluiu enormemente no que diz respeito à proteção dos direitos dos povos indígenas.

A queda do feudalismo e a consequente erosão da sociedade estamental, resultou no soerguimento do Estado absolutista com a forte centralização da figura do monarca. Naquele contexto, o conceito de igualdade passaria a significar a submissão de todos, indiscriminadamente, à vontade do rei. Essa ideologia pode ser claramente representada pelos escritos de Jean Bodin (1530-1596) e Thomas Hobbes (1588-1679)[174].

As políticas daquela época eram voltadas, essencialmente, para a expansão de uma balança comercial favorável e o desenvolvimento da agricultura e manufatura. Neste quesito, a conquista da América foi particularmente valiosa para os europeus, afinal, a exploração de vastos recursos naturais por mão de obra escrava, indígena e/ou fornecida pelos países da África, possibilitou, ao longo dos séculos XVI a XVIII, o enorme enriquecimento daqueles países. Para fins do presente trabalho, importante salientar que

[173] Foge ao escopo do presente trabalho, esgotar a origem dos direitos humanos e a sistematização histórica dos seus avanços, buscando-se, aqui, apenas traçar um panorama geral, sem pretensão de, neste trabalho, se constituir um relato detalhado da história dos direitos humanos. Para informações mais detalhadas e sistematizadas sobre o assunto, ver: CONSTANT, Benjamin. Da liberdade dos antigos comparada à dos modernos. **Revista de Filosofia Política n. 2.** Porto Alegre: L&PM, 1985. p. 9-25.

[174] SHAW, Malcom. **International Law**. 6ª ed. Nova Iorque: Cambrigde University Press, 2008. p. 26.

talvez a maior expressão de desrespeito aos direitos humanos dessa época correspondeu à exploração e ao massacre das populações indígenas e a escravização dos povos africanos.

Naquela época, o individualismo prevalecia sob qualquer noção de coletividade e o que se buscava era, exclusivamente, resguardar as relações comerciais. Por isso, com o gradual avanço da sociedade mercantil, a concentração de mão de obra nos centros urbanos e a ascensão da burguesia começou a dar azo a uma série de questionamentos em face do estado absolutista, especialmente na Inglaterra.

Em razão dessa alteração social, paulatinamente, a ideia do Leviatã, que sujeitava indiscriminadamente os indivíduos ao poder do Estado foi sendo substituída pela ideia de que os direitos individuais deveriam ser preservados em face do Estado absolutista, como pregado por Hugo Grócio (1583-1645), John Locke (1632-1704), Jean Jacques Rousseau (1712-1778) e outros.[175] Com efeito, a inércia dos monarcas em responder ao pleito da burguesia por amparo social e político incitou o início de uma série de manifestações e levantes burgueses, dentre elas a Revolução Inglesa, a Revolução Americana e a Revolução Francesa, que tiveram enorme importância para o estabelecimento de regimes com preceitos que resguardassem os direitos humanos.

Enquanto a Revolução Inglesa consagrou a supremacia do Parlamento, culminando na promulgação da *Bill of Rights* (1689), a Revolução Americana marcou o processo de independência das colônias e deu origem à Declaração de Independência e instrumentos como a Declaração do Bom Povo de Virgínia (1776), e a Revolução Francesa culminou no reconhecimento da igualdade e liberdade como direitos inatos a todos os indivíduos pela Declaração dos Direitos do Homem e do Cidadão (1789, "Declaração Francesa"). A Declaração Francesa buscou, dentre outros, garantir universalmente a participação dos seres humanos na política, afirmando a liberdade e a igualdade, além de outros direitos como fundamentais. Além disso, aquele instrumento teve o importante papel de colocar fim à escravidão, permitir a relação afetiva entre pessoas do mesmo sexo e garantir a emancipação dos judeus.

[175] RAMOS, André de Carvalho. **Curso de Direitos Humanos.** 5ª ed. São Paulo: Saraiva Educação, 2018. p. 43

Gradativamente, os princípios revolucionários preconizados pelos franceses começaram a se espalhar por toda a Europa. Neste sentido, Dalmo de Abreu Dallari leciona que:

> É fora de dúvida que essa Declaração [Declaração Francesa], cuja influência na vida constitucional dos povos, não só do Ocidente como também do Oriente, ainda hoje é marcante, representou um considerável progresso na história da afirmação dos valores fundamentais da pessoa humana. Entretanto, como um produto do século XVIII, seu cunho é nitidamente individualista, subordinando a vida social ao indivíduo e atribuindo ao Estado a finalidade de conservação dos direitos individuais. Neste ponto era muito mais avançada a Declaração de Direitos da Virginia [Declaração do Bom Povo de Virgínia], segundo a qual a sociedade não poderia privar os homens dos meios de adquirir e possuir propriedade e perseguir e obter felicidade e segurança. A predominância do liberalismo assegurou, entretanto, a prevalência da orientação passiva do Estado, como simples conservador dos direitos dos que já os possuíam, sem nada fazer pelos que não tinham qualquer direito a conservar.[176]

Aquelas revoluções tiveram o condão de alterar estruturalmente os sistemas políticos europeus. Como explica Jack Donnelly, a alteração da perspectiva absolutista para uma noção liberal é, evidentemente, perceptível ao se comparar os próprios instrumentos de direitos humanos que vigeram à época.

> *The English Bill begins with 'the Lords Spiritual and Temporal and Commons assembled at Westminster' presenting 'unto their Majesties ... a certain declaration in writing.' The trappings are much more 'medieval' than 'modern'–as is the substance of their complaints. The heart of their case is that 'the late King James the Second, by the assistance of divers evil counsellors, judges and ministers employed by him, did endeavour to subvert and extirpate the Protestant religion and the laws and liberties of this kingdom.' In other words, Parliament acted to replace a bad king with a good one, understanding the badness of the old king in terms of his offenses against the Protestant religion and the traditional laws and liberties of the land.*[177]

176 DALLARI, Dalmo. **Elementos de Teoria Geral do Estado**. 2ª ed. (atual.) São Paulo: Saraiva, 1998. s.p.

177 DONNELLY, Jack. **Human Rights in Theory and Practice**. 3ª ed. Nova Iorque: Cornell University Press, 2013. p. 88

Contudo, a ascensão da burguesia ao poder, especialmente na França, apesar de ter alterado a estrutura política, não teve grandes transformações sociais. Afinal, a alta burguesia que assume o poder no contexto pós-revoluções negligenciou a baixa burguesia, mantendo marginalizada a maior parte da população francesa. O exemplo mais notório da exclusão do povo da política típica daquele contexto talvez seja a retomada da distinção romana entre *cidadãos* e *cidadãos ativos*, que impedia aqueles que não tivessem propriedades de participar da vida política das cidades.[178]

Com efeito, rapidamente, os movimentos burgueses foram se fragmentando, em especial na França, mas também em diversos outros Estados que presenciaram levantes liberais, culminando na contenção dos ideais liberais e no consequente reestabelecimento da aristocracia por meio do Congresso de Viena (1814-1815) e do Concerto Europeu, projetado especificamente para evitar revoluções baseadas em direitos individuais ou autodeterminação nacional.

Para conter a influência ideológica da Revolução Francesa pela Europa e restabelecer a legitimidade conservadora, os aristocratas europeus reintroduziram a religião através do resgate de escritos teológicos e do fortalecimento da igreja e do livre mercado. O novo equilíbrio de poder no continente europeu, entretanto, não conseguiria extinguir a esperança de emancipação brandida pela França revolucionária, e sentimentos rebeldes seriam agora dirigidos contra os regimes aristocráticos.[179]

2.2.2. Os direitos humanos e a Era Industrial

A restauração do domínio aristocrata pelo Congresso de Viena (1814-1815) e a propagação do fervor religioso fomentaram reações populares violentas em toda a Europa durante a os idos de 1830. Naquele contexto, enquanto nas antigas colônias espanholas, o discurso subversivo incitava que aquelas nações reprimidas reivindicassem por seus direitos à autodeterminação e buscassem reformas políticas, os Estados europeus verificavam, gradualmente, a conjunção de esforços entre os liberais e republicanos para lutar por uma reforma política. Gradativamente, ambos

[178] DALLARI, Dalmo. **Elementos de Teoria Geral do Estado**. 2ª ed. (atual.) São Paulo: Saraiva, 1998. s.p.

[179] ISHAY, Micheline. **The History of Human Rights – From Ancient Times to the Globalization Era**. Londres: University of California Press, 2008. p. 356.

aqueles movimentos foram ganhando força, resultando no enfraquecimento do regime reinstaurado após o Congresso de Viena (1814-1815). Na França, por exemplo, a rebelião orquestrada pelos liberais e republicanos, liderada pelo general Lafayette, resultou na abdicação do trono por Carlos X e, com o apoio da burguesia, na coroação do monarca liberal, Louis-Philippe de Orleans, que, por ter ideais iluministas também era conhecido como *le roi-citoyen*, em 1830.

As atrocidades perpetradas pelas aristocracias conjugadas com as fortes crises econômicas que assolaram a Europa em meados de 1840 e com a falta de representação política dos trabalhadores fez com que a onda revolucionária na Europa se intensificasse e culminasse na Primavera dos Povos. Seguindo o exemplo *supramencionado*, na França, em face da resistência de Louis-Philippe às reformas eleitorais que beneficiariam a classe média ou a classe trabalhadora, diversos levantes populacionais ocorreram em meados de 1848, culminando na remoção do rei do poder.

A configuração daquele processo revolucionário, que resultou na derrubada de diversos regimes monárquicos absolutistas que vigiam em vários Estados europeus, foi responsável pela consagração da proteção aos direitos civis e políticos, os quais buscavam "assegurar a preservação da autonomia dos indivíduos em face do poder do Estado e, concomitantemente, [...] possibilitar o controle da ação do Estado por parte da sociedade".[180] Assim, nos termos da classificação apresentada por Karel Vasak, pode-se dizer que aqueles movimentos, apesar de essencialmente contraditórios, visto que não estendiam direitos à população das antigas colônias, foram os principais expoentes para garantia dos direitos humanos de primeira geração.[181]

[180] DALLARI, Pedro. Desenvolvimento sustentável em favor da Justiça Social no Brasil. *In*: PÁDUA, José Augusto (Org). **Desenvolvimento, justiça e meio ambiente.** Belo Horizonte: UFMG, 2009. p. 257.

[181] "A teoria das gerações dos direitos humanos foi lançada pelo jurista francês de origem checa, Karel Vasak, que, em Conferência proferida no Instituto Internacional de Direitos Humanos de Estrasburgo (França), no ano de 1979, classificou os direitos humanos em três gerações, cada uma com características próprias. Posteriormente, determinados autores defenderam a ampliação da classificação de Vasak para quatro ou até cinco gerações." (RAMOS, André de Carvalho. **Curso de Direitos Humanos**. 5ª ed. São Paulo: Saraiva Educação, 2018. p. 59). Basicamente, tal como resumiu o Supremo Tribunal Federal do Brasil ("STF"), tem-se que "os direitos de primeira geração (direitos civis e políticos) – que compreendem as

Aqueles levantes liberais, embora extremamente significativos para o desenvolvimento dos direitos humanos, não tiveram o condão de alterar, efetivamente, a estrutura social europeia. Afinal, por mais que a monarquia absoluta estivesse finda, como esclarece Comparato, a Primavera dos Povos foi logo sucedida por "um rigoroso inverno político".[182] Mesmo ante a instauração do constitucionalismo liberal, as assembleias constituintes continuaram essencialmente preenchidas por políticos burgueses, enquanto a classe trabalhadora, marginalizada, permanecia a excluída da sociedade política e em situações miseráveis.

Não se pode, contudo, dizer que as revoluções de 1848, tenham sido empreendidas em vão, afinal aqueles os movimentos revolucionários foram responsáveis por despertar a consciência política em grande parte da população, que passou a reivindicar o respeito aos seus direitos fundamentais, enquanto cartistas e socialistas assumiam posições de liderança na luta pelos direitos humanos no século XIX. Nesse contexto, embasados pela recém-publicada obra de Marx e Engels, *Manifesto Comunista* (1848), trabalhadores começam a se unir e clamar por uma nova organização social. Importante ressaltar que as teses socialistas alcançam, também nessa época, a noção de igualdade de gênero, tal como registrado em *A Mulher e o Socialismo* (1883), de August Bebel.[183] Consolidaram-se, a partir daquele momento, os direitos humanos da segunda geração, ou seja, aqueles relacionados aos direitos sociais.[184]

liberdades clássicas, negativas ou formais – realçam o princípio da liberdade e os direitos de segunda geração (direitos econômicos, sociais e culturais) – que se identifica com as liberdades positivas, reais ou concretas acentuam o princípio da igualdade, os direitos de terceira geração, que materializam poderes de titularidade coletiva atribuídos genericamente a todas as formações sociais, consagram o princípio da solidariedade e constituem um momento importante no processo de desenvolvimento, expansão e reconhecimento dos direitos humanos, caracterizados, enquanto valores fundamentais indisponíveis, pela nota de uma essencial inexauribilidade." (STF, MS 22.164, Rel. Min. Celso de Mello, julgamento em 30 out 1995).

[182] COMPARATO, Fábio. **A Afirmação Histórica dos Direitos Humanos**. São Paulo: Saraiva, 2017, p. 179.

[183] RAMOS, André de Carvalho. **Curso de Direitos Humanos**. 5ª ed. São Paulo: Saraiva Educação, 2018. p. 46.

[184] DALLARI, Pedro. Desenvolvimento sustentável em favor da Justiça Social no Brasil. *In*: PÁDUA, José Augusto (Org). **Desenvolvimento, justiça e meio ambiente**. Belo Horizonte: UFMG, 2009. p. 258.

Justamente em decorrência da propagação desses ideais comunistas, o século XIX foi marcado pelo surgimento de diversos movimentos, os quais reivindicavam pela garantia *universal* de direitos políticos, sociais e econômicos. Talvez o mais emblemático exemplo desses movimentos, a Comuna de Paris, teve o importante papel de disseminar o ativismo por melhores condições de trabalho e o respeito aos direitos fundamentais em toda a Europa.

Aliás, a descrença dos movimentos socialistas na capacidade dos Estados de promover um ambiente justo e de garantir difusamente direitos sociais e políticos, levava-os a pregar o estabelecimento de uma organização socialista internacional, que acabou dando origem à Associação Internacional dos Trabalhadores (1864).

Várias foram as contribuições da ideologia socialista para o desenvolvimento dos direitos humanos no século XIX. Enquanto no plano político as revoluções socialistas estimulavam avanços em defesa da *igualdade* e da *justiça social*, no plano do constitucionalismo, a previsão dos *direitos sociais* garantiam condições materiais mínimas de existência, a exemplo do que veio a ser consolidado nas constituições do México (1917)[185], da Alemanha (1919)[186]

[185] "A Carta Política mexicana de 1917 foi a primeira a atribuir aos direitos trabalhistas a qualidade de direitos fundamentais, juntamente com as liberdades individuais e os direitos políticos (art. 5º e 123). A importância desse preenchimento histórico deve ser salientada, pois na Europa a consciência de que os direitos humanos têm também uma dimensão social só veio a se afirmar após a grande guerra de 1914-1918, que encerrou de fato o 'longo século XIX'; e nos Estados Unidos, a extensão dos direitos humanos ao campo socioeconômico ainda é largamente contestada. [...] O que se importa, na verdade, é o fato de que a Constituição mexicana, em reação ao sistema capitalista, foi a primeira a estabelecer a desmercantilização do trabalho, ou seja, a proibição de equipará-lo a uma mercadoria qualquer, sujeita à lei da oferta e da procura no mercado. Ela firmou o princípio da igualdade substancial de posições jurídicas entre trabalhadores e empresários na relação contratual de trabalho, criou a responsabilidade dos empregados por acidentes de trabalho e lançou, de modo geral, as bases para a construção do moderno Estado Social de Direito." (COMPARATO, Fábio. **A Afirmação Histórica dos Direitos Humanos**. São Paulo: Saraiva, 2017, pp. 190 e 193).

[186] "Apesar das fraquezas e ambiguidades assinaladas, e malgrado a sua breve vigência, a constituição de Weimar exerceu decisiva influência sobre a evolução das instituições políticas e todo o Ocidente. O Estado da democracia social, cujas linhas-mestras já haviam sido traçadas pela Constituição mexicana de 1917, adquiriu na Alemanha de 1919 na estrutura mais elaborada, que veio a ser retomada em vários países após o trágico interregno nazifascista e a Segunda Guerra Mundial. A democracia social representou efetivamente, até o final do

e outras.[187] Interessante ressaltar que, no campo do direito internacional, aqueles movimentos foram responsáveis por originar o órgão da Sociedade das Nações que seria precursor da Organização Internacional do Trabalho ("OIT").[188-189]

Acontece que as principais correntes de pensamento que vigiam durante o início do século XX, fossem elas liberais ou socialistas, preconizavam uma intrínseca relação entre direitos humanos e o conceito de soberania e, consequentemente, à noção de cidadania.[190] Isto porque a crise dos impérios multiétnicos e a aversão aos governos autocráticos havia despertado na população a crença que a única forma de preservar a soberania e a garantia de direitos políticos seria através dos estados-nação.[191] A "teoria do status", desenvolvida por Georg Jellinek (1851-1911) em repúdio ao *jusnaturalismo*, ancorava a ideologia dos burgueses liberais

século XX, a melhor defesa da dignidade humana, ao complementar os direitos civis e políticos – que o sistema comunista negava – com os direitos econômicos e sociais, ignorados pelo liberal capitalismo. [...] A estrutura d Constituição de Weimar é claramente dualista: a primeira parte tem por objeto a organização do Estado, enquanto a segunda parte apresenta a declaração dos direitos e deveres fundamentais, acrescentando as clássicas liberdades individuais os novos direitos de conteúdo social." (*Ibid.*, pp. 204-205).

187 RAMOS, André de Carvalho. **Curso de Direitos Humanos**. 5ª ed. São Paulo: Saraiva Educação, 2018. p. 48.

188 RAMOS, 2018, *loc. cit.*

189 Apesar de a OIT não tratar exclusivamente de direitos humanos, aquele instrumento teve grande importância na consolidação de certos direitos fundamentais, principalmente no que tange aos direitos humanos da segunda geração. Neste sentido, Ian Brownlie explana que "[a]*lthough its work may appear specialized, the International Labour Organization (ILO), created in 1919, has in fact for four generations done an immense quantity of work towards* ***giving practical expression to a number of very important human rights and towards establishing the standards of treatment****. Its agenda has included forced labour, freedom of association, discrimination in employment, equal pay, social security, and the right to word. The ILO's Constitution has a tripartite character, as and there is separate representations of employers and workers, as well as governments, in the govern body and in the General Conference.*" (BROWNLIE, Ian. **Principles of Public International Law**. 6ª ed. Nova Iorque: Oxford University Press, 2003. p. 530-531).

190 "*Initially formulated in the revolutions of the late eighteenth century, they almost disappeared from political and legal discourse in the nineteenth century, while other concepts such as 'civilization', 'nation', 'race', and 'class' gained dominance*". (HOFFMANN, Stefan-Ludwig. Genealogies of Human Rights. *In:* HOFFMANN, Stefan-Ludwig. **Human Rights in the Twentieth Century**. Nova Iorque: Cambridge University Press, 2011. p. 1).

191 *Ibid.*, p. 12.

idealizando que os direitos humanos deveriam ser traduzidos em normas jurídicas estatais com a previsão de mecanismos de *garantias*.[192]

Anos mais tarde, aquele nacionalismo exacerbado, além de representar uma séria ameaça aos direitos das minorias étnicas, alteraria fundamentalmente a política internacional[193], culminando no seu colapso, representado pela Primeira (1914-1919) e, principalmente, pela Segunda Guerra Mundial (1939-1945). Afinal, ainda que a Sociedade das Nações (1920), criada com o fim da Primeira Guerra Mundial (1914-1919), tenha tido a nobre intenção de fundar um organismo capaz de supervisionar a paz mundial e garantir os direitos para as minorias, aquela organização fracassou e foi incapaz de conter o soerguimento do nazifascimo e de impedir a deflagração da Segunda Guerra Mundial (1939-1945).[194] Entre as principais deficiências da Sociedade das Nações (1920), destaca-se o desinteresse dos Estados em integrá-la ou em cumprir com os seus preceitos, bastando lembrar que os EUA, propulsor e proponente do Pacto que daria origem àquela organização, isto é, o Tratado de Versalhes (1919) jamais confirmou o seu ingresso.[195]

Contudo, ainda que não se ignore o impacto da Convenção de Genebra (1864) para a internacionalização dos direitos humanos com a criação do Comitê Internacional da Cruz Vermelha[196], o Tratado de Versalhes (1919) viria a constituir o principal instrumento no que tange à efetiva transposição da proteção dos direitos fundamentais do âmbito interno

[192] RAMOS, André de Carvalho. **Curso de Direitos Humanos.** 5ª ed. São Paulo: Saraiva Educação, 2018. p. 55.

[193] "*Nationalism and colonialism received enormous support from creationist biology, to be sure, the latter including the likes of Georges Cuvier, Robert Knox, and Louis Agassiz, but some of the backlash came from the implications of Darwinian evolution, evident in the writings of "Darwin's Bulldog," T. H. Huxley, such as his essays 'On the Natural Inequality of Men' and 'Natural Rights and Political Rights', both published in 1890. And while another source of the backlash was the rise in communist thinking (Marx and Engels), we can also add the rise in utilitarian thinking (Bentham and Mill).*" (STAMOS, David. **The myth of universal human rights: its origin, history, and explanation, along with a more humane way.** Nova Iorque: Taylor & Francis, 2013. p. 415)

[194] HUNT, Lynn. **A invenção dos direitos humanos: uma história**. Tradução Rosaura Eichenberg. São Paulo: Companhia das Letras, 2009. p. 202.

[195] DALLARI, Dalmo. **Elementos de Teoria Geral do Estado**. São Paulo: Editora Saraiva. 2011. s.p..

[196] COMPARATO, Fábio. **A Afirmação Histórica dos Direitos Humanos**. São Paulo: Saraiva, 2017, p. 185-188.

para o ambiente internacional[197], marcando o início da "era dos Direitos Humanos".[198]

2.2.3. O ambiente pós Guerra: a internacionalização dos direitos humanos

As Grandes Guerras expuseram a população a barbáries até então inimagináveis, provando que o nacionalismo exacerbado poderia culminar em conflitos globais e representar a destruição maciça da população mundial.[199] Além disso, as atrocidades praticadas pelos nazistas contra os judeus, reveladas principalmente pelos Julgamentos de Nuremberg (1945-1946), evidenciaram a necessidade de uma urgente reforma da ordem política global.

O risco de colapso que a ordem política Westfaliana clamava pelo estabelecimento de uma nova ordem legal *supranacional* que, permeada por uma série de princípios e regras, sujeitasse, indistintamente, todos os Estados e protegesse, em última instância, o próprio ser humano.[200] Neste sentido, salienta Celso Lafer:

> No século XIX as necessidades da interdependência no relacionamento entre Estados foram diminuindo a efetividade da lógica de Westfália e de suas normas de mútua abstenção e propiciando normas de mútua colaboração. Este é um dos motivos pelos quais o pós-Primeira Guerra Mundial foi além da informalidade do equilíbrio do poder que caracterizou o Concerto Europeu. Assinalou, com a Sociedade das Nações de 1919, uma primeira tentativa de criar um *pactum societatis* no plano internacional. Este *pactum societatis*, de vocação universal, estava voltado para regular o uso da força e evitar o que

[197] ACCIOLY; NASCIMENTO E SILVA; CASELLA. **Manual de Direito Internacional Público**. São Paulo: Saraiva. 22ª. Ed. 2016. p. 484.

[198] BOBBIO, Norberto. **A era dos Direitos**. Rio de Janeiro: Campus, 2004. p. 30

[199] "A Segunda Guerra Mundial estabeleceu uma nova referência para a barbárie com os seus quase incompreensíveis 60 milhões de mortos. Além do mais, a maioria dos mortos dessa vez era de civis, e 6 milhões eram judeus mortos apenas por serem judeus." (HUNT, Lynn. **A invenção dos direitos humanos: uma história**. Tradução Rosaura Eichenberg. São Paulo: Companhia das Letras, 2009. p. 202).

[200] DALLARI, Pedro. The integration of the law in a politically fragmented world. *In* VASCONCELOS, Alvaro (org.). **Brasil nas ondas do mundo.** Editora da Universidade Federal de Campina Grande e Imprensa da Universidade de Coimbra, 2017. p. 43.

> foi a inédita surpresa técnica da destrutividade da guerra moderna. Buscou institucionalizar a comunidade internacional criando um tertius inter-partes por meio de uma organização internacional. Esta, no seu tratado constitutivo, expressa técnicas e valores do Direito Constitucional, que inspiraram, no século XIX, a expansão de constitucionalismo no plano interno dos Estados. O Pacto da Sociedade das Nações teve como motivação central propiciar a independência das nacionalidades, a segurança coletiva e a paz mundial. No seu contexto, em função das realidades internacionais da época e dos cuidados na preservação dos valores da soberania, o papel atribuído aos direitos humanos era circunscrito.[201]

Retomando então alguns dos preceitos da malograda Sociedade das Nações (1920), mas corrigindo suas bases Westfalianas[202], gradualmente, a comunidade internacional, em linha do proposto por Hersch Lauterpacht[203], verificou o soerguimento de uma nova base para o desenvolvimento dos direitos humanos, o qual culminaria na Carta da ONU (1945, "Carta da ONU"). A Carta da ONU proposta neste contexto, apontava para formação de uma comunidade internacional, composta não só por Estados soberanos, mas por indivíduos *livres* e *iguais*. Essa nova perspectiva representada, justamente, pela Carta da ONU, encontrava suas bases na noção de *supranacionalidade* e visava a estabelecer uma ordem global que regulasse a coexistência dos Estados e, principalmente, protegesse a vida humana. Exatamente neste sentido, logo em seu Preâmbulo, a Carta da ONU, preconiza estes dois objetivos:

> **Nós, os povos das nações unidas, resolvidos** a preservar as gerações vindouras do flagelo da guerra, que por duas vezes, no espaço da nossa vida, trouxe sofrimentos indizíveis à humanidade, e a **reafirmar a fé nos direitos fundamentais do homem, na dignidade e no valor do ser humano,** na igualdade de direito dos homens e das mulheres, assim como das nações grandes e pequenas, e a estabelecer **condições sob as quais a justiça e o**

[201] LAFER, Celso. **Direitos Humanos: Um Percurso no Direito do Século XXI. V. 1.** São Paulo: Grupo Gen | Atlas, 2015. p. 4.

[202] DALLARI, *Op. cit.*, p. 43.

[203] Ver: BROWNLIE, Ian. **Principles of Public International Law**. 6ª ed. Nova Iorque: Oxford University Press, 2003. p. 529.

respeito às obrigações decorrentes de tratados e de outras fontes do direito internacional possam ser mantidos, e a promover o progresso social e melhores condições de vida dentro de uma liberdade ampla.

É indiscutível que a ONU passou a prestar, então, um enorme auxílio ao desenvolvimento e à garantia liberdade dos povos, desempenhando um relevante papel "na busca de um equilíbrio mundial e na correção dos profundos desníveis ainda existentes no mundo no tocante ao acesso aos bens sociais e à promoção dos valores fundamentais da pessoa humana".[204] Contudo, a Carta da ONU, apesar de marcada pela utilização do termo *direitos humanos*[205] em diversas passagens, não elencou qual seria o rol de direitos que compunham aquele grupo. Por este motivo, três anos mais tarde, em 10 de dezembro de 1948, a AG ONU aprovou[206] a DUDH. A DUDH[207], além de proteger os direitos civis e políticos, como o direito à integridade física, igualdade, propriedade, liberdade e outros, resguarda

[204] DALLARI, Dalmo. **Elementos de Teoria Geral do Estado**. São Paulo: Editora Saraiva. 2011. p. 269.

[205] Autores como Leonardo Nemer Caldeira Brant defendem que "[até] a fundação das Nações Unidas, não era seguro afirmar que houvesse, em direito internacional, preocupação consciente e organizada sobre os direitos humanos. De longa data, alguns tratados avulsos cuidaram, incidentalmente, de proteger certas minorias no contexto da sucessão de Estados. [...] A Carta de São Francisco, no dizer de Pierre Dupuy, fez dos direitos humanos um dos axiomas da nova organização, conferindo-lhes idealmente uma estrutura constitucional no ordenamento do direito das gentes." (REZEK, Francisco. Prefácio. *In* BRANT, Leonardo Nemer (org.). **Comentário à Carta das Nações Unidas**. Belo Horizonte: CEDIN, 2008. p. 28). É inegável que "[essas] normas esparsas referentes a certos direitos auxiliou a sensibilizar os Estados sobre essa temática, constituindo-se em causa remota para a contemporânea proteção internacional dos direitos humanos [...]" (RAMOS, André de Carvalho. **Teoria Geral dos Direitos Humanos na Ordem Internacional.** 4ª ed. São Paulo: Saraiva, 2014. p. 56).

[206] Aprovada na forma da Resolução 217-A (III), a DUDH contou com 45 votos favoráveis à sua adoção, nenhum voto em sentido contrário, e 8 abstenções (África do Sul, Arábia Saudita, Bielo-Rússia, Iugoslávia, Polônia, Tchecoslováquia, Ucrânia e URSS.

[207] *"A l'inverse du «national» ou de l'«étranger», l'homme de la Déclaration universelle de 1948 et des conventions qui en découleront ne doit rien à l'Etat mais tout à lui- même."* (DUPUY, Pierre-Marrie. **L'unité de l'ordre juridique international: Cours général de droit international public. Académie de droit international de la Hayé**. Recueil des cours, tome 297. Leiden/Boston: Martinus Nijhoff Publichers, 2003. p. 415).

também direitos sociais e culturais, ainda que de forma não necessariamente vinculante.[208]

A edição da DUDH, composta por 30 artigos que elencam quais seriam os direitos humanos aceitos internacionalmente, foi um marco da universalidade e inerência dos direitos humanos[209]. Aquele instrumento, partindo de uma perspectiva *ex parte populi*, disciplinou que a mera condição humana seria o suficiente para se deter a titularidade dos direitos essenciais lá preconizados.

Destacando a transformação dos ideais de uma sociedade essencialmente liberalista para um cenário que se almejava o bem-estar de todos de forma pluralista e representando a ruptura da proteção nacionalista dos direitos humanos, os positivou internacionalmente, garantindo, dentre outros, o próprio *direito de ter direitos*. Naquele momento, deu-se início à efetiva formação do direito internacional dos direitos humanos. Como explana Fabio Comparato,

> Seja como for, a Declaração, retomando os ideais da Revolução Francesa, representou a manifestação histórica de que se formara, enfim, em âmbito

[208] "Em virtude de ser a DUDH uma declaração e não um tratado, há discussões na doutrina e na prática dos Estados sobre sua força vinculante. Em resumo, podemos identificar três vertentes possíveis: (i) aqueles que consideram que a DUDH possui força vinculante por se constituir em interpretação autêntica do termo "direitos humanos", previstos na Carta das Nações Unidas (tratado, ou seja, tem força vinculante); (ii) há aqueles que sustentam que a DUDH possui força vinculante por representar o costume internacional sobre a matéria; (iii) há finalmente, aqueles que defendem que a DUDH representa somente a *soft law* na matéria, que consiste em um conjunto de normas ainda não vinculantes, mas que buscam orientar ação futura dos Estados para que, então, venha a ter força vinculante." (RAMOS, André de Carvalho. **Curso de Direitos Humanos**. 5ª ed. São Paulo: Saraiva, 2018, p. 50).

[209] "Com efeito, a Declaração de 1948 não é uma soma de Declarações nacionais nem uma ampliação em escala mundial destas Declarações, por mais completas e aperfeiçoadas que possam ser. Ela inova ao formular, no plano universal, como diz Cassin, direitos humanos que não estão ao alcance de uma jurisdição nacional (Cassin, 1951, p. 281-282), pois leva em conta a tutela internacional de direitos que conferem, para falar com Hannah Arendt, o direito a ter direitos. Estes são os que a experiência totalitária mostrou que, ao serem negados pelo arbítrio discricionário da soberania, desempossam os seres humanos da condição de sujeitos de direitos, destituindo-os do benefício do princípio da legalidade, privando-os da valia e tornando-os supérfluos e, no limite, descartáveis". (LAFER, Celso. **Direitos Humanos: Um Percurso no Direito do Século XXI. V. 1.** São Paulo: Grupo Gen | Atlas, 2015. p. 30-31).

universal, o reconhecimento dos valores supremos da igualdade, da liberdade e da fraternidade entre os homens, como ficou consignado em seu artigo I. A cristalização desses ideais em direitos efetivos, como se disse com sabedoria na disposição introdutória da Declaração, far-se-á progressivamente, no plano nacional e internacional, como fruto de um esforço sistemático de educação em direitos humanos.[210]

A segunda metade do século XX foi, então, marcada por uma abordagem sistemática dos direitos humanos pela *comunidade internacional*. Enquanto a noção de soberania era reconfigurada[211], sendo relativizada em face da proteção dos seres humanos, os direitos humanos passavam a ser determinados sob a ótica da proteção universal e garantidos, subsidiariamente, pelo direito internacional dos direitos humanos. [212] Neste sentido, Cançado Trindade defende que: "[o] ser humano não se reduz a um 'objeto' de proteção, porquanto é reconhecido como sujeito de direito, como titular dos direitos que lhe são inerentes, e que emanam diretamente do ordenamento jurídico internacional".[213]

[210] COMPARATO, Fábio. **A afirmação histórica dos Direitos Humanos.** 11ª ed. São Paulo: Saraiva, 2017. p. 238.

[211] "[A] revisão da noção tradicional de soberania absoluta do Estado, que passa a sofrer um processo de relativização, na medida em que são admitidas intervenções no plano nacional em prol da proteção dos direitos humanos – isto é, transita-se de uma concepção 'hobbesiana' de soberania, centrada no Estado, para uma concepção 'kantiana' de soberania, centrada na cidadania universal; e 2ª) a cristalização da ideia de que o indivíduo deve ter direitos protegidos na esfera internacional, na condição de sujeito de direitos." (PIOVESAN, Flávia. **Direitos humanos e justiça internacional: um estudo comparativo dos sistemas regionais europeu, interamericano e africano**, 5. ed. rev., ampl. e atual. São Paulo: Saraiva, 2014. p. 70-71).

[212] *"The second half of the twentieth century was defined by the global expansion of the nation-state and the increasing erosion of state sovereignty through (among other things) transnational legal norms such as human rights"*. (HOFFMANN, Stefan-Ludwig. Genealogies of Human Rights. *In:* HOFFMANN, Stefan-Ludwig, **Human Rights in the Twentieth Century**. Nova Iorque: Cambridge University Press, 2011. p.14).

[213] CANÇADO TRINDADE, Antonio. Desafios e Conquistas do Direito Internacional dos Direitos Humanos no início do Século XXI. *In* CACHAPUZ DE MEDEIROS, Antônio Paulo (org.), **Desafios do Direito Internacional contemporâneo**. Brasília: Fundação Alexandre Gusmão, 2007. p. 413.

Contudo, tal como metaforicamente advertiu René Cassin (1887-1976) em meados de 1951[214], apesar de a DUDH ter sido a porta de entrada para a contemplação dos direitos humanos no ambiente internacional, era necessário que o interior do seu templo fosse construído. Afinal, aquele documento não tinha, quando adotado pela AG ONU na Resolução 217 A (III), força de lei internacional, mas de mera recomendação.[215]

Por isso, posteriormente, seguindo a nova ordem mundial[216], a AG ONU aprovou, em 1966, o Pacto Internacional sobre Direitos Civis e Políticos e o Pacto Internacional sobre Direitos Econômicos, Sociais e Culturais[217], os

[214] CASSSIN, René *apud* LAFER, Celso. **Direitos Humanos: Um Percurso no Direito do Século XXI. V. 1.** São Paulo: Grupo Gen | Atlas, 2015. p. 34-35.

[215] Celso Lafer adverte, contudo, que hoje o reconhecimento da DUDH como norma de Direito Internacional é bastante diferente, afinal, "[n]o correr dos anos, por obra da prática internacional, ela foi se transformando num instrumento normativo e num documento político de grande envergadura. Neste sentido, cabe lembrar que a sua contínua invocação, de maneira quase unânime, no âmbito dos órgãos principais da ONU, acabou conferindo à Declaração a dimensão de uma interpretação autêntica da Carta da ONU e dos seus dispositivos em matéria de Direitos Humanos. A Corte Internacional de Justiça, no parágrafo 91 da sua sentença de 24 de maio de 1980, proferida no caso do pessoal diplomático e consular norte-americano retido em Teerã, confirmou, no plano judicial, este entendimento doutrinário, lastreado na prática. Um desdobramento jurídico da contínua invocação da Declaração que se soma ao do seu alcance como uma interpretação autêntica da Carta da ONU é o de atribuir a ela a natureza de uma norma costumeira do Direito Internacional Público [...]". (LAFER, Celso. **Direitos Humanos: Um Percurso no Direito do Século XX. V. 1.** São Paulo: Grupo Gen | Atlas, 2015. p. 38).

[216] Embora se chame a atenção para a DUDH, que corresponde ao principal marco da internacionalização dos direitos humanos, não se ignora a importância da Convenção para a Prevenção e Repressão ao Crime de Genocídio, adotada em 9 de dezembro de 1948. Aquele instrumento preconizava ser o genocídio um crime que violava o Direito Internacional, ao qual os Estados se comprometeriam a prevenir e a punir, seguindo sua aprovação pela AG ONU em sua Resolução 96(1) de 11 de dezembro de 1945, pela qual aquele órgão declarou que o genocídio violaria o direito internacional e seriam contrário ao espírito e aos fins da ONU.

[217] *"The Covenants, which came into force in 1976, have legal force as treaties for the Parties to them and constitute a detailed codification of human rights. The Covenant on Economic, Social and Cultural Rights contains various articles in which the Parties 'recognize' such rights as the right to work, the right of everyone to social security and to an adequate standard of living for himself and his family. [...] The International Covenant on Civil and Political Rights is more specific in its delineation of rights, stronger in statement of the obligation to respect the right specified, and better provided with means of review and*

quais seriam precedidos pela Convenção Internacional sobre a Eliminação de Todas as Formas de Discriminação Racial (1965), pela Declaração de Direitos das Pessoas Deficientes (1975), pela Convenção sobre a Eliminação de Todas as Formas de Discriminação contra a Mulher (1979) e diversas outras.

Os diversos esforços globais para a proteção dos direitos humanos, representados principalmente no âmbito das Nações Unidas, não foram, contudo, os únicos mecanismos de proteção aos direitos humanos no cenário internacional. Posteriormente, o ambiente internacional foi marcado pela sedimentação de sistemas de promoção e proteção dos direitos humanos também no âmbito regional, também chamados de particulares, tais como o sistema previsto pela Convenção Europeia para a Proteção dos Direitos do Homem e das Liberdades Fundamentais ("CEDH") de 1950 no âmbito do Conselho da Europa, o Sistema Interamericano de Proteção aos Direitos Humanos, sob os auspícios da Convenção Interamericana de Direitos Humanos ("CIDH") de 1969 e o Sistema Africano de Proteção aos Direitos Humanos, proposto pela Carta Africana de Direitos Humanos e dos Povos (1981). Esses sistemas *particulares*[218] de proteção aos direitos humanos tiveram, inclusive, a importante função de oferecer aos indivíduos o direito de postular internacionalmente em face de violações aos seus direitos humanos.[219]

Importante rememorar, como já destacado, que esses sistemas regionais e global não são excludentes.[220] Na verdade, muito pelo contrário, são perfeitamente complementares e demonstram o esforço da comunidade internacional para alcançar a proteção dos direitos humanos fundamen-

supervision." (BROWNLIE, Ian. **Principles of Public International Law.** 6ª ed. Nova Iorque: Oxford University Press, 2003. p. 539).

[218] LEAL, Rogério Gesta, **Perspectivas hermenêuticas dos direitos humanos e fundamentais do Brasil.** Porto Alegre: Livraria do Advogado, 2000. p. 89-90.

[219] "O americano conta com a Convenção Americana de Direitos Humanos, o denominado Pacto de San José da Costa Rica, de 1969, que institui a Comissão Americana de Direitos Humanos e a Corte Interamericana; o sistema europeu &constituído da Convenção Européia de Direitos Humanos, de 1950, instituindo a Comissão e o Tribunal Europeu de Direitos Humanos; já o sistema africano possui a Carta Africana de Direitos Humanos, de 1981". (LEAL, Rogério Gesta, **Perspectivas hermenêuricas dos direitos humanos e fundamentais do Brasil.** Porto Alegre: Livraria do Advogado, 2000. p. 91).

[220] V. nota 168 *supra.*

tais, da dignidade, do valor do ser humano e da igualdade de direitos, conforme preconizados na DUDH.[221-222]

Embora o período que sucedeu a assinatura da Carta da ONU tenha sido marcado pela bipolaridade típica da Guerra Fria (1947-1991), em que as relações internacionais eram conduzidas de formas antagônicas pelos EUA e pela União das Repúblicas Socialistas Soviéticas ("URSS") e, em que pese as dificuldades inerentes àquele contexto histórico, houve a formação gradual de um novo quadro normativo, o qual seria essencialmente fundado na noção de *supranacionalidade*.[223]

Anos mais tarde, após o fim da Guerra Fria (1947-1991), realizou-se, em Viena, a Segunda Conferência Mundial sobre Direitos Humanos, também conhecida como Conferência de Viena (1993). A Conferência de Viena tentou, como se viu, responder à alegada falta de representatividade da DUDH, congregando uma abrangência universal de representatividade, composta por delegados de 171 Estados, 813 organizações não governamentais ("ONG") na condição de observadoras e mais de 2000 ONGs como participantes de um fórum paralelo. Naquela ocasião, foram adotadas uma Declaração, na qual eram reiterados preceitos da DUDH, e um Programa de Ação de Viena.

Defende Celso Lafer que:

> Em poucas palavras, Viena chancelou, em 1993, Iastreada em abrangente representatividade, a visão exposta por Cassin: a Declaração de 1948 é uma efetiva expressão tanto da ideia reguladora do universal quanto da

221 DUDH (1948), Preâmbulo, "considerando" 5.

222 "Os sistemas global e regional, não são dicotômicos, mas complementares. Inspirados pelos valores e princípios da Declaração Universal dos Direitos Humanos, compõem o universo instrumental de proteção dos direitos humanos no plano internacional. Nesta ótica, os diversos sistemas de proteção de direitos humanos interagem em benefício dos indivíduos protegidos. Ao adotar o valor da primazia da pessoa humana, esses sistemas se complementam, somando-se ao sistema nacional de proteção, a fim de proporcionar a maior efetividade possível na tutela e promoção de direitos fundamentais. Este é inclusive a lógica e principiologia próprias do direito dos direitos humanos". (PIOVESAN, Flávia. Cidadania global é possível? *In* PINSKY, Jaime (org.). **Práticas de cidadania**. São Paulo: Contexto, 2004. p. 261).

223 DALLARI, Pedro. The integration of the law in a politically fragmented world. *In* VASCONCELOS, Alvaro (org.). **Brasil nas ondas do mundo**. Editora da Universidade Federal de Campina Grande e Imprensa da Universidade de Coimbra. p. 43.

interdependência dos seus dispositivos, por ele traduzida na imagem do templo dos Direitos Humanos. Como observou J. A. Lindgren Alves, a impugnação da ocidentalidade dos direitos humanos por parte dos países afro-asiáticos deixou de ter curso frequente, inclusive porque a Declaração Universal foi argumento nas lutas pela descolonização e pela erradicação do *apartheid* (Lindgren Alves, 2005, p. 24-25; Lindgren Alves, 1994, passim).[224]

Aquele instrumento ratificou o entendimento de que a inércia em coibir violações a direitos humanos não mais poderia se justificar na ideia de soberania, afinal, naquele momento, já se tinha por certo que "os direitos humanos transcendem e extrapolam o domínio reservado do Estado ou a competência nacional exclusiva".[225]

Posteriormente, a proporção e a sensibilidade em relação à proteção aos direitos fundamentais deram origem ao Tribunal Penal Internacional ("TPI"), criado pelo Estatuto de Roma (1998). Aquele TPI, seguindo as bases dos Tribunais *ad hoc* da ex-Iugoslávia (1993) e de Ruanda (1994), superou a seletividade política inerente aos tribunais *ad hoc* e instituiu um mecanismo jurídico internacional de enfrentamento aos crimes de genocídio, crimes contra a humanidade, crimes de guerra e, conforme adicionada na Conferência de Revisão do TPI, ao crime de agressão, figuras penais que atentam fortemente a condutas de indivíduos associadas a violações de direitos humanos.

Portanto, a exigência de cumprimento das obrigações assumidas pelos Estados internacionalmente no que tange à proteção dos direitos fundamentais, sem qualquer tipo de marginalização ou discriminação, foi intensificada. Principalmente após o fim da Guerra Fria (1947-1991) e a extinção da URSS, que resultou no reordenamento das relações jurídicas internacionais e na valorização dos tratados e convenções, os instrumentos de afirmação e proteção dos direitos humanos passaram a ter uma autoridade efetiva e não apenas formal.

224 LAFER, Celso. **Direitos Humanos: Um Percurso no Direito do Século XX**. São Paulo: Grupo Gen | Atlas, 2015. p. 40.

225 PIOVESAN, Flávia. **Direitos Humanos e Direito Constitucional Internacional**. São Paulo: Max Limonad, 1996. p. 31.

2.2.4. A alteração do paradigma: a responsabilização dos Estados

Como visto na seção anterior, o risco de inviabilização das condições de estabilidade da comunidade internacional, apontado nas atrocidades praticadas no curso Segunda Guerra Mundial (1939-1945), levou, após o seu fim, à redefinição e ao redesenho da ordem jurídica internacional, que passou a gravitar fundamentalmente em torno da primazia dos direitos humanos e da garantia *universal* de uma dignidade mínima a todos os indivíduos.

A gradativa transposição dos direitos humanos para o ambiente internacional e a sua instrumentalização por meio de tratados possibilitou a superação da noção de que os Estados teriam competência nacional exclusiva para a análise de questões de direitos humanos e que a *averiguação internacional* da situação interna no que tange a questões de direitos humanos ofenderia a *soberania dos Estados*. Neste sentido, defende Cançado Trindade:

> O desenvolvimento histórico da proteção internacional dos direitos humanos gradualmente superou barreiras do passado: compreendeu-se, pouco a pouco, que a proteção dos direitos básicos da pessoa humana não se esgota, como não poderia esgotar-se, na atuação do Estado, na pretensa e indemonstrável 'competência nacional exclusiva'.[226]

Interessante ressaltar que, diferentemente da lógica que move a maior parte dos tratados de direito internacional, que tem por sua natureza o sinalagma e a assunção de responsabilidade de um Estado perante o outro, os tratados de direitos humanos contemporâneos são baseados em um regime objetivo[227], em que os Estados assumem obrigações essencialmente para com os indivíduos sob sua jurisdição e com o propósito de proteger um interesse comum dos seres humanos.[228]

[226] CANÇADO TRINDADE, Antônio Augusto. **A proteção internacional dos Direitos Humanos: Fundamentos e instrumentos básicos**. São Paulo: Saraiva, 1991. p. 3.

[227] RAMOS, André de Carvalho. **Teoria Geral dos Direitos Humanos na Ordem Internacional.** 4ª ed. São Paulo: Saraiva, 2014. p. 92

[228] Justamente neste sentido, a Corte Internacional de Justiça, em parecer consultivo, manifestou, sobre a Convenção para a Prevenção e a Repressão do Crime de Genocídio que "*The objects of such a convention must also be considered. The Convention was manifestly adopted for a purely humanitarian and civilizing purpose. It is indeed difficult to imagine a convention that might have this*

Acontece que a mera existência de instrumentos de prescrição de condutas sem mecanismos coercitivos não garantiria a proteção aos direitos humanos. Afinal, se o descumprimento não fosse punido, a sistemática de proteção aos direitos humanos se tornaria inócua. As prescrições de conduta assumiriam um caráter meramente programático e não alcançariam seus objetivos. Como ensina André de Carvalho Ramos, a responsabilização estatal é crucial para garantir a *juridicidade*[229] deste conjunto de normas.

Instaurou-se, então, na esfera internacional, a noção que o descumprimento de uma obrigação internacional de direitos humanos, tal como prevista em outras esferas do direito internacional, tornaria o Estado violador responsável por reparar a perda à que deu causa ou ao que deixou de proteger.

> *Human rights regimes rely on the state's commitment to respect, protect and/or promote a series of rights. Paradoxically, governments are simultaneously responsible for protecting human rights, yet also sometimes violating those rights. International regimes formalize countries' commitment to human rights protection and potentially impose exogenous limits to the state's discretion – or, at least, additional costs for human rights violations. Beyond the debate regarding the effect of ratifying human rights treaties on state practices, other less explored mechanisms can reward commitment to human rights regimes.*[230]

dual character to a greater degree, since its object on the one hand is to safeguard the very existence of certain human groups and on the other to confirm and endorse the most elementary principles of morality. In such a convention the contracting States do not have any interests of their own; they merely have, one and au, a common interest, namely, the accomplishment of those high purposes which are the raison d'être of the convention. Consequently, in a convention of this type one cannot speak of individual advantages or disadvantages to States, or of the maintenance of a perfect contractual balance between rights and duties. The high ideals which inspired the Convention provide, by virtue of the common will of the parties, the foundation and measure of al1 its provisions." (CIJ, Reservations to the Convention on the Prevention and Punishment of the Crime of Genocide Advisory Opinion of May 28th, 1951).

229 RAMOS, André de Carvalho. **Processo Internacional de Direitos Humanos**. 5ª ed. São Paulo: Saraiva, 2016. p. 36.

230 GARRIGA, Ana Carolina. Human Rights Regimes, Reputation, and Foreign Direct Investment. Centro de Investigación y Docencia Económicas (CIDE) División de Estudios Políticos. **International Studies Quarterly**, V. 60, Issue 1, 2016. p. 160.

Aliás, a relação entre o dever ser das normas e o ser da realidade no direito internacional e, especialmente nos direitos humanos, é, talvez, a mais complexa de todos os ramos do direito, visto que, além de esbarrarem nas suscetibilidades das soberanias, estão fortemente emaranhadas em questões culturais. Portanto, a criação de mecanismos internacionais de inspeção é primordial para garantia dos direitos fundamentais.

Assim, a *nova ordem mundial* passou a contar com diversos mecanismos de apuração das violações de direitos humanos, os quais foram implementados não só no âmbito global, designados para primar pela proteção geral, como também em âmbitos regionais, a quem foi atribuída a missão de zelar, primordialmente, pela proteção de grupos específicos e oferecendo aos indivíduos mecanismos de execução dos seus direitos.

De um lado, o sistema ONU foi criado com o propósito de apurar violações de instrumentos elaborados sob os auspícios da organização e conta com (*i*) a sua área convencional para resolução de conflitos entre países signatários das convenções das nações unidas, formado mecanismos (*i.a*) não contenciosos, (*i.b*) quase judicias e (*i.c*) contenciosos, e (*ii*) com sua área extraconvencional composta de procedimentos especiais que visam a cumprir com a missão da ONU de promover a cooperação internacional dos Estados em matéria de direitos humanos, conforme prevista na Carta da ONU[231].

Por outro lado, os sistemas europeu, interamericano e africano – e talvez, incluindo até os mais recentes sistemas árabe e potencialmente o asiático[232] –, oferecem, sob uma perspectiva regional e culturalmente mais próxima, mas ainda sob a esfera internacional, mecanismos de proteção e medidas para se proteger os indivíduos. Ainda que de suma relevância para o estudo dos direitos humanos no plano internacional, por não ser objeto do presente trabalho, a análise do funcionamento, bem como das diferenças de cada uma dessas cortes não será feita de forma pormenorizada.[233]

[231] RAMOS, André. **Processo Internacional de Direitos Humanos.** 5ª ed. São Paulo: Saraiva, 2016. p. 83.

[232] Ver: PIOVESAN, Flávia. **Direitos humanos e justiça internacional: um estudo comparativo dos sistemas regionais europeu, interamericano e africano**. 5. ed. rev., ampl. e atual. São Paulo: Saraiva, 2014. pp. 149-160.

[233] Para mais informações sobre o assunto, ver: RAMOS, *op. cit,* sn.

Portanto, o que se verifica é que as normas e regras desse SIPDH, que serão melhor explicadas em seguida (*infra*, item II.3), foram concebidas com uma composição jurídica dupla e indissociável, sendo formado, de um lado, pela prescrição de um rol de direitos consagrados por sua própria natureza e, do outro, por processos internacionais[234] que visam a garantir que os Estados cumpram suas obrigações dali advindas.[235]

Passa-se, então, à verificação das principais características desse SIPDH e das peculiaridades das normas que o integram.

2.3. O Sistema Jurídico Internacional de Proteção aos Direitos Humanos e suas peculiaridades

As duas primeiras seções desse trabalho buscaram, respectivamente, conceituar os direitos humanos (*supra*, item II.1) e verificar, à luz do seu processo evolutivo, como esses direitos fundamentais alcançaram o status que possuem hoje (*supra*, item II.2). Esta seção cuidará de apresentar, efetivamente, as principais características desse SIPDH, bem como descrever o seu arcabouço normativo.

Como se viu, após o fim da Segunda Guerra Mundial (1939-1945), os direitos humanos, que anteriormente eram disciplinados exclusivamente no âmbito interno dos países, tornaram-se o epicentro da agenda internacional de forma que passaram a ser reconstruídos[236] e definidos sob os

[234] "O processo internacional de direitos humanos consiste no conjunto de mecanismos internacionais que analisa a situação de direitos humanos em um determinado Estado e, eventualmente, detecta a violação de direitos humanos bem como fixa reparações cabíveis ou impõe sanções. Esse conjunto pode ser classificado de acordo com a origem (unilateral ou coletivo); natureza (político ou judiciário); finalidades (emitindo recomendações ou deliberações vinculantes); sujeição passiva (Estado ou indivíduo) e, finalmente, âmbito geográfico de atuação (global ou regional). (*Ibid.*, p. 38).

[235] RAMOS, André de Carvalho. **Teoria Geral dos Direitos Humanos na Ordem Internacional.** 4ª ed. São Paulo: Saraiva, 2014. p. 92.

[236] "É nesse cenário que se vislumbra o esforço de reconstrução dos direitos humanos, como paradigma e referencial ético a orientar a ordem internacional contemporânea. Com efeito, no momento em que os seres humanos se tornam supérfluos e descartáveis, no momento em que vige a lógica da destruição, em que é cruelmente abolido o valor da pessoa humana, torna-se necessária a reconstrução dos direitos humanos, como paradigma ético capaz de restaurar a lógica do razoável. A barbárie do totalitarismo significou a ruptura do paradigma dos direitos humanos, por meio da negação do valor da pessoa humana como valor-fonte do Direito. Se a Segunda Guerra significou a ruptura com os direitos humanos, o Pós-Guerra deveria significar

auspícios do direito internacional, dando origem ao que se conhece por direito internacional dos direitos humanos. Na definição formulada por Cançado Trindade, tem-se que:

> [...] o Direito Internacional dos Direitos Humanos como o corpus juris de salvaguarda do ser humano, conformado, no plano substantivo, por normas, princípios e conceitos elaborados e definidos em tratados e convenções, e resoluções de organismos internacionais, consagrando direitos e garantias que têm por propósito comum a proteção do ser humano em todas e quaisquer circunstâncias, sobretudo em suas relações com o poder público, e, no plano processual, por mecanismos de proteção dotados de base convencional ou extraconvencional, que operam essencialmente mediante os sistemas de petições, relatórios e investigações, nos planos tanto global como regional.[237]

Apenas para se demonstrar que a teoria das relações internacionais pode oferecer elementos de extrema valia para a compreensão holística do sistema normativo formador do SIPDH, de forma a se reconhecer o papel de elementos sociais e políticos na sua formação, passa-se a trazer algumas considerações sobre o *regime internacional de proteção aos direitos humanos*. Novamente, tomando como referência o conceito Stephen Krasner[238], verifica-se que, tal como ocorre no *regime internacional de proteção ao investimento*, o direito internacional dos direitos humanos também tem, na sua formação, *princípios, normas, regras e procedimentos de tomada de decisões em torno dos quais convergem as expectativas dos atores*[239].

a sua reconstrução." (PIOVESAN, Flávia. **Direitos humanos e justiça internacional: um estudo comparativo dos sistemas regionais europeu, interamericano e africano**, 5ª. ed. rev., ampl. e atual. São Paulo: Saraiva, 2014. p. 66).

237 CANÇADO TRINDADE, Antonio. Desafios e Conquistas do Direito Internacional dos Direitos Humanos no início do Século XXI. *In* CACHAPUZ DE MEDEIROS, Antônio Paulo (org.), **Desafios do Direito Internacional contemporâneo**. Brasília: Fundação Alexandre Gusmão, 2007. p. 412.

238 Cf., KRASNER, 2012, loc. cit.

239 *"International regimes-principles, norms, rules, and decision-making procedures governing an issue--area-are one way to provide elements of "order," structured regularity despite anarchy. Such islands of order in the sea of anarchy tend to be relatively rare and highly valued-which explains the generally neutral, or even positive, connotations of 'regime' in international settings."* (DONNELLY, Jack. International human rights: a regime analysis. **International Organization** 40, 3, Boston: Massachusetts Institute of Technology and the World Peace Foundation, 1986. p. 601).

Esse regime[240], partindo do *princípio*[241] de necessidade de preservação da dignidade da pessoa humana e da *universalidade* dos direitos, preconiza um arcabouço normativo[242], composto por *regras*[243] e *normas*[244-245] e conta com uma série de *órgãos de procedimentos de tomadas de decisão*[246], seja em âmbito regional ou global[247], que cuidam, conjuntamente, da promoção, implementação e investigação do grau de cumprimento, pelos Estados, das regras e normas internacionais de direitos humanos.[248]

240 *"The international human rights regime (or regimes, as we will see shortly) is founded on the principles of dignity, the equal worth of and equal rights for "all members of the human family", without distinction of any kind, such as "race, colour, sex, language or religion", as well as the idea that human rights are inalienable, universal, interdependent and indivisible in nature."* (MUÑOZ, Alejandro Anaya. Regimes Internacionais de Direitos Humanos: Uma matriz para sua análise e classificação. **Revista Internacional de Direitos Humanos**, v. 14, n. 25, p. 171-188, 2017. p. 173).

241 Conforme definido por Krasner, *princípios* correspondem às *"crenças em fatos, causas e questões morais"*, cf. nota 33 *supra*.

242 DONNELLY, *op. cit.*, p. 606.

243 Conforme definido por Krasner, *regras* correspondem aos *"padrões de comportamento definidos em termos de direitos e obrigações"*, cf. nota 37 *supra*.

244 Conforme definido por Krasner, *normas* correspondem a *"prescrições ou proscrições especificas para a ação"*, cf. nota 36 *supra*.

245 *"From a conceptual perspective, and even moreso from an empirical point of view, these norms and rules seem to blend together. Various articles of the UDHR* [DUDH] *establishe a wide range of concrete rights held by individuals, which necessarily creates obligations for states."* (MUÑOZ, Alejandro Anaya. Regimes Internacionais de Direitos Humanos: Uma matriz para sua análise e classificação. **Revista Internacional de Direitos Humanos**, v. 14, n. 25, p. 171-188, 2017. p. 173).

246 Conforme definido por Krasner, *procedimentos de tomadas de decisões* correspondem a *"práticas predominantes para criar e executar a decisão coletiva"*, cf. nota 47 *supra*.

247 Atualmente, tamanho o reconhecimento da importância dos direitos humanos como normas de direito internacional que estes são abordados, de forma complementar, sob a ótica bilateral, regional e/ou multilateral. Como foco do presente trabalho, considerar-se o regime "global", isto é, centrado no sistema ONU de proteção aos investimentos, que, para fins do presente trabalho, denominar-se-á o SIPDH. Neste sentido, ver: DONNELLY, *Op. cit*, 1986. p. 605.

248 *"Finally, the founding charters of the different international organisations (such as the Charter of the UN or the Charter of the Organization of American States) and the international human rights instruments themselves (such as the American Convention on Human Rights, ACHR, or the ICCPR) establish a range of bodies and procedures to promote the implementation of the regime's norms. Ultimately, the bodies of international human rights regimes "make decisions": through various concrete monitoring and protection mechanisms or procedures, they determine, in an authoritative way, to what extent states are complying with or violating the international norms they have committed to respect"*. (MUÑOZ,

Contudo, esclarece-se, novamente (*supra,* item I.1), que, embora a adoção de conceitos das ciências políticas possa ser útil aos juristas na compreensão dos sistemas jurídicos, o conceito de *regime jurídico* não se confunde com o conceito de *regime internacional* da teoria das relações internacionais. Ao conjunto de preceitos jurídicos que integram esse regime internacional de proteção aos direitos humanos, denomina-se, no direito, sistema, o SIPDH, que consiste, especificamente, o objeto de estudo proposto neste trabalho.

As normas que compõem esse SIPDH não só possuem características muito peculiares, a exemplo da sua *universalidade, indivisibilidade, interdependência, indisponibilidade* e *limitabilidade*, como seguem diretrizes interpretativas bastante singulares, como a interpretação *pro homine*, a busca pela máxima efetividade dos direitos humanos, a vedação ao retrocesso e outros. Conjugados, esses elementos visam a assegurar a preservação dos seres humanos sob a égide do direito internacional.[249]

Essa positivação *internacionalista* dos direitos humanos, além de alocar a preocupação com a dignidade humana no centro do direito internacional, assegurou, sob uma perspectiva *transnacional*, uma série de preceitos centrados na dimensão subjetiva dos seres humanos. Afinal, tal como a máxima defendida por Cançado Trindade de que "[n]ão se pode visualizar a humanidade como sujeito de [d]ireito a partir da ótica do Estado; impõe-se reconhecer os limites do Estado a partir da ótica da humanidade"[250].

As normas que compõem esse SIPDH, além de possuírem uma série de características típicas, como a *universalidade*, a *indivisibilidade*, a *interdependência*, a *indisponibilidade, a limitabilidade* e outros, seguem diretrizes interpretativas bastante singulares, visando a assegurar a preservação dos seres humanos sob a égide do direito internacional.[251]

A *universalidade*, característica que se consolida justamente durante a reconstrução dos direitos humanos no contexto pós-Segunda Guerra Mundial (1939-1945), consiste no reconhecimento dos direitos humanos

Alejandro Anaya. Regimes Internacionais de Direitos Humanos: Uma matriz para sua análise e classificação. **Revista Internacional de Direitos Humanos**, v. 14, n. 25, 2017. p. 173).

[249] RAMOS, André de Carvalho. **Curso de Direitos Humanos**. 5ª ed. São Paulo: Saraiva, 2018. p. 30.

[250] CANÇADO TRINADE, Antônio Augusto; ROBLES, Manuel E. Ventura. **El futuro de la Corte Interamericana de Derechos Humanos**. Costa Rica: UNHCR Acnur, 2005. p. 206.

[251] RAMOS, 2018. *loc. cit.*

como direitos detidos por todos, independentemente de qualquer qualidade[252]. O marco dessa *universidade* corresponde à DUDH, que consagra a inerência dos direitos humanos e garante a sua proteção *subsidiária* pela comunidade internacional. Justamente neste sentido, o art. 1° da Declaração prevê que: "[t]odos os seres humanos nascem **livres** e **iguais** em **dignidade** e **direitos**. São dotados de razão e consciência e devem agir em relação uns aos outros com espírito de fraternidade". Essas determinações foram reafirmadas pela Declaração de Viena (1993), ao prever, em seu parágrafo 5°, que "[t]odos os direitos humanos **são universais, indivisíveis, interdependentes** e **inter-relacionados.** A comunidade internacional deve tratar os direitos humanos de forma **global**, **justa** e [sic] **eqüitativa**, em pé de igualdade e com a mesma ênfase [...]."

A *indivisibilidade* dos direitos humanos, por sua vez, representa o reconhecimento de que todos os direitos humanos devem ser igualmente protegidos, visto que são cruciais para uma vida digna. Por este motivo, as classificações dos direitos humanos em gerações são úteis apenas para fins didáticos e para se compreender a sucessão de movimentos políticos que conduziram à consolidação da atual abrangência dos direitos humanos, posto que todos esses direitos, sejam eles civis, políticos, econômicos, sociais ou culturais, são igualmente fundamentais. Por sua vez, além de *indivisíveis*, esses direitos, na maioria das vezes, se imiscuem e se complementam, sendo, portanto, *interdependentes*, de forma que sua interpretação deve sempre acontecer de forma conjunta e holística.

Dizer que os direitos humanos são *indisponíveis* significa reconhecer que são irrenunciáveis e aos seus titulares deve-se garantir o seu uso e gozo. Note-se, inclusive, que o primeiro direito humano da pessoa humana, como ensinam Lafer e Arendt, corresponde ao direito de ter direitos, o que não pode, sob nenhuma hipótese, ser renunciado ou retirados dos seus titulares – ainda que com a anuência do seu detentor.[253]

[252] "Universalidade porque clama pela extensão universal dos direitos humanos, sob a crença de que a condição de pessoa é o requisito único para a titularidade de direitos, considerando o ser humano um ser essencialmente moral, dotado de unicidade existencial e dignidade, esta como valor intrínseco à condição humana." (PIOVESAN, Flávia. **Direitos humanos e justiça internacional: um estudo comparativo dos sistemas regionais europeu, interamericano e africano**, 5. ed. (rev., ampl. e atual). São Paulo: Saraiva, 2014. p. 72).

[253] Neste sentido ver: LAFER, Celso. **A reconstrução dos direitos humanos: um diálogo com o pensamento de Hannah Arendt.** São Paulo: Companhia das Letras, 1988.

Por fim, dizer que há *limitabilidade* nos direitos humanos significa reconhecer que sua a essencialidade não impede a existência de limites a um determinado direito em preservação de outro. Afinal, considerando que o direito não pode ser analisado sob uma "visão isolada e estética" de forma a ignorar que "outros direitos seriam afetados e mereceriam também proteção".[254] Tal característica visa, primordialmente, a coibir o comportamento oportunista.

Quanto aos princípios interpretativos que asseguram o respeito aos direitos humanos, em *primeiro lugar*, tem-se o da interpretação *pro homine*.[255] Esse princípio, reconhecendo a centralidade do indivíduo, determina que a interpretação normativa dos instrumentos de direitos humanos deve ser sempre feita em *prol da proteção do indivíduo*[256]. Nenhuma obrigação de direitos humanos poderá ser interpretada restritivamente ou em prol do Estado, mas sempre em benefício do destinatário da proteção internacional, isto é, o próprio ser humano.[257] A interpretação *pro homine* significa reconhecer a superioridade das normas de direitos humanos. Neste sentido, defende Cançado Trindade que:

> Estes novos rumos do Direito Internacional têm em muito sido guiados pelo impacto, nas últimas décadas, do que hoje se concebe como o Direito Internacional dos Direitos Humanos. A consolidação e expansão deste último

[254] RAMOS, André de Carvalho. **Teoria Geral dos Direitos Humanos na Ordem Internacional**. 4ª ed. São Paulo: Saraiva, 2014. p. 200.

[255] "O princípio pro homine (ou da "primazia da norma mais favorável") é princípio de interpretação obrigatório para todos os tratados de direitos humanos, sem o qual o resultado da aplicação de uma norma internacional de proteção (em detrimento de outra, internacional ou interna) pode restar indesejável, por ser menos protetora". (MAZUOLLI, Valerio. **Direito dos Tratados**. 2ª ed. (rev., atual. e ampl.). Rio de Janeiro: Grupo Gen | Editora Forense, 2014. p. 281).

[256] "*The principle of all law, including human rights treaties, that says that* ***all law is created for the benefit/sake of human beings****. Under this principle all human rights legal instruments and customary norms must be interpreted and applied in the manner most protective of the human dignity of human beings, not the manner that is best for the state. It is also known as the principle of Pro Homine.*" (CONDÉ, Victor. **A Handbook of International Human Rights Terminology**. Nebrasca: University of Nebrasca Press, 2004. p. 207.

[257] RAMOS, André de Carvalho. **Curso de Direitos Humanos**. 5ª ed. São Paulo: Saraiva Educação, 2018. p. 105.

revelam-nos o novo *ethos* de nossos tempos: o do primado emergente – e espero definitivo – da razão de humanidade sobre a razão de Estado.[258]

Há, também, a noção de que se deve auferir a *máxima efetividade possível* aos direitos humanos, de forma que qualquer interpretação de direito deve conduzir ao maior proveito possível dos direitos humanos pelos seus titulares. Sobre o assunto, sintetiza Mazzuoli,

> No que tange especificamente aos tratados de proteção dos direitos humanos, cabe destacar a necessidade de interpretação que leve em conta sempre a norma mais favorável ao ser humano. Tal quer dizer que os tratados de direitos humanos devem ser interpretados tendo sempre como paradigma o princípio *pro homine*; por meio deste princípio, deve o intérprete optar pela norma que, no caso concreto, mais projeta o ser humano sujeito de direitos.[259]

Além disso, em linha do que se expôs em seção anterior (*supra*, item II.1), reconhece-se hoje a *dimensão objetiva* dos direitos humanos, que significa que esses direitos não apenas conferem aos seus titulares posições jurídicas (*dimensão subjetiva*), mas congregam uma série de normas impositivas aos Estados que devem assegurar a implementação e o desenvolvimento dos direitos individuais. Ou seja, como explica André de Carvalho Ramos, "a dimensão objetiva, já reconhecida pelo direito internacional dos direitos humanos como vimos, revela um dever contraído pelos Estados de fornecer um amplo *arcabouço institucional* no qual os direitos humanos possam florescer".[260]

Interessante mencionar que foi justamente essa dimensão objetiva dos direitos humanos que deu origem à busca pela proteção penal no âmbito

[258] CANÇADO TRINDADE, Antonio. Desafios e Conquistas do Direito Internacional dos Direitos Humanos no início do Século XXI. *In* CACHAPUZ DE MEDEIROS, Antônio Paulo (org.), **Desafios do Direito Internacional contemporâneo**. Brasília: Fundação Alexandre Gusmão, 2007. p. 490.

[259] MAZUOLLI, Valerio. **Direito dos Tratados.** 2ª ed. (rev., atual. e ampl.). Rio de Janeiro: Grupo Gen | Editora Forense, 2014. p. 281.

[260] RAMOS, André de Carvalho. **Teoria Geral dos Direitos Humanos na Ordem Internacional.** 4ª ed. São Paulo: Saraiva, 2014. p. 240.

internacional. Tal como consagrado na Declaração e Programa de Ação da Conferência de Viena (1993), os *Estados* têm o *dever* de punir criminalmente os autores de violações aos direitos humanos[261] e, subsidiariamente (ou *complementarmente*), na inércia deste, a condenação acontece por via de organismos internacionais, como o TPI (Estatuto de Roma de 1998). Neste sentido defende Jack Donnelly que:

> *State sovereignty was further redefined by the creation of mechanisms for holding individuals criminally responsible for certain severe human rights violations. Ad hoc criminal tribunals were established for the former Yugoslavia (1993) and Rwanda (1994). In 1992 the Rome Statute established a permanent International Criminal Court (ICC), which began operating in 2002 with a mandate to prosecute individuals, especially state officials, responsible for genocide, crimes against humanity, and war crimes. In 1999, UN Secretary-General Kofi Annan nicely captured, and helped to consolidate, the new understanding of sovereignty reflected in these changes: 'States are now widely understood to be instruments at the service of their peoples, and not vice versa* [...]. *When we read the* [UN] *Charter today, we are more than ever conscious that its aim is to protect individual human beings, not to protect those who abuse them.' This was (and remains) an exaggeration.*[262]

Há também, cristalizado no SIPDH, a *vedação ao retrocesso* (*efeito cliquet*) que proíbe os Estados de diminuir os avanços eventualmente conferidos aos direitos humanos dentro de seus territórios, seja por meio de legislações internas ou tratados internacionais. Justamente neste sentido, o Pacto Internacional de Direitos Sociais, Econômicos e Culturais prevê que:

> Cada Estado Parte do presente Pacto compromete-se a adotar medidas, tanto por esforço próprio como pela assistência e cooperação internacionais,

[261] Declaração e programa de Ação da Conferência de Viena: "60. Os Estados devem ab-rogar leis conducentes à impunidade de pessoas responsáveis por graves violações de direitos humanos, como a tortura, e punir criminalmente essas violações, proporcionando, assim, uma base sólida para o Estado de Direito."

[262] DONNELLY, Jack. Roundtable: The Future Of Human Rights State Sovereignty and International Human Rights. **Ethics & International Affairs**, v. 28. Nova Iorque: Carnegie Council for Ethics in International Affairs, 2014. p. 231.

principalmente nos planos econômico e técnico, até o máximo de seus recursos disponíveis, que visem a assegurar, **progressivamente**, por todos os meios apropriados, o pleno exercício dos direitos reconhecidos no presente Pacto, incluindo, em particular, a adoção de medidas legislativas.[263]

Ademais, o SIPDH é caracterizado por possuir uma eficácia horizontal, que significa que a aplicação dos direitos humanos terá *eficácia plena*, ou seja, serão aplicados sem *mediação da lei*[264]. Portanto, os direitos humanos são aplicados *obrigatória e diretamente* em todas as relações entre pessoas e entes privados.

Feitas essas considerações, passa-se, na próxima seção (*infra*, item II.4) a uma investigação sobre o atual status do SIPDH no direito internacional e sobre sua relação com outros *sistemas normativos*, visto que o direito internacional não pode ser analisado de forma estanque e "não há hoje ramo de Direito imune a normas internacionais sobre a matéria".[265]

2.4. Os direitos humanos nos dias atuais: o Sistema Internacional de Proteção aos Direitos Humanos e a supremacia da proteção à dignidade humana

Os acontecimentos do século XIX e a necessidade da interdependência no relacionamento entre os Estados levaram à paulatina desconstrução da antiga noção westfaliana de *soberania*. Em decorrência das atrocidades perpetradas no curso da Segunda Guerra Mundial (1939-1945), a comunidade internacional passou a reconhecer que a proteção dos direitos humanos não poderia ser reservada ao exclusivo domínio dos Estados.

Assim, o direito internacional, tal como expõe Pedro Dallari, após partir de uma perspectiva marcada pela *coexistência* entre Estados, perpassou, no período entre Guerras, a ser marcado pela preponderância de uma noção *cooperativista*, e alcançou, ao final da Segunda Guerra Mundial

[263] Pacto Internacional de Direitos Sociais, Econômicos e Culturais, art. 2º(1) (grifo nosso).

[264] RAMOS, André de Carvalho. **Teoria Geral dos Direitos Humanos na Ordem Internacional**. 4ª ed. São Paulo: Saraiva, 2014. p. 256.

[265] *Ibid*. p. 79.

(1939-1945), a noção de um *direito da comunidade humana*[266-267]. Isto porque, naquele momento, reconhecia-se que a *comunidade internacional* não seria composta apenas por Estados soberanos, mas primordialmente pelos indivíduos livres e iguais que dão origem àqueles Estados.[268]

Aliás, o próprio preâmbulo da Carta da ONU, comentado anteriormente, previu, que, não mais os Estados, mas sim "**os povos** das Nações Unidas, [estariam] determinados a preservar as gerações vindouras do flagelo da Guerra [...], a reafirmar a fé nos direitos fundamentais do homem, na dignidade e no valor do ser humano, na igualdade de direito [...] e a estabelecer condições sob as quais a justiça e o respeito às obrigações decorrentes de tratados e de outras fontes do direito internacional possam ser mantidos, e a promover o progresso social e melhores condições de vida dentro de uma liberdade ampla."

Pouco tempo depois, salientando novamente os indivíduos como centrais no direito internacional, os Estados, superando suas diferenças históricas, políticas e sociais, se uniriam em prol do reconhecimento de um "*ideal comum a ser atingido por todos os povos e todas as nações*" e promulgaram o mais relevante instrumento de direitos humanos, qual seja, a DUDH.

Tal como se reconhece hoje, aquele instrumento viria a efetivamente inaugurar na comunidade internacional a noção de que o Estado, "*criado pelos próprios seres humanos, por eles composto, para eles existe, para realização de um bem comum*",[269] e, portanto, o *corpus juris* de direito internacional deveria

[266] "*With this perspective of the law of the human community, international law rescue the literal sense of the expression jus gentium, or the law of people, which was salvaged from the Roman law and that had been used at the beginning of the doctrinal process of structuring and knowledge of this field of the law.*" (DALLARI, Pedro. The integration of the law in a politically fragmented world. *In* VASCONCELOS, Alvaro (org.). **Brasil nas ondas do mundo**. Editora da Universidade Federal de Campina Grande e Imprensa da Universidade de Coimbra, 2017. p. 47).

[267] *Ibid.*, p. 46.

[268] LAFER, Celso. **Direitos Humanos: Um Percurso no Direito do Século XX. V. 1.** São Paulo: Grupo Gen | Atlas, 2015. p. 5.

[269] CANÇADO TRINDADE, Antonio. Desafios e Conquistas do Direito Internacional dos Direitos Humanos no início do Século XXI. *In* CACHAPUZ DE MEDEIROS, Antônio Paulo (org.), **Desafios do Direito Internacional contemporâneo.** Brasília: Fundação Alexandre Gusmão, 2007. p. 443.

centrar-se na absoluta prevalência da dignidade humana[270]. Justamente neste sentido, Cançado Trindade menciona que:

> No presente contexto de proteção, já não há espaço para a 'autonomia da vontade', para as barganhas da reciprocidade, para as concessões mútuas, às quais cedem terreno diversos ramos do direito (sobretudo do direito privado); **no domínio do Direito Internacional dos Direitos Humanos, movido por considerações de *ordre public* internacional, estamos diante de valores comuns e superiores, verdadeiramente fundamentais e irredutíveis.** [...] O novo corpus juris do Direito Internacional dos Direitos Humanos, aplicável mediante o instrumental do direito, nem por isso deixa de ser dotado de autonomia própria vis-à-vis outros ramos do ordenamento jurídico; **regula relações jurídicas distintas, com especificidade e um sistema de valores próprios, que contrapõem o ser humano ao poder público com vistas a protegê-lo em quaisquer circunstâncias e contra todas as manifestações do poder arbitrário.** [271]

Tamanha magnitude que a proteção aos direitos humanos ganhou no século XXI, que a própria ONU passou a encorajar que a implementação e proteção de direitos humanos também fosse preconizada sob a ótica regional. Assim, como se viu nas seções anteriores, além do sistema ONU, desenvolveram-se, particularmente na Europa, América e África, sistemas regionais de proteção, que buscam internacionalizar os direitos humanos, também, nos planos regionais. Nitidamente, o objetivo é que estes

[270] «*Dans l'ordre de la philosophie politique sous-jacente à l'ordre international de l'après-guerre, mais aussi dans celui des règles juridiques que cette idéologie inspire, il s'agit bien là d'une césure, au sens où l'entendait Michel Foucault dans Les mots et les choses. Non seulement le discours sur le droit mais le droit lui-même sont en effet appelés, à partir de 1945,* ***à s'orienter en fonction d'un pôle nouveau; celui des droits propres à l'homme, que la souveraineté de l'État ne peut bafouer mais doit au contraire s'atteler à promouvoir****. Cela implique en définitive ce que l'on pourrait appeler, à tous les sens du terme,* ***une «humanisation» de sa fonction*** ». (DUPUY, Pierre-Marrie. **L'unité de l'ordre juridique international: Cours général de droit international public.** Académie de droit international de la Hayé. (Recueil des cours, tome 297). Leiden/Boston: Martinus Nijhoff Publichers, 2003. p. 416 – grifo nosso).

[271] CANÇADO TRINDADE, Antonio. Desafios e Conquistas do Direito Internacional dos Direitos Humanos no início do Século XXI. *In* CACHAPUZ DE MEDEIROS, Antônio Paulo (org.), **Desafios do Direito Internacional contemporâneo.** Brasília: Fundação Alexandre Gusmão, 2007. p. 414 (grifo nosso).

múltiplos sistemas de proteção aos direitos humanos interajam entre si e garantam aos seres humanos a maior tutela possível aos seus direitos fundamentais.[272] Há ainda, como já mencionado e conforme ressalta Flávia Piovesan, incipientes iniciativas de criação de sistemas árabe e asiático de proteção regional de direitos humanos, implementadas respectivamente pela Carta Árabe de Direitos Humanos da Liga dos Estados Árabes e pela Declaração de Direitos Humanos da Associação de Nações do Sudeste Asiático ("ASEAN").

O desenvolvimento acelerado do direito internacional à luz dessa premissa fez com que os Estados aceitassem, em geral, que nenhum ramo do direito internacional estaria imune às normas de direitos humanos.[273] Essa posição central dos direitos humanos representa a unânime "*aceitação da vinculação de todos os Poderes Públicos e agentes privados ao conteúdo desses direitos*".[274] Neste sentido, defende Cançado Trindade que:

> *L'être humain doit, en toutes circonstances, être traité selon le principe d'humanité, qui imprègne tout le corpus juris du droit international, d'une manière générale, et du droit international humanitaire en particulier, qu'il soit de nature conventionnelle ou coutumière. [...] Le droit international contemporain (qu'il soit d'origine conventionnelle ou de nature générale) se caractérise dans une large mesure par l'émergence et l'évolution de ses normes impératives (le jus cogens), et par une plus grande conscience, à une échelle quasi universelle, de l'importance du principe d'humanité.*[275]

[272] "Nessa ótica, os diversos sistemas de proteção de direitos humanos interagem em benefício dos indivíduos protegidos. Ao adotar o valor da primazia da pessoa humana, tais sistemas se complementam, somando-se ao sistema nacional de proteção, a fim de proporcionar a maior efetividade possível na tutela e promoção de direitos fundamentais. Essa é, aliás, a lógica e a principiologia próprias do Direito dos Direitos Humanos." (PIOVESAN, Flávia. **Direitos humanos e justiça internacional: um estudo comparativo dos sistemas regionais europeu, interamericano e africano**, 5. ed. rev., ampl. e atual. São Paulo: Saraiva, 2014. p. 74).

[273] RAMOS, André de Carvalho. **Teoria Geral dos Direitos Humanos na Ordem Internacional**. 4ª ed. São Paulo: Saraiva, 2014. p. 79.

[274] RAMOS, André de Carvalho. **Curso de Direitos Humanos**. 5ª ed. São Paulo: Saraiva, 2018. p. 105.

[275] CANÇADO TRINDADE, Augusto. Quelques réflexions sur l'humanité. *In* ALLAND, Denis; CHETAIAL, Vincent; FROUVILLE, Olivier; VIÑUALES, Jorge (coords). **Unité et diversité du droit international: Ecrits en l'honneur du Professeur Pierre-Marie Dupuy**. Haia: Nijil | Brill, 2014. p.159.

Atualmente, o ambiente internacional busca a qualquer custo garantir que a aplicação dos direitos humanos seja pautada pelo critério da *máxima efetividade*, de forma que a interpretação de qualquer norma deve conduzir à aplicação com *maior proveito possível aos indivíduos*.[276] Aliás, inclusive em casos que há colisão de normas, há consenso que aquela que mais promover a dignidade da pessoa humana deverá imperar. Esse preceito internacionalmente reconhecido demanda que o Estado, no âmbito de seu dever de proteção dos direitos humanos, determine sempre a prevalência da norma ou do ato que mais promova a dignidade humana. Caso não o faça, mecanismos internacionais de proteção aos direitos humanos poderão ser acionados e ensejar a responsabilização do Estado, tal como exposto anteriormente.

Há, atualmente, consenso entre os internacionalistas de que os Estados não podem se escusar do cumprimento das normas de direitos humanos com bases em tratados sinalagmáticos ou pelo argumento de serem entes soberanos[277], afinal, os tratados de direitos humanos poder-se-iam, a rigor, ser considerados hierarquicamente superiores.[278] Esse entendimento foi expressamente demonstrado pelos juízes da Corte Interamericana de Direitos Humanos ("Corte Interamericana de DH") no caso Comunidade Indígena Sawhoyamaxa v. Paraguai:

> [T]*he Court has not been furnished with the aforementioned treaty between Germany and Paraguay, but, according to the State, said convention allows for*

[276] "Com base na interpretação conforme aos direitos humanos, estes influem em todo o Direito e nos atos dos agentes públicos e privados, concretizando seu efeito irradiante que os transformam no centro dos valores de um ordenamento." (RAMOS, *Op. cit.*, p. 106).

[277] "A humanidade tem passado por padecimentos indescritíveis até alcançar o grau de evolução da consciência humana que hoje adverte que a razão de Estado tem limites. O Estado foi originalmente concebido para a realização do bem comum, e existe para o ser humano, e não vice-versa. No combate às violações graves e sistemáticas dos direitos humanos universais afirmam-se, em nossos dias, e.g., o reconhecimento do princípio da jurisdição universal, assim como o exercício da garantia coletiva exercida pelos Estados Partes nos tratados de direitos humanos. Esta evolução deve ser apreciada em sua ampla dimensão". (CANÇADO TRINDADE, Antonio. Desafios e Conquistas do Direito Internacional dos Direitos Humanos no início do Século XXI. *In* CACHAPUZ DE MEDEIROS, Antônio Paulo (org.), **Desafios do Direito Internacional contemporâneo**. Brasília: Fundação Alexandre Gusmão, 2007. p. 489).

[278] SCHUTTER, Olivier. **International Human Rights Law: Cases, Materials and Commentary**. Cambridge: Cambridge University Press, 2010. p. 60.

> *capital investments made by a contracting party to be condemned or nationalized for a "public purpose or interest", which could justifiy [sic] land restitution to indigenous people. Moreover, the Court considers that the enforcement of* ***bilateral commercial treaties negates vindication of non-compliance with state_obligations under the American Convention; on the contrary, their enforcement should always be compatible with the American Convention, which is a multilateral treaty on human rights that stands in a class of its own and that generates rights for individual human beings and does not depend entirely on reciprocity among States.***[279]

Corrobora com tal premissa de prevalência dos direitos humanos o art. 103 da Carta da ONU (referida pelo *caput* do art. 30 da CVDT), ao prever que aquele instrumento deverá prevalecer quando conflitante com qualquer outra norma de direito internacional; e, também, a CVDT, que já possui reconhecido caráter de direito internacional geral[280], (***i***) em seu artigo 52, quando determina que qualquer tratado celebrado em violação de normas de *imperativas de direito internacional geral* serão considerados nulos; e, (***ii***) em seu artigo 60(5), ao reconhecer os direitos humanos como exceção para alegação de resilição de um tratado por violação substancial.

Essa evolução dos direitos humanos, que colocou os seres humanos como o epicentro do direito internacional, livrando-se do *estadocentrismo* westfaliano e possibilitando, até certo ponto, o resgate de preceitos cunhados por Francisco de Vitoria (1483-1546) sobre o direito das gentes (*jus gentium*) permitiu, além da preponderância dos direitos humanos no âmbito internacional, a consagração de preceitos como de *jus cogens* e das obrigações *erga omnes*. Afinal, ainda que todas as normas, as regras e os princípios do SIPDH sejam de suma relevância e devam prevalecer a fim de proteger os indivíduos, "*il est clair qu'ils [les droits humaines] n'ont pas tous la même valeur juridique*".[281]

[279] CORTE INTERAMERICANA DE DH. Caso Comunidade Indígena do Sawhoyamaxa v. Paraguai. Decisão de 29 de março de 2006 (*Merits, Reparations and Costs*) – grifo nosso.

[280] MAZUOLLI, Valerio. **Direito dos Tratados**. 2ª ed. (rev., atual. e ampl.). Rio de Janeiro: Grupo Gen | Editora Forense, 2014. p. 39.

[281] Neste mesmo sentido, Allain Pellet sustenta em outro texto que: "[t]*his makes of course quite a difference when a State violates a rule of human rights. Since there exists a hierarchy among international legal rules protecting human rights, their violation does not call for one uniform response; the kind of reaction expected from other States will vary according ta the degree of "bindingness" of the violated*

Sobre essa preponderância da proteção internacional, o direito internacional reconhece, hoje, que, independentemente de terem ratificado ou não determinados tratados relevantes, os Estados devem respeitar certos direitos fundamentais internacionalmente reconhecidos, tal como, por exemplo, alguns preconizados na Carta da ONU, mesmo se não fizer parte da organização, seja porque fazem parte do *direito internacional consuetudinário*, seja porque constituem *princípios gerais de direitos internacionais*[282]. Aliás, hoje, há quase consenso que, apesar de não serem todos, a maior parte dos direitos estabelecidos na DUDH têm seus *status* de costume internacional reconhecidos[283], sendo alguns reconhecidos como princípios gerais pela CIJ.[284]

Hierarquicamente superiores, mas ainda com um caráter de proteção aos direitos humanos, reconhece-se, atualmente, certos preceitos jurídicos como regras de *jus cogens*, conforme previstas na própria CVDT. As normas de *jus cogens* têm um papel essencial e correspondem àquelas regras que, se não existissem, tornariam inviável a existência da comunidade internacional. Por isso, são contempladas como cláusulas pétreas, que não

rules." (PELLET, Alain. State sovereignty and the protection of fundamental human rights: an international law perspective. **Pugwash Occasional Papers**, 2000. p. 38).

282 "*This means of recognizing the Universal Declaration of Human Rights as a source of legal obligations is encouraged by the approach adopted by the International Court of Justice itself. The Court has refrained from stating that the Declaration as such, in the totality of its articles, should be considered as customary international law. But it did refer to the Declaration on a number of occasions, albeit always with respect to a specific right and without always clarifying the source of the authority of the Declaration*". (*Ibid.*, p. 53-54).

283 "*The growing consensus is that most, if not all, of the rights enumerated in the Universal Declaration of Human Rights have acquired a customary status in international law.*" (SCHUTTER, Olivier. **International Human Rights Law: Cases, Materials and Commentary**. Cambridge: Cambridge University Press, 2010. p. 32-33).

284 "*This means of recognizing the Universal Declaration of Human Rights as a source of legal obligations is encouraged by the approach adopted by the International Court of Justice itself. The Court has refrained from stating that the Declaration as such, in the totality of its articles, should be considered as customary international law. But it did refer to the Declaration on a number of occasions, albeit always with respect to a specific right and without always clarifying the source of the authority of the Declaration. [...] Although these statements refer, for the most part, to otherwise unspecified 'principles of international law' rather than to the 'general principles of law recognized by civilized nations' mentioned by Article 38(1)(c) of the Statute of the International Court of Justice, they nevertheless have been interpreted as implying that human rights should qualify among the latter principles, and thus as forming part of general international law.*" (*Ibid.*, p. 53-53).

podem ser derrogadas e só podem ser alteradas por outras normas de igual natureza. São exemplos dessas normas a proibição do uso indiscriminado da força, a proibição à escravidão, ao genocídio, ao crime de guerras ou contra a humanidade e outros.[285] Neste sentido, explica André de Carvalho Ramos que,

> [n]o Direito Internacional, a norma imperativa em sentido estrito (também denominadas norma cogente ou norma de *jus cogens*) é aquela que contém valores considerados essenciais para a comunidade internacional como um todo, e que, por isso, possui superioridade normativa no choque com outras normas de Direito Internacional. Assim, pertencer ao *jus cogens* não significa ser considerado norma obrigatória, pois todas as normas internacionais o são: significa que, além de obrigatória, a norma cogente não pode ser alterada pela vontade de um Estado. A derrogação da norma imperativa só pode ser feita por norma de igual quilate, ou seja, por norma também aprovada pela comunidade internacional como um todo. A vontade isolada de um Estado ou de um grupo de Estados, então, não pode ofender uma norma cogente internacional.[286]

Por fim, dentre as normas de direitos humanos, existem também certas obrigações que são qualificadas como *erga omnes*. Tais obrigações são definidas como aquelas que protegem valores difusos da comunidade internacional. Talvez o maior expoente da definição desse conceito tenha sido o já mencionado caso *Barcelona Traction* (1970), em que a CIJ reconheceu obrigações de um Estado em face da comunidade internacional, distinguindo-os dos direitos que surgem de tratados.

> *When a State admits into its territory foreign investments or foreign nationals, whether natural or juristic persons, it is bound to extend to them the protection of the law and assumes obligations concerning the treatment to be afforded them. These obligations, however, are neither absolute nor unqualified. In particular, an essential* ***distinction should be drawn between the obligations of a State towards the international community as a whole, and those arising vis-à-vis another State***

[285] Ver: RODAS, João Grandino. *Jus Cogens* em Direito Internacional. **Revista da Faculdade de Direito da Universidade de São Paulo**. São Paulo: USP, 1974. p. 124-153.

[286] RAMOS, André de Carvalho. **Teoria Geral dos Direitos Humanos na Ordem Internacional**. 4ª ed. São Paulo: Saraiva, 2014. pp. 152-153.

> ***in the field of diplomatic protection.*** *By their very nature the former are the concern of all States. In view of the importance of the rights involved,* ***all States can be held to have a legal interest in their protection; they are obligations*** **erga omnes.**[287]

À luz desse novo contexto, o SIPDH foi evoluindo gradativamente, sendo que especialmente após os anos de 1990, com o fim da Guerra Fria (1947-1991), os esforços na constituição dessa *comunidade* transnacional de direitos humanos se intensificaram. Paulatinamente, as recorrentes referências entre os diversos subsistemas de proteção aos direitos humanos[288] foram possibilitando uma maior consolidação do *corpus juris* internacional de direitos humanos cada vez mais robusto e substancial, o qual passou a ser denominado por alguns autores de *jus commune.*[289]

Sem dúvida, a *comunidade internacional* hodierna alcançou enormes avanços no que tange à proteção dos direitos humanos através da transposição da preocupação com a dignidade humana para o cenário internacional. O arcabouço normativo alcançado no contexto pós-Segunda Guerra Mundial não deixa dúvidas que hoje o SIPDH reflete que a proteção aos direitos humanos é, atualmente, a maior preocupação dos Estados.

Contudo, a proteção internacional dos direitos humanos é uma tarefa árdua que enfrenta diversos percalços e demanda o constante aprimoramento das normas do SIPDH. Afinal, como explana Norberto Bobbio

> [a] comunidade internacional se encontra hoje diante não só do problema de fornecer garantias válidas para aqueles direitos, mas também de aperfeiçoar continuamente o conteúdo da Declaração, articulando-o, especificando-o,

[287] CIJ. Barcelona Traction, Light and Power Co, Ltd (Bélgica vs. Espanha), 1970. Disponível em <https://tinyurl.com/y5cle668>. Acesso em 12 abr 2020 (grifo nosso).

[288] *"For instance, the Commission and Court in charge of monitoring the African Charter on Human and Peoples' Rights are directed to '****draw inspiration from international law on human and people's rights, particularly from ... the Charter of the United Nations, the Charter of the Organization of African Unity, the Universal Declaration of Human Rights, other instruments adopted by the United Nations and by African countries in the field of human and peoples' rights*** *as well as from the provisions of various instruments adopted within the Specialized Agencies of the United Nations of which the parties to the present Charter are members' (African Charter on Human and People's Rights, Art. 60)."* (SCHUTTER, Olivier. **International Human Rights Law: Cases, Materials and Commentary**. Cambridge: Cambridge University Press, 2010. pp. 32-33).

[289] *Ibid.*, pp. 31 et seq.

> atualizando-o, de modo a não deixá-lo cristalizar-se e enrijecer- se em fórmulas tanto mais solenes quanto mais vazias. Esse problema foi enfrentado pelos organismos internacionais nos últimos anos, mediante uma série de atos que mostram quanto é grande, por parte desses organismos, a consciência da historicidade do documento inicial e da necessidade de mantê-lo vivo fazendo-o crescer a partir de si mesmo. Trata-se de um verdadeiro desenvolvimento (ou talvez, mesmo, de um gradual amadurecimento) da Declaração Universal, que gerou e está para gerar outros documentos interpretativos, ou mesmo complementares, do documento inicial.[290]

Além disso, há de se ter em mente que, embora o SIPDH seja formado por normas altamente coerentes e amplamente aceitas na esfera internacional[291], este corpo normativo não opera no vácuo. O SIPDH interage constantemente, não apenas com sistemas jurídicos domésticos, bem como com outros sistemas jurídicos internacionais que regem áreas distintas. Logo, para que o SIPDH se aperfeiçoe, é necessário que adjudicadores de distintas áreas e nas mais diversas cortes tenham conhecimento desse rico e dinâmico arcabouço normativo e que lhes sejam garantidas condições para aplicá-las.

Nos dias atuais, os adjudicadores dos mais diversos sistemas jurídicos, sejam juízes ou árbitros, se deparam, constantemente, com demandas relacionadas a direitos humanos ou são instados a recorrer a instrumentos normativos do SIPDH, seja de *soft* ou de *hard law*, para prolação de suas decisões. Sobre este ponto, interessante ressaltar o recorrente uso do *princípio da proporcionalidade*[292] para aferição da idoneidade, necessidade e equilíbrio da intervenção estatal em determinado direito fundamental e do *balancing the weight* no qual o adjudicador sopesa os interesses públicos e privados envolvidos em face da razoabilidade da interferência nos direitos ou liberdades dos indivíduos.[293]

[290] BOBBIO, Norberto. **A era dos Direitos.** Rio de Janeiro: Campus, 2004. p. 21.

[291] DONNELLY, Jack. International human rights: a regime analysis. **International Organization** 40, 3, Boston: Massachusetts Institute of Technology and the World Peace Foundation, 1986. p. 619.

[292] RAMOS, André de Carvalho. **Curso de Direitos Humanos.** 5ª ed. São Paulo: Saraiva, 2018. p. 120.

[293] SCHUTTER, Olivier. **International Human Rights Law: Cases, Materials and Commentary.** Cambridge: Cambridge University Press, 2010. p. 324.

Seja como for ou qual a conclusão alcançada pelo adjudicador que atua no âmbito internacional, fato é que, ante a centralidade assumida pelos direitos humanos na esfera internacional nos últimos anos, é certo que este não pode ignorar as normas impostas pelo SIPDH. Afinal, o reconhecimento do ser humano como fim em si mesmo e da necessidade de se preservar seus direitos fundamentais na estrutura da ordem jurídica mundial impõe que as condutas dos Estados sejam sempre analisadas à luz do SIPDH.

CAPÍTULO 3
O SISTEMA DE PROTEÇÃO AOS DIREITOS HUMANOS E A ARBITRAGEM DE INVESTIMENTO: UMA RELAÇÃO NECESSÁRIA

Após o fim da Segunda Guerra Mundial (1939-1945), a ordem internacional passou por uma profunda reestruturação. Admitindo, então, que o destinatário final das normas de direito internacional seriam os próprios seres humanos, como se viu (*supra*, CAPÍTULO II), a sociedade internacional passou a ser pautada pela primazia da proteção dos indivíduos. Como produto dessa busca pela preservação da espécie humana e a fim de maximizar a garantia da paz mundial, o sistema político internacional passou, nos anos subsequentes, a despeito dos entraves decorrentes da bipolarização da Guerra Fria (1947-1991), a ser fragmentado em diversas agendas. Essa nova era das relações internacionais, que tomava como base a presunção de que a setorização do sistema internacional auxiliaria no estabelecimento de uma ordem global mais abrangente e especializada, passou a ser marcada pelo estabelecimento, na esfera transnacional, de instituições internacionais dedicadas a setores políticos específicos.[294]

[294] "Os regimes internacionais são definidos como princípios, normas, regras e procedimentos de tomada de decisões de determinada área das relações internacionais em torno dos quais convergem as expectativas dos atores." (KRASNER, 2012, *loc. cit.*).

Gradativamente, a suposta "fragmentação política" própria deste período desencadeou em muitos juristas, principalmente após o fim da Guerra Fria (1947-1991), a ilusão de que o direito internacional também deveria ser fracionado. A ordem jurídica internacional, que até então era compreendida como um emaranhado de regras indissociáveis, passou, então, a ser concebida sob uma ótica setorizada. Diversos subsistemas jurídicos passaram a ser criados na esfera internacional, aos quais se incumbia a responsabilidade pela elaboração de normas aplicáveis exclusivamente a setores específicos.

Em razão dessa crença de que o direito internacional seria fragmentado, entendimento que, como se viu, já vinha preponderando no campo das relações internacionais há algum tempo, o ambiente internacional se deparou com uma rápida proliferação de tribunais internacionais. Inicialmente sob a forma de tribunais regionais (particularmente, na Europa e na América Latina), depois por tribunais relacionados aos direitos humanos (incluindo aqueles que fazem parte da ONU), em seguida, pelo estabelecimento de tribunais especializados no comércio internacional, os quais representariam o ápice da segmentação do direito internacional e diversos outros.

Anos mais tarde, seguindo essa ideologia, a International Law Commission ("ILC"), liderada por Martti Koskenniemi, expediu, em meados de 2006, o relatório *Fragmentation of International Law: Difficulties Arising from the Diversification and Expansion of International Law*.[295] Pautado na premissa de que "*the emergency of specialized and relatively autonomous spheres of social action and structure*", o documento concluía que esses *sistemas* jurídicos especializados seriam autônomos e, se assim não o fossem, poderiam ameaçar a coerência do sistema jurídico internacional de forma que as "[a]*nswers to legal questions become dependent on whom you ask, what rule-system is your focus on*", ainda que não se possa ignorar os impactos das "*general international law, especially the rules of the VCLT, customary law and 'general principles of law recognized by civilized nations'*."[296]

[295] INTERNATIONAL LAW COMMISSION. **Fragmentation of International Law: Difficulties Arising from the Diversification and Expansion of International Law**. Disponível em <https://legal.un.org/ilc/documentation/english/a_cn4_l682.pdf>. Acesso em 9 jun 2020.

[296] *Ibid.*

Acontece que, mesmo que considere o mundo atual como *politicamente fragmentado*, em razão da inexistência, na comunidade internacional, de um país ou organização internacional que determine orientações sobre as relações internacionais, a transposição dessa noção de *fragmentação* para o direito internacional não pode ser feita de forma automática e simples.[297]

A gradativa expansão do direito internacional demonstrou que fragmentação das suas diversas áreas contempladas em sistemas jurídicos autônomos e independentes não poderia preponderar na sociedade mundial hodierna. Afinal, os diversos *sistemas* que permeiam o direito internacional estão absolutamente interconectados e, apesar de tratadas pelos juristas como fragmentadas, as interações entre organismos especializados na esfera jurídica internacional demonstram uma *unicidade* processual e institucional do direito internacional.[298] Exatamente neste sentido, leciona James Fry que,

> *In other words, if practitioners and judges do not embrace the interconnectedness of different bodies of law and start thinking of international law from a holistic perspective, then they might be doomed to reinventing the wheel, so to speak, each time these bodies interact and create "novel" issues.* ***The reality is that the various branches of international law increasingly overlap to the point that it raises serious doubts over whether there are truly self-contained bodies of law.***[299]

[297] DALLARI, Pedro. The integration of Law in a Politically fragmented world. *In* VALENTE, Isabel Maria Freitas; OLIVEIRA Iranilson Buriti de (Coord). **Euro-atlântico: Espaço de Diálogos**. Editora da Universidade Federal de Campina Grande Imprensa da Universidade de Coimbra, 2017. p. 42.

[298] "*Toutefois, la notion de «régime autosuffisant» mérite qu'on pour- suive son analyse critique tant elle est symptomatique d'une vision fragmentaire et parcellisée du droit international partagée par trop d'auteurs, dans laquelle, faute d'une claire perception de ce que constitue un ordre juridique et l'ordre juridique international en particulier, ces auteurs se perdent aujourd'hui dans la contemplation de régimes qu'ils croient aussi clos sur eux-mêmes qu'ils le sont trop souvent eux-mêmes sur leur propre spécialité. Ainsi, bien qu'évacué des travaux sur la responsabilité, on voit cependant émerger, tel un monstre du Loch Ness, le self-contained regime. Il montre sa physionomie, par excellence originale, à l'occasion de l'analyse de domaines spécifiques du droit, notamment parmi ceux ayant connu des développements normatifs récents.*" (DUPUY, Pierre-Marrie. L'unité de l'ordre juridique international: Cours général de droit international public. **Académie de droit international de la Hayé**. (Recueil des cours, tome 297). Leiden/Boston: Martinus Nijhoff Publichers, 2003. p. 436).

[299] FRY, James. International Human Rights Law in Investment Arbitration: Evidence of International Law's Unity. **Duke Journal of Comparative & International Law**. V. 18, nº 1. Nova Iorque: DJCIL, 2007. p. 148.

O impacto do sistema jurídico internacional de proteção aos direitos humanos ("SIPDH") no sistema jurídico internacional de proteção aos investimentos ("SIPI") é o exemplo perfeito de que não se pode negar essa unidade dos diversos sistemas de direito internacional. Como se verá (*infra,* item III.1), os diversos adjudicadores do SIPI vêm se deparando, cada vez com mais frequência, com questões alheias às diretrizes desse sistema, tais como questões ambientais e de saúde pública, sendo, repetidamente, suscitados a tomar decisões que permeiam outros *sistemas* vigentes na esfera internacional, especialmente o SIPDH. Afinal, o SIPI não pode ignorar que o ser humano é o verdadeiro sujeito de direito internacional (*supra,* item II.3) e, por isso, sempre deve ser analisado à luz da proteção do indivíduo na esfera internacional. Negar a interligação desses *sistemas* significa ignorar as evidências concretas da permeabilidade entre as normas que os forma.

3.1. O Sistema de Proteção aos Direitos Humanos e os Tratados de Investimento

Além de fomentar as bases para formação de uma comunidade[300] internacional de seres humanos (*supra,* item II.3), o fim da Segunda Guerra acarretou um significativo aumento no influxo de investimentos transnacionais (*supra,* item I.1). Afinal, a necessidade de capital gerada pela crise econômica no ambiente pós-guerra fez com que os Estados buscassem recursos fora de seus territórios.[301] Entretanto, também já como

[300] Sobre o conceito de comunidade, leciona Pedro Dallari que "[t]*he notions of society and community have many and varied meanings, including as regards the application of the terms into the international dimension. Notwithstanding, in general, it is recognized that a community is identified based on a common cultural heritage, embodied in self-applicable principles and rules of conduct, that put it beyond a society, which is determined just by a formally established link. A society is characterized by the mere coexistence of its members in a given formal space – more often a delimited territory – while a community, which can even exist without institutional setting or territorial delimitation, is based in a qualitatively distinct link between their members, supported by a common behavioral ethics.*" (DALLARI, Pedro. The integration of Law in a Politically fragmented world. *In* VALENTE, Isabel Maria Freitas; OLIVEIRA Iranilson Buriti de (Coords). **Euro-atlântico: Espaço de Diálogos**. Editora da Universidade Federal de Campina Grande Imprensa da Universidade de Coimbra, 2017).

[301] "*The post-World War II years witnessed a great expansion in foreign investment, led initially by the United States, then joined by Europe, later by Japan, and still later by other parts of the world. Responding to this growth in US foreign investment after World War II, the US government undertook a program to conclude a network of bilateral treaties of friendship, commerce, and navigation which, in addition to*

mencionado anteriormente (*supra,* item I.1), a instabilidade política[302] decorrente tanto da bipolarização mundial quanto do surgimento de novos países independentes pouco desenvolvidos economicamente clamava pelo estabelecimento de diretrizes que garantissem aos investidores a segurança de sua propriedade, mesmo em território alienígena.[303]

Em linha da nova ideologia preponderante na esfera internacional naquele contexto, que, não só reconhecia o ambiente internacional como composto por também por atores não estatais, mas também conferia aos indivíduos a capacidade postulatória no ambiente internacional (*supra,* item I.2), o SIPI começou a aventar a possibilidade de garantir aos próprios investidores a possibilidade de postular internacionalmente indenizações por eventuais violações de seus direitos. Ante o abandono do estadocentrismo westfaliano, não fazia mais sentido depender exclusivamente da proteção diplomática para proteger os direitos individuais na esfera internacional.

Foi diante daquele cenário que os tratados de proteção de investimentos estrangeiros (*supra,* item I.2 e I.3)[304] passaram a contemplar cláusulas de arbitragem, as quais garantiam aos investidores a possibilidade de litigar em pé de igualdade com os Estados receptores de investimentos pela via arbitral caso discordassem das ações implementadas pelos governos daqueles Estados.

other commercial matters, specifically sought to facilitate and protect US direct foreign investments abroad. Indeed, because of the diminished importance of bilateral commercial treaties as a means to promote trade in the post-war era of multilateral trade rules, the United States increasingly viewed FCN treaties as the preferred method for investment protection." (SALACUSE, Jeswald. **The Law of Investment Treaties**. 2ª Ed. London: Oxford University Press, 2015, p. 97).

302 "*In the aftermath of the Second World War (WWII), the process of international economic integration was rekindled, leading to the emergence of the contemporary investment treaty framework. It is crucial to consider this historical development in order to better understand current debates and contentious issues in investment treaty law.*" (NEWCOMBE, Andrew; PARADELL, Lluís, Historical Development of Investment Treaty Law. **Law and Practice of Investment Treaties: Standards of Treatment**. Holanda: Kluwer Law International, 2009. p. 2).

303 VANDEVELDE, Keneth. A Brief History of International Investment Agreements. **U.C. Davis Journal of International Law & Policy**. Vol. 12. nº 1, 2005. p. 166-167.

304 "*The protection of foreign investment by way if treaties is one of the great international legal success stories.* [...] *It has been responsible for the huge increase in foreign investment in our globalized world.*" (SIMMA, Bruno. Foreign Investment Arbitration: A place for human rights? **International and Comparative Law Quarterly**, Vol. 60, 2011. pp. 574-75).

Percebe-se, portanto, que o SIPDH e SIPI possuem raízes similares e surgem, justamente, a partir da reforma do direito internacional moderno, que deixou de se pautar pela mera garantia da coexistência de Estados para assegurar que outros sujeitos, em especial os indivíduos, pudessem reivindicar seus direitos na esfera internacional.

Não se pode ignorar, contudo, que, a despeito de terem surgido das mesmas raízes, tais sistemas normativos partem de pressupostos absolutamente distintos. Afinal, como se viu, enquanto o SIPDH é baseado em um regime *objetivo*(*supra*, item II.3), e, parte, portanto, de uma assunção (ou a imposição) de obrigação difusa do Estado para com os indivíduos[305], o escopo jurídico do SIPI tem, por natureza, uma assunção de responsabilidade de um Estado perante outro(s) Estado(s) (ou os nacionais de outro(s) Estado(s)) e corresponde a uma obrigação que vincula mutuamente apenas os Estados signatários dos respectivos tratados de investimento. Consequentemente, existe, do ponto de vista conceitual, significativa diferença entre as normas e regras que regem a proteção do direito dos investidores estrangeiros e dos direitos humanos.

Outro ponto de divergência entre os dois *sistemas jurídicos* diz respeito à necessidade de esgotamento dos remédios locais. Enquanto, normalmente, o SIPDH, em suas diversas cortes, requer que os reclamantes esgotem os remédios locais, isto é, exauram as tentativas de reivindicação dos seus direitos pela via interna, antes da adjudicação no âmbito internacional, o SIPI oferece aos investidores, sem qualquer requisito neste sentido, a oportunidade de litigar em pé de igualdade em um foro internacional.

Além disso, se por um lado o SIPDH parte de certa pressuposição da desnacionalização dos seres humanos, por outro, o SIPI recorre, justamente à noção de nacionalidade para aferir quem poderá se beneficiar daquele tratado de investimento. Como mencionado (*supra*, item I.1), só

[305] *"Human rights regimes rely on the state's commitment to respect, protect and/or promote a series of rights. Paradoxically, governments are simultaneously responsible for protecting human rights, yet also sometimes violating those rights. International regimes formalize countries' commitment to human rights protection and potentially impose exogenous limits to the state's discretion – or, at least, additional costs for human rights violations. Beyond the debate regarding the effect of ratifying human rights treaties on state practices, other less explored mechanisms can reward commitment to human rights regimes."* (GARRIGA, Ana Carolina. Human Rights Regimes, Reputation, and Foreign Direct Investment. Centro de Investigación y Docencia Económicas (CIDE) División de Estudios Políticos. **International Studies Quarterly**, V. 60, Issue 1, 2016. p. 3.

poderão se beneficiar das garantias ofertadas pelos tratados de investimento – e, aliás, recorrer à arbitragem de investimento –, os investidores nacionais dos Estados contratantes daquele instrumento. Neste sentido, explana Pierre Marie Dupuy que,

> *The legal status of aliens is still directly linked to the state from which they have received their nationality; by contrast, in the modern human rights legal framework, individuals do not derive their international legal identity from any link with a sovereign state, activated through the legal means of nationality. The inherent rights borne by individuals derive from their inherent nature as a human being.*[306]

Como se viu, enquanto o SIPDH evoluiu a ponto de estabelecer internacionalmente um "conjunto de direitos considerado indispensável para uma vida humana pautada na liberdade, igualdade e dignidade"[307], o SIPI se desenvolveu de forma descentralizada a ponto de se verificar, hoje, mais de 3.200 (três mil e duzentos) tratados de investimento, dentre bilaterais e multilaterais, os quais, em sua maioria, costumam indicar, dentre outros, a possibilidade de instauração de arbitragens de investimento para solução de eventuais disputas.[308] Contudo, apesar desses inegáveis avanços, até recentemente, pouco se debatia sobre os liames entre estes dois sistemas.

A suposta noção de fragmentação do direito internacional que prevalecia entre os juristas enquanto esses *sistemas* se desenvolviam no curso da segunda metade do século XX levou a uma ilusória segregação desses conjuntos de normas, de forma que se passou a defender que as normas do SIPI e do SIPDH seriam autossuficientes e insulares.

Nem mesmo a natureza híbrida da arbitragem de investimento (*supra*, item I.3) teria sido suficiente para que os juristas atentassem à

[306] DUPUY, Pierre-Marie. Unification Rather than Fragmentation of International Law? The Case of International Investment Law and Human Rights Law. *In* DUPUY, Pierre-Marie. Unification Rather than Fragmentation of International Law? The Case of International Investment Law and Human Rights Law. *In* DUPUY; Patrick; FRANCIONI; PETERSMANN. **Human Rights in International Investment Law and Arbitration.** Oxford: Oxford University Press, 2009. p. 47

[307] RAMOS, André de Carvalho. **Curso de Direitos Humanos**. 5ª ed. (rev. e atual.) São Paulo: Saraiva, 2018. p. 29.

[308] SALACUSE, Jeswald W. The Emerging Global Regime for Investment, **Harvard International Law Journal.** v. 427, 2010. p. 445-447.

permeabilidade das normas desses dois sistemas, que, por muito tempo, foi marcado pelo proferimento de decisões arbitrais segmentares e que ignoravam o caráter holístico do direito internacional. Afinal, como as normas aplicáveis ao mérito das disputas versavam tipicamente sobre investimentos, esse sistema internacional de proteção aos investimentos se desenvolvia sob um alicerce estritamente privatista.[309]

Os renomados juristas que acabavam nomeados como árbitros nas arbitragens de investimento, orientados pela suposta fragmentação do direito internacional e com históricos acadêmicos essencialmente de direito comercial, não costumavam fazer análises abrangentes sobre o litígio, resultando em recorrentes condenações ao pagamento de indenizações altíssimas em favor dos investidores. Por óbvio, a própria credibilidade do sistema de arbitragem de investimentos começou a ser colocada em xeque (*supra*, item I.5).

A perspectiva favorável aos interesses privados daquele sistema de resolução de controvérsias passou, então, a ser fortemente criticada[310], principalmente, quando questões relacionadas aos direitos humanos começaram a ser suscitadas no âmbito das arbitragens de investimento.[311] Afinal, como defendido por Allain Pellet,

> [Le droit] *de l'investissement et droit des droits de l'homme se prêtent d'autant plus à une étude croisée qu'ils présentent tous deux des caractères communs qui les rapprochent au sein de la vaste famille des droits des relations internationales – ces systèmes juridiques qui, ne se limitant pas au droit entre les États se combinent pour constituer l'encadrement juridique complexe de ces relations. L'un comme l'autre*

[309] *"BITs traditionally cover the following issues: scope and definition of investment, admission and establishment, non discrimination in the form of most favoured nation treatment and national treatment, fair and equitable treatment, full protection and security, compensation in the event of direct and indirect expropriation of the investment, guarantees of free transfers of funds and dispute settlement mechanisms. Dispute settlement is provided for on a State-to-State and an investor-to-State level."* (KRIEBAUM, Ursula. Privatizing Human Rights. *In* REINSCH, August; KRIEBAUM, Ursula (eds.). **The Law of International Relations: Liber Amicorum Hanspeter Neuhold**, 2007. p. 166).

[310] VAN HARTEN, Gus. **Investment Treaty Arbitration and Public Law**. Reino Unido: Oxford University Press, 2007.

[311] SIMMA, Bruno. Foreign Investment Arbitration: A place for human rights? **International and Comparative Law Quarterly**, Vol. 60, 2011. p. 574.

régissent, essentiellement – mais pas exclusivement – les rapports entre États d'une part et personnes privées d'autre part tout en encadrant aussi les relations interétatiques dans ces deux domaines. Et l'un et l'autre ont secrèté des mécanismes non nationaux et efficaces de règlement des différends, qui contrastent avec la quasi-absence de juge qui caractérise le droit international général.[312]

Gradativamente e cada vez com maior frequência, foi sendo comprovado empiricamente que os árbitros nas arbitragens de investimento não poderiam analisar as desavenças típicas do SIPI sob uma ótica estanque, principalmente no que diz respeito às normas do SIPDH.

3.2. Quando os direitos humanos são suscitados na arbitragem de investimento

Embora amplas pesquisas relativas aos mecanismos de proteção dos direitos humanos, bem como sobre a eficácia das dimensões que compõe este sistema jurídico, venham sendo desenvolvidas nos últimos anos, poucos estudos sobre os efeitos dessas instituições no comportamento dos diversos atores internacionais em outras esferas das relações internacionais vêm sendo alcançados. Da mesma forma, conquanto muito se investigue sobre a efetividade do sistema de arbitragens de investimento como mecanismos de solução de disputas, bem como sobre o arcabouço jurisprudencial originado no âmbito desse sistema, não há muitos registros científicos sobre como fatores exógenos têm afetado o *decisum* dos árbitros.

Como se viu, a explicação para este déficit é bastante clara. Embora esses mecanismos de solução de controvérsias tenham experimentado uma rápida propagação[313], tal difusão ocorreu durante um período em que

[312] PELLET, Alain. Notes sur la "fragmentation" du droit international: Droit des investissements internationaux et droits de l'homme. *In* ALLAND, Denis; CHETAIAL, Vincent; FROUVILLE, Olivier; VIÑUALES, Jorge (coords). **Unité et diversité du droit international: Ecrits en l'honneur du Professeur Pierre-Marie Dupuy**. Haia: Nijil | Brill, 2014. p. 760.

[313] Cerca de 100 BITs foram firmados entre 1970-79, número este que quadriplicou durante as décadas de 80 e 90. Em 2016, o *World Investment Report* chegou a registrar 2.946 BITs. (UNCTAD. **World Investment Report 2006 – FDI from Developing and Transition Economies: Implication for Development (2006).** Disponível em <http://unctad.org/en/docs/wir2006_en.pdf>. Acesso em 9 jul 2019).

se preponderava a ilusão de que o direito internacional seria fragmentado. Portanto, à luz desse pensamento, não faria sentido investigar a relação entre esses dois ramos separados do direito internacional, sem qualquer risco de sobreposição substancial.

Configurando um certo contrassenso em até certo ponto, ainda que estudos reconhecessem a interação entre esses dois *sistemas jurídicos*, posto que estudos esclareciam que a existência de um sólido mecanismo de proteção aos direitos humanos dentro dos Estados receptores de investimento era um importante fator a ser considerado pelos investidores ao aplicar seus recursos em outros Estados, o direito internacional sequer cogitava uma permeabilidade estes tais *sistemas*. Em outras palavras, não se considerava que os próprios investimentos poderiam resultar em questões de direitos humanos.

Com o passar dos anos, contudo, mesmo com essa suposta setorização do direito internacional, foi-se demonstrando que não é possível analisar as questões jurídicas relacionadas ao SIPI sem levar em conta o arcabouço normativo do SIPDH. Afinal, cada vez com maior frequência, os árbitros nas arbitragens de investimento passariam a ser instados a considerar normas de direitos humanos ao proferir suas decisões sobre eventuais violações aos direitos dos investidores.

Em uma pesquisa recente[314], com uma amostragem de 46 decisões de arbitragens de investimento, proferidas entre 1989 e 2015, Silvia Steininger buscou mapear como as questões de direitos humanos teriam sido suscitadas nas arbitragens de investimento. O quadro abaixo resume as conclusões da professora, demonstrando de onde teria partido a iniciativa de apresentar no âmbito da arbitragem de investimento pontos típicos do SIPDH:

[314] STEININGER, Silvia. What's Human Rights Got to do with It? An Empirical Analysis of Human Rights References in Investment Arbitration. **Leiden Journal of International Law**, 2017.

Tabela 1 – **Primeiras referências aos Dir. Humanos**[315]

Tabela 1: Primeira Refer. à DH por Ator

Ator	Requerido	Tribunal	Requerente
Número de Casos (Total: 46)	19	13	14

À luz dessas notas introdutórias, as próximas seções cuidarão de explicar como a efetiva permeabilidade desses dois sistemas vem sendo verificada na esfera internacional. Como se explanará, de um lado, infrações de direitos humanos passaram a ser cometidas pelos investidores como um contra produto dos investimentos estrangeiros (*infra*, item III.2.1). De outro, violações dos direitos fundamentais passaram a ser cometidas pelos Estados receptores do investimento (*infra*, item III.2.2). Não bastassem seus próprios *players*, terceiros não relacionados começaram a solicitar ingresso nas arbitragens de investimentos para se manifestar acerca de eventuais questões de direitos humanos (*infra*, item III.2.3).[316] Finalmente, em casos mais recentes, já se verifica árbitros recorrendo *sponte propria* a instrumentos de direitos humanos como parâmetros em suas decisões, reconhecendo de certa forma a unicidade do direito internacional[317] (*infra*, item III.2.4).

[315] STEININGER, Silvia. What's Human Rights Got to do with It? An Empirical Analysis of Human Rights References in Investment Arbitration. **Leiden Journal of International Law**, 2017. p. 10 – tradução livre.

[316] KRIEBAUM, Ursula. Privatizing Human Rights. *In* REINSCH, August; KRIEBAUM, Ursula (eds.). **The Law of International Relations: Liber Amicorum Hanspeter Neuhold**, 2007.

[317] Sobre este reconhecimento, interessante notar que, no caso Sempra v. Argentina, o tribunal expressamente reconhece que "[t]*his debate raises the complex relationship between investment treaties, emergency and the human rights of both citizens and property owners*". (Caso ICSID n. ARB/02/16, **Sempra Energy International v. Argentina**. Decisão proferida em 28 set 2007. § 322).

3.2.1. Direitos humanos invocados pelo Estado receptor de investimentos

Como se viu (*supra,* item I.1), o SIPI é marcado essencialmente pela normatização de elementos que visam a regular a aplicação de recursos por um *investidor* em um Estado estrangeiro. Esses *investimentos,* por sua vez, são protegidos por uma série de regras que, previstas em tratados, garantem aos investidores segurança e previsibilidade de como seus investimentos serão tratados no território alienígena. Caso o Estado receptor de investimento altere as circunstâncias que serviram como base para o determinado investidor na decisão de aplicar seus recursos e tais alterações impliquem a diminuição do seu patrimônio, poderá este apresentar, perante um tribunal arbitral, um pedido de indenização pelos danos comportados por seu patrimônio.

Apesar de as cláusulas compromissórias estarem previstas no ordenamento internacional desde a década de 1960, foi apenas em meados dos anos 1990 que um investidor recorreu à instauração de uma arbitragem de investimento com base em um tratado de investimento para reivindicar indenização por um alegado dano em razão de medidas implementadas pelo Estado receptor dos investimentos. A partir dali, como se viu (*supra,* item I.5), o número de arbitragens de investimentos aumentou rápida e exponencialmente, sendo, em sua maioria, iniciadas contra países em desenvolvimento. Justamente por isso, o mecanismo de solução de disputas preconizado no SIPI passou a ser condenado, principalmente pelos países importadores de capital por seu viés excessivamente pró-investidor.[318] Embora não represente impactos significativos, posto que a garantia da arbitragem de investimento como sistema de solução de disputas advém dos próprios tratados de investimento, tamanha a irresignação dos países latino-americanos com o sistema ICSID que alguns deles chegaram a denunciar a Convenção de Washington sob alegações de uma suposta

[318] *"International Investment Arbitration has drawn the ire of the developing countries as it is seen as one sided and favouring the investors. Interpretation of contracts by arbitral tribunals vary, but the assumption of developing countries is that tribunals look only into the business aspect of contracts and seldom look into overall picture for which the BIT was signed. This pushes countries to prefer local jurisdiction over international investment arbitration*". (ARAVAMUDHAN, Ulaganathan. International Investment Law and Developing Economies: The Good, Bad and Comme Ci, Comme Ça. **Indian Journal of Arbitration Law, Centre for Advanced Research and Training in Arbitration Law, National Law University**, Jodhpur Volume II Issue 1, 2013. p. 59).

visão enviesada (*biased towards the investor*) dos árbitros, que acabavam sempre decidindo em benefício do investidor (*supra*, item I.5).[319]

Como se viu, esse viés essencialmente em favor dos investidores, que perdurou por algum tempo, decorria de uma anacrônica visão de que o direito internacional seria fragmentado e impunha a análise das questões suscitadas em suas cortes de forma estanque. Essa perspectiva, contudo, começou, recentemente, a ser questionada e desconstruída, uma vez que a *práxis* do direito internacional passou a demonstrar que o sistema internacional deve ser entendido como um emaranhado indivisível de regras de naturezas distintas.

Por esse motivo, gradativamente, e cada vez em maior escala, os árbitros, nas arbitragens de investimentos, passaram a constatar que uma série de circunstâncias endógenas ou exógenas poderiam justificar a implementação de medidas pelo Estado receptor de investimento, as quais não poderiam ser desconsideradas. Dentre tais questões, talvez a principal delas seria, justamente, a relação do SIPI com outros sistemas jurídicos também vigentes no cenário internacional, em especial o SIPDH. Afinal, o objetivo primordial da comunidade humana internacional que se formou após a Segunda Guerra Mundial (1939-1945) é justamente o de proteger os seres humanos.

À luz desse novo contexto do direito internacional, começaram a ser suscitadas nas arbitragens de investimento, por parte dos Estados receptores de investimentos, questões de direitos humanos. Tais questões passaram a ser trazidas para justificar as medidas por eles implementadas (*infra*, III.2.1.i), ou até mesmo para reconvir contra o investidor e pleitear indenização pelos danos causados à sua população (*infra*, III.2.1.ii).

3.2.1.1. Estado se defende em uma arbitragem de investimento alegando o cumprimento da sua obrigação de zelar pelos direitos humanos

Como se viu (*supra*, ver item II.3), o SIPDH não apenas impede os Estados de praticarem atos contrários aos direitos humanos, como também lhes

[319] DINIZ, Lucas. Arbitragem de investimento na América Latina: o retorno da doutrina Calvo? *In* GARCIA, Enrique (coord.); PEREIRA, Wagner: MURIEL, Beatriz (orgs.). **Desenvolvimento e Cooperação na América Latina: A Urgência de uma Estratégia Renovada**. São Paulo: Editora da Universidade de São Paulo, 2020. p. 733-754.

atribui o dever de obstar que violações aos direitos humanos sejam praticadas em seu território. Ou seja, os compromissos internacionais de direitos humanos possuem uma função protetiva dúplice, posto que, ao mesmo tempo que atribuem proibições aos Estados (*efeito negativo*), também os impõem obrigações (*efeito positivo*) de, ativamente, (***i***) coibir e exterminar a prática de qualquer ato que viole os direitos humanos em seu território; e, (***ii***) garantir aos seus cidadãos meios de usufruir e gozar de seus direitos fundamentais.[320]

Esse dever imposto aos Estados de zelar ativamente pela proteção dos direitos humanos em seu território foi justamente o que ensejou que os direitos humanos começassem a ser suscitados no âmbito das arbitragens de investimentos.

Como se observou no primeiro capítulo (*supra*, CAPÍTULO I), os mais de 3.200 (três mil e duzentos) instrumentos que formam o SIPI, além de proibirem a expropriação sem indenização, incumbem aos Estados contratantes o dever de garantir reciprocamente um tratamento justo e equitativo ao investimento estrangeiro e de observar determinados padrões de conduta. Caso haja violação por parte de um dos Estados de alguma dessas garantias ofertadas ao investidor, este poderá pleitear indenização perante um tribunal internacional que será constituído para apreciar a questão.

Por outro lado, como visto no capítulo anterior (*supra*, CAPÍTULO II), o contexto pós Segunda Guerra Mundial (1938-1945) impõe aos Estados, sob a égide transnacional e perante a comunidade internacional, o dever de zelar pela proteção dos direitos humanos em seus territórios. Ora, tratando-se de valores indispensáveis para garantia da própria espécie humana, aqueles direitos fundamentais deveriam ser protegidos pelos Estados pautados na "igualdade e na ponderação dos interesses de todos".[321]

[320] "*Under international human rights law, the state bears obligations which include not only the prohibition of engaging in human rights violations, but also the duty to prevent the infringement of human rights by others. Failure by the host state to protect its citizens may engage its responsibility. It is in this capacity that states have invoked human rights, in particular in cases involving public utilities, yet with little success*". (REINER, Clara; SCHREUER, Christoph. Human Rights and International Investment Arbitration. *In* DUPUY; Patrick; FRANCIONI; PETERSMANN. *In* DUPUY; Patrick; FRANCIONI; PETERSMANN. **Human Rights in International Investment Law and Arbitration**. Oxford: Oxford University Press, 2009. p. 89).

[321] RAMOS, André de Carvalho. **Curso de Direitos Humanos**. 5ª ed. (rev. e atual.) São Paulo: Saraiva, 2018. p. 30.

Logo, embora estivessem adstritos ao cumprimento dos deveres previstos nos tratados de investimento, os Estados receptores de investimentos não poderiam ignorar suas obrigações, assumidas perante a *comunidade internacional*[322], de proteger os direitos humanos em seu território. Com efeito, ainda que preservação da vida humana implicasse a redução dos direitos ofertados aos investidores, os Estados receptores de investimento teriam a obrigação, sob pena de serem responsabilizado perante a *comunidade internacional*, de adotar uma postura ativa na proteção da dignidade da pessoa humana.

A rigor, caso o investidor não concorde com as medidas implementadas ou justificativas apresentadas pelo Estado receptor de investimento para alterar o *status quo*, poderá, como visto (*supra*, item I.2), pleitear indenização perante um tribunal arbitral. Conquanto o investidor tenha esta prerrogativa exclusiva de dar início ao procedimento arbitral, a higidez processual assegurará ao Estado requerido, o direito de se defender e apresentar ao tribunal arbitral as razões que o levaram a implementar aquela determinada medida.

Precisamente nesse sentido, como justificativa para eventuais reduções nos direitos dos investidores, os Estados requeridos passaram a justificar medidas expropriatórias ou que violassem os direitos dos investidores com base no seu dever de proteção aos direitos humanos, trazendo, de forma devida ou em eventuais tentativas de se beneficiar da própria torpeza, questões típicas do SIPDH para as arbitragens de investimento.[323] Neste sentido, explanam Patrick Dumberry and Gabrielle Dumas-Aubin que:

[322] "*At times, there may be situations in which these obligations, in particular when interpreted as positive ones, may be in contradiction with other obligations, which the same state, acting as a host of foreign investments, has been led to accept*". (DUPUY, Pierre-Marie. Unification Rather than Fragmentation of International Law? The Case of International Investment Law and Human Rights Law. *In* DUPUY; Patrick; FRANCIONI; PETERSMANN. **Human Rights in International Investment Law and Arbitration.** Oxford: Oxford University Press, 2009. p. 53).

[323] "*States, when faced with liability for regulations and actions that they took to protect the public, may have no choice but to invoke human rights to defend their acts, particularly when the conduct reflects obligations under human rights treaties. Investors, after encountering state action that crippled their investment, no doubt would feel compelled to use any legitimate argument to give meaning to the protections afforded under investment treaties. And one of those arguments could be a human rights-based claim.*" (KARAMANIAN, Susan. The Place of Human Rights in Investor–State Arbitration. **Lewis & Clark Law Review**, v.17:2, 2013. p. 432).

> *The first possibility is for the host State to raise allegations of human rights violations when acting as respondent in arbitration proceedings. [...] [T]he State could raises human rights arguments to justify its own actions taken against a claimant investor.*[324]

A Argentina talvez tenha sido o primeiro país a suscitar o seu dever universal de proteção aos direitos humanos na esfera das arbitragens de investimento. Na tentativa de superar uma crise econômica que assolava o país[325], em meados de 2001-2002, a Argentina adotou uma série de medidas emergenciais que, segundo muitos investidores, violaram frontalmente os BITs assinados por aquele país e, por isso, deram ensejo a uma série de demandas arbitrais (*infra*, item IV.1). Nessas demandas, o país sustentava, em sua defesa, que as medidas teriam sido adotadas em decorrência da crise socioeconômica que o arruinava, a qual chegava ao cúmulo de privar sua população de acesso à água e gás.

[324] DUMBERRY, Pierre; DUMAS-AUBIN, Gabrielle. When and How Allegations of Human Rights Violations can be raised in Investor-State Arbitration. **The Journal of World Investment & Trade 13**, 2012. p. 362.

[325] *"The factual background of these cases dates back to the early 1990s. At that time, Argentina privatized several of its major government-run industries, such as the gas and water systems. A "cornerstone" of the Argentinean economy was its currency system, known as "convertibility." It kept the value of local currency – the austral, subsequently replaced by the peso – equal to that of the US dollar. It was allowed to use both currencies interchange- ably for any economic activity. This was the reason why millions of people took loans in the US dollars, even though their income was in the local currency. In 2001–2002 Argentina suffered a severe financial crisis. The Argentinean peso lost 40% of its value in just one day. The crisis meant that "by late 2002, over half the Argentine population was living below the poverty line." During the crisis "income per person in dollar terms has shrunk from around $7,000 to just $3,500" (which was mainly caused by a decrease of the exchange rate between the peso and the us dollar). The unemployment rate reached a level of around 25%. The poverty level could have increased even up to 54.3% in the urban population. The economic chaos in Argentina spread to the political sphere. In December 2001 riots took place, which resulted in fatalities. [...] The whole situation led the president to resign and resulted in the collapse of the government. In response to the financial crisis and its severe consequences, Argentina adopted a number of measures. They included: (i) termination of the "convertibility" system; (ii) "pesification" of all financial obligations; (iii) a prohibition on money transfers abroad and restrictions on bank account withdrawals to no more than USD 250 a week ("corralito"); (iv) an alteration of the terms of licenses to operate in previously privatized sectors. All of these measures resulted in a diminishing value of investments undertaken before the crisis. In consequence, many investors decided to seek legal protection. Apart from initiating proceedings before national courts in Argentina and abroad, many investors decided to seek protection guaranteed under BITs."* (BALCERZAK, Filip. **Investor–State Arbitration and Human Rights**. Leiden, Boston: Brill Nijhoff, 2017. pp 24-25).

Apesar de a Argentina não ter logrado êxito e tenha sido condenada em grande parte das demandas em que fora suscitada, é inegável que tais precedentes foram responsáveis por alterar permanentemente a sistemática das arbitragens de investimento. A resistência dos tribunais em enfrentar os argumentos de direitos humanos em casos como *LG&E v. Argentina*[326], *Continental v. Argentina*[327], *Azurix v. Argentina*[328], *CSM Gas v. Argentina*[329] e *Sempra v Argentina*[330] foi sendo superada ao longo dos anos e, hoje, os tribunais tendem a não mais ignorar o impacto do SIPDH no SIPI.[331]

Por fim, ainda sobre tais demandas, é importante notar que em todos esses precedentes mencionados, a Argentina trouxe ao debate questões de direitos humanos sob a justificativa de que circunstâncias completamente aleatórias teriam clamado pela sua intervenção em cumprimento ao seu dever de proteção dos seus indivíduos. Contudo, a implementação de medidas para preservação dos direitos humanos decorrentes de caso fortuito, força maior ou mesmo de conjecturas alheias não foi a única razão que deu ensejo à menção do SIPDH por parte dos Estados no âmbito das arbitragens de investimento.

[326] Caso ICSID n. ARB/02/1, **LG&E Energy Corp., LG&E Capital Corp., and LG&E International, Inc.v. Argentina**. Decisão proferida em 25 jul 2007.

[327] Caso ICSID n. ARB/03/9, **Continental Casualty Company v. Argentina**. Decisão proferida em 5 set 2008.

[328] Caso ICSID n. ARB/01/12, **Azurix Corp. v. Argentina**. Decisão proferida em 14 jul 2006.

[329] Caso ICSID n. ARB/01/8, **CMS Gas Transmission Company v. Argentina**. Decisão proferida em 12 mai 2005.

[330] Caso ICSID n. ARB/02/16, **Sempra Energy International v. Argentina**. Decisão proferida em 28 set 2007. Neste caso, importante ressaltar que o tribunal reconheceu a permeabilidade das normas do SIPDH no SIPI, mencionando, expressamente que: "This debate raises the complex relationship between investment treaties, emergency and the human rights of both citizens and property owners". (*Ibid.*, §332).

[331] "*Such alleged violations are undoubtedly part of the 'big picture' that needs to be assessed by any tribunal. A tribunal should indeed be sensitive to such allegations especially when basic elements of fairness are invoked by the investor itself. In fact, based on the doctrine of 'clean hands', a tribunal could find the investor's claim alleging violation of the fair and equitable treatment inadmissible precisely because of its unacceptable behaviour*". (DUMBERRY, Pierre; DUMAS-AUBIN, Gabrielle. When and How Allegations of Human Rights Violations can be raised in Investor-State Arbitration. **The Journal of World Investment & Trade**, v. 13, 2012. p. 362).

Houve também situações que a implementação de medidas pelo Estado receptor de investimento teve como o propósito coibir a violação de direitos humanos que vinha sendo praticada pelo próprio investidor no exercício de suas atividades. Ou seja, não se trataria de uma situação conjectural, mas de uma medida adotada pelo Estado pontualmente direcionada ao investidor para tolher-lhe direito anteriormente concedido em razão sua postura temerária.

Como a intervenção do Estado ao repreender as violações de direitos humanos perpetradas por investidores implica necessariamente o estreitamento das condições prometidas aos investimentos internacionais, o investidor, recorrendo ao tratado de investimento aplicável, tende a requerer indenizações perante um tribunal arbitral. Os Estados apresentam, então, como justificativa para implementação daquelas medidas as transgressões praticadas pelo investidor.

Aliás, caso o Estado não adote uma determinada postura em prol dos direitos humanos, correrá risco de ser responsabilizado internacionalmente[332]. Afinal, embora exista hoje uma tendência ao reconhecimento da possibilidade de se incumbir o dever de zelar pelos direitos humanos também a entes privados (*infra*, item III.2.1.ii), a obrigação primordial de proteger a dignidade humana recai sobre os entes estatais.

Embora necessária a conduta estatal para impedir a violação de direitos humanos em seu território, seja ela em resposta a fatores externos ou as próprias condutas dos investidores, por muito tempo, os tribunais arbitrais desconsideraram as questões de direitos humanos por entender que tratar-se-iam de questões alheias ao SIPI e, portanto, fora do seu escopo de jurisdição. Contudo, atualmente, parte dos tribunais arbitrais já começou

[332] Neste sentido, ver o caso *The Social and Economic Rights Action Center and the Center for Economic and Social Rights v Nigéria*, em que a Comissão Africana dos Direitos Humanos e dos Povos, além de reconhecer a violação perpetrada pelo consórcio privado, entendeu que a Nigéria deveria ser responsável pela violação dos direitos humanos em seu território no âmbito da Carta Africana de Direitos Humanos e dos Povos. Neste sentido, destacou aquela Comissão que: "*Contrary to its Charter obligations and despite such internationally established principles, the Nigerian Government has given the green light to private actors, and the oil Companies in particular, to devastatingly affect the well-being of the Ogonis. By any measure of standards, its practice falls short of the minimum conduct expected of governments, and therefore, is in violation of Article 21 of the African Charter.*" (The Social and Economic Rights Action Center and the Center for Economic and Social Rights v Nigéria, § 58).

a reconhecer que, a despeito de violar os direitos dos investidores, a implementação de certas medidas pelos Estados receptores de investimento podem ser necessárias para preservar os direitos humanos de sua população. Ou seja, gradativamente, os tribunais começam a entender a necessidade de se ter uma visão holística do direito internacional e a reconhecer os recíprocos reflexos dos sistemas jurídicos internacionais uns nos outros.

Segundo explica Eric de Brabandere, a arguição de questões de direitos humanos no âmbito das arbitragens de investimento pelos Estados deveria ensejar – como aliás vem começando a ocorrer (*infra*, CAPÍTULO IV) – um dos dois efeitos possíveis, que seriam (*i*) a eliminação de quaisquer resquícios de ilegalidade do ato praticado pelo Estado (*doctrine of the clean hands*[333-334]); ou, (*ii*) o condão de minimizar (ou até denegar) a indenização a ser paga ao investidor, mas reconhecendo que houve quebra do padrão de tratamento justo e equitativo. Neste sentido, explica Ursula Kriebaum que

> *In situations where States intervene to rectify what would have otherwise constituted a human rights violation, tribunals have two options in terms of how to approach the situation. The first option involves the 'clean hands' principle* [...] *The second option for a tribunal to approach human rights abuses by an investor is to deny the existence of a violation of substantive standards by the host State.*[335]

[333] Essa doutrina foi detalhada no caso Phoenix Action v. República Tcheca, no qual o tribunal deixou claro que "[t]*o take an extreme example, nobody would suggest that ICSID protection should be granted to investments made in violation of the most fundamental rules of protection of human rights, like investments in pursuance of torture or genocide or in support of slavery or trafficking of human organs.* (Caso ICSID n. ARB/06/5. **Phoenix Action Ltd v República Tcheca**, Decisão proferida em 15 abr 2009. §78).

[334] Sabe-se que há autores que criticam a utilização da doutrina clean hands, posto que "it *is not possible to consider the 'clean hands' theory as an institution of general customary law*". (CRAWFORD, James, **The International Law Commission's Articles on State Responsibility: Introduction, Text and Commentarie**. Reino Unido: Cambridge University. Press, 2002). Contudo, não se pode ignorar que, seja como for, esta regra nunca foi rejeitada pela CIJ e, sem qualquer dúvida, é o principal parâmetro que se existe neste quesito, tratando-se, pelo menos, de um princípio geral de Direito Internacional.

[335] KRIEBAUM, Ursula. Human rights and international Investment law. *In* RADI, Yannick. **Research Handbook on Human Rights and Investment. Research Handbooks in International Law series,** 2018. pp. 13-40.

Logo, como se verificará à luz da jurisprudência atual (*infra*, CAPÍTULO IV), ainda que a passos curtos, os direitos humanos começam a ser aceitos como parte integrante do direito aplicável às arbitragens de investimento, provando que o direito internacional corresponde a um emaranhado indivisível de normas que interagem constantemente entre si no contexto global.

3.2.1.2. Estado apresenta pedidos reconvencionais baseados na violação de normas de direitos humanos por parte do investidor

A aparição de questões de direitos humanos como forma de defesa dos Estados receptores de investimento ante as acusações apresentadas pelos investidores ganhou expressiva magnitude nos últimos anos, demonstrando a impossibilidade de se analisar o SIPI de forma estanque. Mas não foi apenas este o recente avanço alcançado pela *comunidade internacional* sobre este aspecto.

Tamanha a aceitação deste preceito de unicidade do direito internacional que, recentemente, Estados receptores de investimentos não apenas passaram a recorrer ao seu dever de proteção aos direitos humanos para se defender das imputações que lhe foram feitas perante um tribunal arbitral, mas recorreram às normas de direitos humanos para apresentar pedidos contrapostos em decorrência dos danos suportados pela sua população por violações de direitos humanos perpetradas pelo *investidor estrangeiro*.

Conquanto não seja possível, pelo menos à luz do atual cenário do SIPI, que o Estado receptor de investimentos inicie arbitragens em face de atos que violem os direitos humanos de seus nacionais por investidores estrangeiros, visto que o consentimento do investidor com a arbitragem geralmente é manifestado pelo requerimento de arbitragem (*supra*, item I.3), a apresentação de pedidos contrapostos em alguns casos está abarcada, ainda que indiretamente, por alguns tratados de investimento[336].

[336] Neste sentido, Pierre Dumberry e Dumas-Abin identificam que existem três motivos que impendem os Estados receptores de investimento de iniciar as arbitragens "*First, under the vast majority of BITs, arbitral tribunals only have jurisdiction to adjudicate claims brought by investors, and not those submitted by the host State of the investment.* [...] *Second, an arbitral tribunal normally only has jurisdiction to adjudicate disputes originating from alleged breaches of a treaty provision. A good example is NAFTA Art. 1116(1)a): "An investor of a Party may submit to arbitration under this Section a claim that another Party has breached an obligation under [NAFTA]". Thus, in order to bring a claim under a BIT, the respondent State must argue that the investor has breached one of its rights contained in*

O direito de interpor uma reconvenção[337] baseada em direitos humanos repousa na interação entre a existência de uma *base jurisdicional* e de uma *causa de pedir* que se enquadre na jurisdição de um tribunal arbitral. Isto é, a violação das obrigações assumidas pelo investidor estrangeiro deve estar contemplada no objeto daquela arbitragem de investimento.

Apesar de historicamente a responsabilidade pela proteção e pela garantia do respeito às normas de proteção aos direitos humanos recair sobre os Estados, que deveriam se abster de praticar atos contrários ao SIPDH e assegurar que todos aqueles que estivessem em seu território também não o fizessem[338], nos últimos anos, essa noção vem sendo rela-

that treaty. In their present form, BITs are asymmetrical (and imbalanced) insofar as investors are being accorded substantive rights (without being subject to any specifijic obligations) while States only have obligations. In other words, an investor simply cannot breach any rights of the host State under these treaties since no such rights exist. Third, in their present form, BITs do not contain any provisions dealing with substantive human rights obligations or any obligations pertaining to labour or environment standards that must be respected by investors." (DUMBERRY, Pierre; DUMAS-AUBIN, Gabrielle. When and How Allegations of Human Rights Violations can be Raised in Investor-State Arbitration. **The Journal of World Investment & Trade**, v. 12, 2012. pp. 358-359).

337 Embora o presente capítulo trate especificamente de pedidos contrapostos relacionados a direitos humanos, não se pode registrar que já houve homéricos debates sobre a possibilidade de um Estado receptor de investimento apresentar seus pedidos contrapostos ainda que relacionados ao investimento e ao tratado de investimento que embasava a jurisdição daquela determinada arbitragem de investimento. Hoje, essa discussão encontra-se superada, já que, como esclarece Banbaderre, "**[t]*he possibility for host States to bring counterclaims against foreign investors has been accepted since several years,*** *although the precise contours of whether, how and when a counterclaim can be submitted are not yet fully settled, especially when the claim is based on an investment treaty rather than an investment contract. The uncertainty surrounding the conditions under which a counterclaim can be presented, stems also from the fact that investment treaties have traditionally been drafted so as to provide rights to foreign investors and corresponding obligations to States, rather than the opposite and the fact that, until recently, investment treaties do not explicitly provide for the possibility – jurisdictionally – for States to bring counterclaims.* ***The main arbitration rules used in investment arbitration clearly provide for the principled possibility for a tribunal established under such rules to hear counterclaims.***" (BRABANDERE, Eric. Human Rights Counterclaims in Investment Treaty Arbitration. Revue Belge de Droit International, 2018, p. 10 – grifo nosso).

338 Exemplo deste *ratio* pode ser verificado no Pacto Internacional sobre Direitos Civis e Políticos, que prevê que "[o]s Estados Partes do presente pacto **comprometem-se a respeitar e garantir a todos os indivíduos que se achem em seu território e que estejam sujeitos a sua jurisdição os direitos reconhecidos no presente Pacto**, sem discriminação alguma por motivo de raça, cor, sexo. língua, religião, opinião política ou de outra natureza, origem nacional ou social, situação econômica, nascimento ou qualquer condição".

tivamente alterada. Em razão do reconhecimento de entes não estatais como atores de direito internacional (*supra*, item II.2.4), há, hoje, no cenário internacional, uma forte tendência à responsabilização de entes privados pela violação de direitos humanos.

Exemplo dessa tendência pode ser constatado no recente Comentário da Comissão de Direitos Econômicos, Sociais e Culturais, emitido em 10 de agosto de 2017, que reconheceu, ainda que de forma incipiente, a obrigação das entidades comerciais internacionais de respeitar as regras previstas no Pacto Internacional sobre Direitos Civis e Políticos (1966).

Além disso, vários instrumentos de *soft law*, mesmo que sem caráter vinculante, demonstram essa alteração da perspectiva internacionalista sobre a proteção dos direitos humanos. Tal como explicou o Alto Comissariado das Nações Unidas,

> *Voluntary initiatives include codes of conduct, directives, policies, third--party and self reporting initiatives established by individual companies, groups of companies, intergovernmental organizations or civil society groups and adopted by business on a voluntary basis. The Secretary-General's United Nations Global Compact provides an example of a voluntary initiative backed by the United Nations. Intergovernmental voluntary initiatives include the Voluntary Principles on Security and Human Rights for the extractive and energy sectors and the Extractive Industries Transparency Initiative. Non-governmental voluntary initiatives include the Global Sullivan Principles, the Caux Round Table Principles for Business and International Peace Operations Associations Code of Conduct. In the consultation process, individual companies – BASF, BP, Gap, Nexen, Pfijizer, Rio Tinto, Shell, SONOFON, Storebrand and Telefonica – provided information on their voluntary initiatives.*[339]

O principal exemplo desses instrumentos que estabelecem padrões de responsabilidade social corporativa corresponde, hoje, aos recém--adotados Princípios Orientadores sobre Empresas e Direitos Humanos das Nações Unidas ("UNGP", do inglês, *United Nations Guiding Principles*

[339] Relatório do Alto Comissariado das Nações Unidas para os Direitos Humanos sobre as Responsabilidades das Empresas Transnacionais e Empresas Relacionadas com os Direitos Humanos: Relatório da Subcomissão para a Promoção e Proteção dos Direitos Humanos, Comissão de Direitos Humanos, ONU. Doc. E/CN.4/2005/91, 15 de fev 2005, § 7.

on Business and Human Rights) que, seguindo a ideologia proposta por John Ruggie, foram aprovados pelo Conselho de Direitos Humanos da ONU. Esses UNGP, com ampla aceitação na comunidade internacional, asseveraram, de forma transnacional, a noção de que as empresas devem agir com a devida diligência para evitar violações aos direitos de terceiros e causar impactos adversos aos direitos fundamentais.

Além disso, corroborando com a doutrina de responsabilização de entes não estatais por violações de direitos humanos, recentemente, grande parte da comunidade internacional passou a defender, com base no recente conceito do *duty to protect*[340], que as empresas devem se sujeitar às regras de direitos humanos do local onde operam. Caso a empresa não o faça, o governo do Estado em que ela atua não só terá o direito, como o dever, de intervir para coibir eventuais práticas que violem os direitos humanos e poderão, aliás, pleitear danos em tribunais internacionais.

Importante esclarecer que, embora, por muito tempo, tenha se acreditado que o respeito aos direitos humanos seria algo relevante para os investidores internacionais, posto que a adesão a instrumentos internacionais era uma das variáveis consideradas ao decidir pela aplicação dos seus recursos, estudos recentes identificaram que a mera adesão dos Estados receptores de investimento[341] aos instrumentos internacionais de direitos humanos são suficientes para fins de atração de investimentos. Logo, ante o desprezo dos investidores pela efetiva proteção aos direitos humanos, atrelado à inexistência de expressas previsões coercitivas que lhes incumbam o dever de zelar pelo SIPDH, a violação de normas de

[340] **Guiding Principles on Business and Human Rights: Implementing the United Nations 'Protect, Respect and Remedy' Framework"**, Report of the Special Representative of the UN Secretary-General on the issue of human rights and transnational corporations and other business enterprises, John Ruggie, U.N. Doc. A/HRC/17/31 (21 March 2011). O Princípio número 1 prevê que: "States must protect against human rights abuse within their territory and/or jurisdiction by third parties, including business enterprises. This requires taking appropriate steps to prevent, investigate, punish and redress such abuse through effective policies, legislation, regulations and adjudication".

[341] Muitas vezes, embora os Estados assumam o compromisso perante a comunidade internacional, descumprem aqueles instrumentos sob a alegação de que estão cumprindo conforme ótica nacional. A este fenômeno dá-se o nome de "truque do ilusionista". Além disso, por vezes, os Estados assinam os instrumentos, mas sequer o implementam em seu território.

direitos fundamentais por investidores acaba sendo mais frequente do que se pode imaginar.

Como muitos investimentos estrangeiros não designavam a devida atenção ao papel desempenhado à proteção dos direitos fundamentais causando danos a populações de alguns Estados, à luz do *mainstream* que se desenvolvia na esfera internacional, a ideia de responsabilidade social corporativa internacional passou, respeitando os limites jurisdicionais circunscritos pelos tratados de investimento, a ser invocada pelos Estados receptores de investimento no âmbito de diversos procedimentos arbitrais.

Como será demonstrado empiricamente no próximo capítulo (*infra*, item IV.1.3), em casos recentes, como o *Urbaser v. Argentina*[342], o Estado, ao responder às acusações tecidas pelos investidores, recorreu a disposições *cogentes* de direitos humanos para pleitear indenizações por alegadas transgressões de direitos humanos cometidas pelos investidores. Como explica Eric de Brabandere, esses casos não apenas demonstram uma inseparável relação entre as *arbitragens de investimentos* e os *direitos humanos*, como ensejam uma reflexão sobre como garantir a jurisdição de tribunais arbitrais (e admissibilidade do pedido[343]) para solucionar demandas relacionadas aos direitos humanos.

> *Also, recent cases have shown that counterclaims may provide an avenue for host States to bring human rights violations by the foreign investor under the jurisdiction of an arbitral tribunal, an evolution that has not only been visible in the practice of investment tribunals, such as the recent decision of the Arbitral Tribunal* [...]. *These recent examples are perhaps evidence of a broader movement towards the recalibration of investment treaties which have traditionally focused only on the rights of foreign investors. And it is in light of this evolution that one has to see also the coupling of these substantive human rights provisions to the procedural possibility for States to initiate counterclaims against the foreign investors for violations of its (human rights) obligations.*[344]

[342] Caso ICSID n. ARB/07/26, **Urbaser S.A. and Consorcio de Aguas Bilbao Bizkaia, Bilbao Biskaia Ur Partzuergoa v. Repúlbica da Argentina**, Decisão proferida em 8 dez 2016.

[343] DUMBERRY, Pierre; DUMAS-AUBIN, Gabrielle. When and How Allegations of Human Rights Violations can be raised in Investor-State Arbitration. **The Journal of World Investment & Trade 13**, 2012. p. 366.

[344] BRABANDERE, Eric. Human Rights Counterclaims in Investment Treaty Arbitration. **Revue Belge de Droit International,** 2018.

Acontece que, até recentemente, inexistiam nos tratados de investimentos instruções expressas acerca da possibilidade e da jurisdição dos tribunais para apreciação de pedidos reconvencionais, especialmente quando relacionados a direitos humanos. Afinal, como se viu (*supra*, item I.1), todo o arcabouço normativo do SIPI foi construído em benefício do investidor.

O surgimento dos pedidos contrapostos com base no sistema internacional de direitos humanos no âmbito das arbitragens de investimento levou, então, a comunidade internacional a repensar estruturalmente o funcionamento da arbitragem de investimento.[345] Justamente em razão desse novo cenário internacional, deu-se início no SIPI a um movimento que buscava extirpar as incertezas relativas à possibilidade (e necessidade) de se contemplar o SIPDH nas arbitragens de investimento. Como resultado, reconhecendo, de um lado, que a fragmentação do direito internacional seria mera ilusão e de outro a primazia da proteção aos direitos humanos, cláusulas incumbindo aos investidores o dever de não violar obrigações de direitos humanos começaram a ser previstas em tratados de investimento (*infra*, CAPÍTULO V).

Portanto, a aparição dos pedidos contrapostos relacionados às transgressões de direitos humanos no âmbito das arbitragens de investimento, além de ter sido mais um indicativo da necessidade de reforma do SIPI, que deve analisar suas regas à luz do SIPDH no âmbito das arbitragens, demonstra a inequívoca permeabilidade entre o sistema de proteção aos direitos humanos e o SIPI.

3.2.2. Quando os direitos humanos são invocados pelo investidor

Paralelamente, enquanto, a questão dos direitos humanos passava a ser suscitada no âmbito das arbitragens de investimento pelos Estados receptores de investimentos, em outros casos, os próprios investidores começavam a questionar transgressões de seus direitos fundamentais em territórios alienígenas no âmbito das arbitragens de investimento.

[345] "*From a jurisdictional perspective – that is the question whether a tribunal can exercise jurisdiction over a counterclaim in the sense of there being consent to such a possibility –, the main reason to include provisions explicitly authorizing counterclaims is to precisely unambiguously authorize the presentation of counterclaims by the host State and avoid any ambiguity in this respect*". (*Ibid.*, p. 13).

Recentemente, como forma de fundamentar seus pleitos, investidores começaram a recorrer a diretrizes interpretativas próprias do SIPDH e decisões proferidas por cortes de direitos humanos. Contudo, por mais que estas situações demonstrem, ainda que indiretamente um diálogo entre os sistemas, não seriam suficientes para a unicidade do direito internacional.[346] Afinal, tratava-se de aplicação de questões próprias do SIPI.[347] Isto porque algumas questões próprias do SIPDH, a exemplo do direito propriedade, da garantia de acesso à justiça e do direito ao devido processo legal, são elementos que constituem a base desse sistema e estão preconizados nos diversos tratados que o integram.

Entretanto, com o passar dos anos, não apenas aquele grupo de direitos fundamentais que formava a base do SIPI, mas outros direitos humanos completamente alheios ao SIPI – ou pelo menos como se pensava, ante o dogma da fragmentação do direito internacional – começaram, gradativamente, a ser objeto de demandas nas arbitragens de investimento também por parte dos investidores, como se verá seguinte subseção (*infra,* item III.2.2.i).

Aliás, a relevância assumida pelos direitos humanos nas arbitragens de investimento foi tão grande que, ainda que em menor frequência, hoje cogita-se pela possibilidade de o Estado de origem do investidor pleitear ingresso nas arbitragens para demandar indenizações pela infração dos direitos fundamentais de nacionais (*infra,* item III.2.2.ii).

Assim, como se verificará no curso dessa seção, mesmo sob a ótica dos investidores, que constituem os sujeitos de proteção do SIPI, não se pode permitir que os adjudicadores desconsiderem a sistemática e unicidade do

[346] "*The discussion further indicates that arbitral tribunals are more open towards human rights arguments for clarifying principles of procedural fairness (e.g. access to justice, due process of law), legal methodology (e.g. 'proportionality balancing' of investor rights and other competing rights) and as a relevant factual context (e.g. in Veteran Petroleum Limited (Cyprus) v. Russia). Where HRL and IIL reflect common principles, arbitral tribunals are more willing to accept the relevance of HRL. Property rights remain an exception to the risk of neglect of HRL in ISDS, for instance in view of the protection of property rights in regional HRL.*" (KUBE, Vivian; PETERSMANN Ernst-Ulrich. Human rights law in international investment arbitration. **EUI Working Paper Law** 2016/02. Itália: European University Institute Department of Law, p. 19).

[347] Justamente por este motivo, o presente trabalho não dará enfoque a estes casos que a menção a instrumentos do sistema internacional de proteção aos direitos humanos decorreu da mera aplicação de preceitos entabulados nos próprios tratados de investimento.

direito internacional no âmbito das arbitragens de investimento, especialmente quanto as normas de proteção aos direitos humanos.

3.2.2.1. O próprio investidor alega violação aos direitos humanos

Como se viu (*supra*, item I.5), apesar de terem seguido caminhos diametralmente opostos, as arbitragens de investimentos e os direitos humanos possuem a mesma raiz, qual seja: a centralização do indivíduo como sujeito de direito internacional e o reconhecimento de que os Estados não seriam os únicos sujeitos do sistema internacional.

Aliás, não só a base desses sistemas é a mesma, como também a sua essência é evidentemente similar, afinal a posição desfavorável dos indivíduos, principalmente em territórios estrangeiros, guarda certas semelhanças com a dos investidores internacionais. Ou seja, ambos os sistemas foram concebidos com o propósito de garantir a pessoas em situações de desvantagens – sejam elas físicas ou jurídicas – um tratamento justo e equitativo. Neste sentido, defende Pierre-Marrie Dupuy, que

> [a]*s the rights of aliens, including their economic rights linked to property, can to a large extent be perceived as the precursors of human rights, notwithstanding, as already noted, their much narrower basis – that of nationality as opposed to the inherent character of the rights born by individuals – it is no surprise to find not only apparent but also clearly substantial similarities between the two sets of rights, for instance between a number of principles aimed at safeguarding the investor's interests and human rights principles pertaining to international civil and economic rights.*[348]

Para proteger os direitos dos próprios investidores, além de estabelecer uma série de garantias, o SIPI, tal como já se verificava no âmbito do SIPDH[349], concebeu um mecanismo que conferia àquele grupo capaci-

[348] DUPUY, Pierre-Marie. Unification Rather than Fragmentation of International Law? The Case of International Investment Law and Human Rights Law. *In* DUPUY; Patrick; FRANCIONI; PETERSMANN. **Human Rights in International Investment Law and Arbitration.** Oxford: Oxford University Press, 2009. p. 49.

[349] "[O] acesso dos indivíduos aos tribunais internacionais contemporâneos para a proteção de seus direitos (Cortes Européia e Interamericana) revela uma renovação do direito internacional – no sentido de sua já assinalada humanização, – abrindo uma grande brecha na doutrina tradicional do domínio reservado dos Estados (ou competência nacional exclusiva), definitivamente ultrapassada: o indivíduo é elevado a sujeito do Direito Internacional, dotado

dade postulatória para pleitear indenizações por violações aos tratados de investimento perante tribunais arbitrais que seriam constituídos por pessoas de confianças das partes para solucionar aqueles deslindes específicos (*supra*, item I.3).

Tratando-se de um sistema jurídico estabelecido essencialmente para resguardar os direitos dos investidores, como explicam Reiner e Schreuer[350], os padrões de segurança conferidos pelos tratados de investimento foram extremamente minuciosos e, por isso, por muito tempo, os investidores sequer necessitaram de recorrer a outras fontes de direito para pleitear ou comprovar eventuais transgressões aos seus direitos. Isto porque, os próprios instrumentos do SIPI já contemplavam regras de proteção à propriedade, o direito de acesso à justiça[351] e a um julgamento

de capacidade processual. [...] Perante os tribunais internacionais, o ser humano se defronta consigo mesmo, para proteger-se da arbitrariedade estatal, sendo protegido pelas regras do Direito Internacional. Em última análise, todo o Direito existe para o ser humano, e o direito das gentes não faz exceção a isto, garantindo ao indivíduo seus direitos e o respeito de sua personalidade. [...] Esta evolução se desencadeou na era das Nações Unidas, com a adoção do sistema de petições individuais sob alguns dos tratados contemporâneos de direitos humanos de caráter universal, e sobretudo no plano regional, sob as Convenções Européia e Americana sobre Direitos Humanos, que estabeleceram tribunais internacionais (as Cortes Européia e Interamericana, respectivamente) de direitos humanos. O direito de petição individual, mediante o qual é assegurado ao indivíduo o acesso direto à justiça em nível internacional, é uma conquista definitiva do Direito Internacional dos Direitos Humanos." (CANÇADO TRINDADE, Antonio. Desafios e Conquistas do Direito Internacional dos Direitos Humanos no início do Século XXI. *In* CACHAPUZ DE MEDEIROS, Antônio Paulo (org.), **Desafios do Direito Internacional contemporâneo**. Brasília: Fundação Alexandre Gusmão, 2007. pp. 459 e 462).

350 REINER, Clara; SCHREUER, Christoph. Human Rights and International Investment Arbitration. *In* DUPUY; Patrick; FRANCIONI; PETERSMANN. *In* DUPUY; Patrick; FRANCIONI; PETERSMANN. **Human Rights in International Investment Law and Arbitration.** Oxford: Oxford University Press, 2009.

351 Sobre o acesso a justiça, importante compreender que não se trata de oferecer um foro para resolver litígios, mas oferecer efetivamente o acesso à justice. Neste sentido, explicou o prof. Greenwood, no caso *Loewen Group*, reconhecendo a permeabilidade entre o arcabouço normativo do SIPI e o SIPDH, que, "[d]*enial of justice" has sometimes been used to denote denial of access to a court (and some writers have insisted that this is its only meaning) and at other times to refer to what might be termed denial of due process once the judicial process has been started. In my opinion, whatever the position might once have been, modem customary international law imposes duties on States in both respects. They are, however, different aspects of the same obligation, namely to maintain and make available to aliens, a fair and effective system of justice.*" (Caso ICSID n. ARB (AF) 98/3 (NAFTA),

imparcial, justo e equitativo, e diversas outras prerrogativas comuns entre o SIPI e o SIPDH.

Entretanto, ainda que não fosse tão frequente, não havia óbice que instrumentos normativos de direitos humanos fossem suscitados pelos investidores para pleitear suas demandas perante tribunais arbitrais. Por este motivo, buscando convencer os tribunais arbitrais e embasar seus pleitos naqueles procedimentos, os investidores começaram a trazer elementos do SIPDH para embasar seus argumentos relativos aos preceitos dos tratados de investimento. A título exemplificativo, pode-se mencionar o caso *Al-Warraq v. Indonésia*[352], em que o investidor recorreu à DUDH, ao Pacto Internacional sobre Direitos Civis e Políticos, às Convenções europeia, interamericana e africana de direitos humanos para respaldar diversos dos seus direitos, o caso *Toto v. Líbano*[353] e diversos outros.

Fosse pela menção às prescrições e proscrições dos tratados de direitos humanos, fosse recorrendo às jurisprudências das diversas cortes internacionais de direitos humanos, fosse pela referência aos princípios elementares de direitos fundamentais, os argumentos típicos do SIPDH passaram, cada vez em maior escala, a ser levantados pelos investidores em seu favor no âmbito das arbitragens de investimento.[354] Neste sentido, reconhecendo a permeabilidade do SIPDH e do SIPI, Pierre-Marie Dupuy explica que:

> *In the same case* [caso Lowen], *the tribunal noted that the positive obligation bearing on the host state under international law is 'to provide a fair trial of a case to which a foreigner is a party'. Interestingly enough, this 'positive obligation' does indeed correspond, within the human rights legal framework, to that of the states parties to the International Covenant on Civil and Political Rights under Article 14. Furthermore,*

Loewen Group Inc and Raymond Loewen v. EUA. Decisão proferida 26 jun em 2003. Voto dissidente do Professor Ch. Greenwood, § 79).

352 *Ad hoc* (UNCITRAL), **Hesham T. M. Al Warraq v. Indonésia.** Decisão proferida em 15 dez 2014.

353 Caso ICSID n. ARB/07/12, **Toto Costruzioni Generali S.p.A. v. Líbano.** Decisão proferida em 7 jun 2012.

354 "[I]*n some cases, the investor may inject human rights arguments to support its position. In this situation, a conscientious tribunal has no choice but to focus on the human rights issues.*" (KARAMANIAN, Susan L. The Place of Human Rights in Investor – State Arbitration. **Lewis & Clark Law Review**, 2013. p. 430-431).

> *foreigners are not to be considered only as such. They may and must at the same time be considered as human beings endowed with the same right to a fair trial.*[355]

Contudo, não bastasse essa comprovação indireta da permeabilidade dos *sistemas* por parte dos investidores, que viram a necessidade de trazer elementos do SIPDH para as arbitragens de investimento, a despeito de existirem normas próprias no SIPI para resguardar seus direitos, com o passar dos anos, outras questões *de direitos humanos* passaram a ser tratadas no âmbito do SIPI.

Como será tratado no próximo capítulo (*infra*, item IV.2), casos como *Biloune v Gana*[356], *Farouk Bozbey v. Turcomenistão*[357], *Mykhailenko v. Belarus*[358] levaram os tribunais a enfrentar questões que decorriam de violações substanciais de direitos humanos não contemplados nos tratados de investimento, como o direito a liberdade de ir e vir, direitos civis e políticos e diversos outros. Ou seja, não apenas para fortalecer os argumentos de violações aos *direitos humanos* garantidos, de certa forma, no âmbito do SIPI aos investidores, mas também para clamar indenizações por violações de normas essencialmente típicas de *direitos humanos*, isto é, sem quaisquer instruções normativas no SIPI, o SIPDH passou a se mostrar extremamente relevante no âmbito dos conflitos relativos aos investimentos internacionais.

Mesmo sob a perspectiva dos investidores, a estrutura legal de direitos humanos pode, sob óticas distintas, ser responsável por lhes garantir uma significativa redução nos impactos das arbitrariedades eventualmente perpetradas por Estados receptores de investimentos.

[355] DUPUY, Pierre-Marie. Unification Rather than Fragmentation of International Law? The Case of International Investment Law and Human Rights Law. *In* DUPUY; Patrick; FRANCIONI; PETERSMANN. **Human Rights in International Investment Law and Arbitration.** Oxford: Oxford University Press, 2009. p. 51.

[356] *Ad hoc*, **Biloune e Marine Drive Complex Ltd v Ghana Investments Centre e Governo de Gana,** Decisão proferida em 27 out 1989.

[357] *Ad hoc* (UNCITRAL), **Farouk Bozbey v. Turcomenistão.** Procedimento Descontinuiado (v. nota 359, *infra*).

[358] O caso não foi formalmente iniciado e pende o pagamento das custas, que, segundo informações disponíveis, aguarda análise de um terceiro financiador. No entanto, a notificação de intenções, apresentada em 23 de agosto de 2013, está disponível ao público.

Logo, novamente, mas sob outra acepção, evidencia-se que não é possível dissociar a proteção aos direitos humanos do SIPI.

3.2.2.2. Estado de origem do Investidor ingressa no procedimento para levantar questões de direitos humanos

Por outro lado, ainda que se tenha hoje uma tendência à consideração da responsabilidade corporativa internacional no que tange a normas de direitos humanos, como se viu em seção anterior (*supra*, item III.2.1.ii), o SIPDH impõe exclusivamente aos Estados, pelo menos atualmente, a responsabilização por eventuais transgressões às normas de direitos humanos.[359]

Logo, assumindo a responsabilidade ativa que lhes é atribuída na esfera internacional, é possível pensar em hipóteses[360] que o Estado de origem do investidor, até para que não seja acusado de falha na prestação de tutela jurisdicional aos seus nacionais, tenha interesse em intervir no procedimento arbitral para suscitar violação de direitos humanos de seus nacionais perante um tribunal arbitral.[361]

A participação do Estado de origem do investidor dependerá da amplitude conferida ao tribunal arbitral pelo regulamento aplicável ou pelo BIT ou tratado multilateral em questão, apesar de ser bastante raro que os tratados de investimento aventem tal possibilidade.[362] Contudo, caso exista tal prerrogativa, o Estado buscará ingressar nos procedimentos

[359] DUPUY, Pierre-Marie. Unification Rather than Fragmentation of International Law? The Case of International Investment Law and Human Rights Law. *In* DUPUY; Patrick; FRANCIONI; PETERSMANN. **Human Rights in International Investment Law and Arbitration.** Oxford: Oxford University Press, 2009. p. 51.

[360] A baixa frequência desse tipo de demandas explica-se pela própria natureza do sistema de arbitragens de investimento, que visa justamente a garantir aos entes não estatais a capacidade postulatória de apresentar suas próprias demandas. Contudo, há possibilidade de o investidor apresentar demandas relativas ao seu investimento, mas ignorar prejuízos causados pelo Estado receptor de investimento aos direitos humanos dos nacionais do seu Estado de origem.

[361] DUMBERRY, Pierre; DUMAS-AUBIN, Gabrielle. When and How Allegations of Human Rights Violations can be raised in Investor-State Arbitration. **The Journal of World Investment & Trade 13**, 2012. p. 354.

[362] "*It is true that BITs rarely deal with the issue of home State's right to intervene. One notable exception is in the context of NAFTA, wherein Article 1128 expressly allows interventions by non-disputing States (including the home State) on questions of interpretation. It has been argued that such a right to intervene implicitly exists, even when the BIT is silent on the Issue*". (DUMBERRY, Pierre; DUMAS-AUBIN,

arbitrais, normalmente, com o propósito de defender os interesses de seus investidores e de seus nacionais de uma forma geral.

Apesar disso, é interessante ressaltar que não necessariamente essa manifestação será em prol dos investidores. Como apontam Pierre Dumberry e Gabrielle Dumas-Aubin, é possível pensar em casos que o vazamento de informações sobre a prática de violações aos direitos humanos por parte do investidor possa desencadear, no seu Estado de origem, o *animus* de se defender perante o tribunal arbitral apenas com o propósito de provar para o sistema internacional que aquele Estado não corrobora com a prática de atos contrários ao sistema de proteção aos direitos humanos.

> *One situation would be when the host State of the investment has decided to turn a blind eye over flagrant and very serious human rights abuses committed against local populations. Another situation would be when the host State is actually complicit in the commission of these crimes. In these two situations, the home State may have an interest to bring forward to the tribunal these serious allegations which would otherwise, in all likelihood, remain unaddressed. In fact, the more appalling the human rights abuses and the more publicity these acts of violence are received from the media, the more likely a government is to intervene.* [363]

Portanto, cogitar-se, ainda que em teoria, a intervenção do Estado de origem do investidor nas arbitragens de investimento com o objetivo de zelar pela preservação de direitos humanos demonstra que o sistema de proteção aos investimentos está intrinsecamente relacionado com o sistema de proteção dos direitos humanos.

3.2.3. *Amicus Curiae* e as questões de Direitos Humanos

Finalmente, como se vem constatando nas arbitragens de investimento, não só as próprias partes litigantes vêm levando questões de direitos humanos ao conhecimento dos tribunais arbitrais, como também terceiros, que sequer fazem parte daquela demanda privada, vêm buscando garantir o

Gabrielle. When and How Allegations of Human Rights Violations can be Raised in Investor-State Arbitration. **The Journal of World Investment & Trade 13**, 2012. p. 368).

[363] DUMBERRY, Pierre; DUMAS-AUBIN, Gabrielle. When and How Allegations of Human Rights Violations can be Raised in Investor-State Arbitration. **The Journal of World Investment & Trade 13**, 2012. p. 369.

respeito aos direitos humanos por meio do ingresso nos procedimentos arbitrais na condição de *amicus curiae*.

Amicus curiae é uma expressão em latim frequentemente empregada no direito internacional e na órbita de diversos sistemas jurídicos que significa literalmente amigo da corte. Trata-se de um terceiro, que não tem interesse concreto na controvérsia, mas que participa do procedimento de resolução da disputa fornecendo subsídios para que o tribunal arbitral alcance sua decisão sobre um determinado assunto. Neste sentido, define Maciej Zachariasiewicz que:

> *By 'amicus curiae' one should understand a non-disputing party, literally a 'friend of the court', who is likely to assist the tribunal in arriving at its decision, but who is not a party to the proceedings. As explained by the tribunal in the Suez amicus order: 'the traditional role of an amicus in an adversary proceedings is to help the decision maker arrive at its decision by providing the decision-maker with arguments, perspectives, and expertise that the litigating parties may not provide.*[364]

No direito internacional privado, os pedidos de *amici curiae* tiveram sua origem no âmbito da OMC, que, após ser instada a responder um pedido de *amicus curiae*, definiu, ainda durante os idos da década de 90[365], que

[364] ZACHARIASIEWICZ, Maciej. Amicus Curiae in International Investment Arbitration: Can It Enhance the Transparency of Investment Dispute Resolution? **Journal of International Arbitration**, v. 29, n.2. Holanda: Kluwer Law International, 2012.

[365] "*In the present context, authority to seek information is not properly equated with a prohibition on accepting information which has been submitted without having been requested by a panel. A panel has the discretionary authority either to accept and consider or to reject information and advice submitted to it, whether requested by a panel or not. The fact that a panel may motu proprio have initiated the request for information does not, by itself, bind the panel to accept and consider the information which is actually submitted. The amplitude of the authority vested in panels to shape the processes of fact-finding and legal interpretation makes clear that a panel will not be deluged, as it were, with non-requested material, unless that panel allows itself to be so deluged. [...]. We find, and so hold, that the Panel erred in its legal interpretation that accepting non-requested information from non-governmental sources is incompatible with the provisions of the DSU. At the same time, we consider that the Panel acted within the scope of its authority under Articles 12 and 13 of the DSU in allowing any party to the dispute to attach the briefs by non-governmental organizations, or any portion thereof, to its own submissions.*" (ORGANIZAÇÃO MUNDIAL DO COMÉRCIO. *Shrimp-Turtles*. Órgão de Apelação da Organização Mundial do Comércio. Disponível em: <https://www.wto.org/english/tratop_e/dispu_e/cases_e/ds58_e.htm>). Acesso em 4 julho de 2019).

inexistiria qualquer óbice ao recebimento de manifestações de terceiros que não tivessem interesses subjetivos diretos no deslinde do feito, desde que cumpridos alguns requisitos.[366]

Como não poderia ser diferente, pouco tempo depois, com o desenvolvimento dos tratados de investimento e o forte caráter do direito internacional público típico do SIPI, as solicitações de *amicus curiae* começaram a surgir, também, nas arbitragens de investimentos.

A sociedade civil, representada principalmente por organizações não governamentais, passou a insistir, em diversos procedimentos, que os tribunais arbitrais admitissem a manifestação de terceiros não litigantes na condição de *amici curiae*. O primeiro desses casos em que um terceiro não litigante solicitou ingresso em uma arbitragem e teve seu pleito de ingresso efetivamente deferido pelo tribunal foi o caso *Methanex v. EUA*[367]. Cedendo a essa pressão social, o recebimento de *amicus curiae* foi se tornando cada vez mais frequente nas arbitragens de investimentos. Diversos casos, posteriormente, admitiram pedidos de *amicus curiae*, como *Aguas Argentinas v. Argentina*[368], *Aguas Proviciales v. Argentina*[369], *Biwater Gauff v. Tanzania*[370], *Glamis Gold v. EUA*[371], e outros.

Aliás, os pedidos de *amici curiae* tornaram-se tão frequentes nas arbitragens de investimento, que os próprios tratados de investimento, principalmente aqueles assinados após a manifestação da *Federal Trade Commission* no contexto do NAFTA, passaram contemplar expressamente a possibilidade de terceiros não litigantes atuarem como *amicus curiae* caso o tribunal estivesse de acordo.[372]. Regulamentos de arbitragem também

[366] "*The WTO has well-established practice on the participation of non-disputing parties in their dispute settlement process. The reason is clear because of the close bonding between economic interest and the public interest.*" (SARAVANAN; SUBRAMANIAN. The Participation of Amicus Curiae in Investment Treaty Arbitration. **Journal of Civil & Legal Sciences**, Vol. 5, Issue 4, 2016).

[367] *Ad hoc* (UNCITRAL), **Methanex v EUA** (NAFTA). Decisão proferida em 3 ago 2005.

[368] Caso ICSID n. ARB/03/19, **Aguas Argentinas, Suez, Sociedad General de Aguas de Barcelona S.A., e Vivendi Universal S.A. v. Argentina**, Decisão proferida em 9 abr 2015.

[369] *Ibid.*

[370] Caso ICSID n. ARB/05/22, **Biwater Gauff (Tanzania) Ltd. v. Tanzânia**, Decisão proferida em 24 jul 2008.

[371] *Ad hoc* (UNCITRAL), **Glamis Gold, Ltd. v. EUA** (NAFTA), Decisão proferida em 8 jun 2009.

[372] Ver, por exemplo, o Art. 20(3) do Tratado de Libre Comercio entre a República Dominicana – América Central e EUA (DR-CAFTA). Disponível em <https://tinyurl.com/

foram aditados com o propósito de contemplar, de forma expressa, a possibilidade de admissão daqueles *amicus curiae* nas arbitragens de investimento[373].

Acontece que, mesmo nos casos em que o regulamento aplicável ou o tratado de investimento autorizava expressamente o ingresso de terceiros não litigantes nas arbitragens de investimento, inexistia qualquer norma ou critério objetivo que previa sob quais circunstâncias os *amici curiae* poderiam ou não ser recepcionados.

Justamente por este motivo, comprovando a forte tendência à integração e à uniformização do direito internacional, os tribunais arbitrais passaram a recorrer à jurisprudência de outras cortes internacionais para determinar se receberiam ou não aqueles pedidos de *amicus curiae*. Várias decisões arbitrais sobre a admissão de *amicus curiae* mencionaram, por exemplo, os emblemáticos e minuciosos casos da OMC que trataram especificamente dos requisitos para a admissão de *amicus curiae*, demonstrando, aliás, a permeabilidade dos sistemas jurídicos internacionais.[374]

Assim, paulatinamente, em razão da tendência que se observava em outras cortes, os tribunais arbitrais passaram a pautar suas decisões sobre *amicus curiae* na (*i*) sua efetiva contribuição para o deslinde do feito, e; (*ii*) na sensibilidade da questão em disputa para o interesse público ou para os direitos humanos.

> *There are two sets of requisites for submission of amicus briefs. The first is intrinsic to the arbitral process: arbitrators must find themselves empowered to accept amicus submissions, and then must exercise that power to accept amicus submissions. The second is extrinsic to the arbitral process: there must be amici (consumer groups, environmental groups or others) with a vital interest in the subject matter and with the energy and financing to mobilise themselves to submit amicus briefs.*[375]

y4mkmlfx>. Acesso em 25 out 2020.

373 Ver, por exemplo, as Regras de Arbitragem do ICSID, Regra 37 (2).

374 Como exemplo desses casos da OMC, pode-se citar: Estados Unidos–Camarones (*USA–Shrimp*); CE–Amianto (*European Communities-Asbestos*); Estados Unidos–Plomo y bismuto II (*USA–Lead and Bismuth II*); CE–Sardinas (*European Communities–Trade Description of Sardines*).

375 FRIEDLAND, Paul. The Amicus Role in International Arbitration. In LEW, Julian; MISTELIS, Loukas (Eds). **Pervasive Problems in International Arbitration**, International Arbitration Law Library, Volume 15, 2006. p. 321.

Com efeito, como se verificará com base nos casos trazidos no próximo capítulo (*infra*, item IV.3), a participação dessas organizações não governamentais no âmbito das arbitragens de investimento, passou a levar ao conhecimento dos tribunais arbitrais, questões específicas sobre a proteção aos direitos humanos. Como bem resumiu Eric de Brabandere,

> *In general, the increased acceptance in international dispute settlement of the participation of NGOs as amici curiae can be hailed as 'permitt[ing] the emergence in international law of the idea of civil society as an important participant in the resolution of investment disputes'. NGO submissions are important to bring human rights considerations to the attention of the tribunal. NGO participation in such procedures has generally been supported in scholarship as an enhancement of the transparency in international economic dispute settlement.*[376]

Neste mesmo sentido, defende Jan Kleinheisterkamp que:

> *Disputes involving matters in which Union laws and policies may have a keen interest are thereby reserved to arbitrators, who may not feel compelled to give due consideration to those Union interests. It is therefore understandable that the Commission has requested in a number of investment arbitrations to be heard as an amicus curiae. Accordingly, the Commission emphasises in its proposal the need to allow its participation in those procedures and attempts to obtain a commitment from member states to take all necessary measures.*[377]

Mesmo quando ambas as partes, Estado e investidor, são cúmplices em ignorar as implicações de direitos humanos da atividade de investimento e centralizam suas disputas essencialmente no âmbito comercial, pode haver margem processual para que terceiros apresentem ao tribunal

[376] BRABANDERE, Eric. Human Rights Considerations in International Investment Arbitration. *In:* FITZMAURICE; MERKOURIS (eds.). **The Interpretation and Application of the European Convention of Human Rights: Legal and Practical Implications**. Leiden/Boston: Martinus Nijhoff Publishers, 2012. pp. 24-25.

[377] KLEINHEISTERKAMP, Jan. The Future of The BITs of European Member States After Lisbon. **ASA Bulletin, Association Suisse de l'arbitrage**, V. 29 Issue 1. Holanda: Kluwer Law International, 2011. pp. 212-223.

arbitral fatos e argumentos referentes a direitos humanos. É o caso, por exemplo, quando entidades que lutam pela preservação do meio ambiente, mesmo sem o *animus* de amparo a qualquer uma das partes, ingressam com pedidos de *amicus curiae* no âmbito de suas missões institucionais de proteger o ambiente.

Além da já mencionada rara hipótese de o Estado de origem do investidor solicitar sua atuação ativa no procedimento arbitral para suscitar violação de direitos humanos (*supra*, item III.2.2.ii), existe também a possibilidade de que aquele Estado pleiteie sua atuação como *amicus curiae*, sem intervir efetivamente na arbitragem.

Logo, seja na representação de direitos amplamente coletivos[378], seja na defesa do direito de um grupo minoritário específico que pode ser afetado pela decisão do tribunal arbitral[379], os *amici curiae* vêm representando uma importante fonte de proteção dos direitos humanos no âmbito das arbitragens de investimento. A ampla admissão de *amici curiae*, além de mais uma vez comprovar que a análise do direito internacional nas arbitragens de investimento não pode ser feita de forma estanque, demonstra que os tribunais arbitrais estão, propositalmente ou não, respondendo às críticas relacionadas à falta transparência dos procedimentos de arbitragem de investimento (*supra*, item I.5). Cada vez em maior escala, a intervenção da sociedade civil vem sendo admitida nesse mecanismo de solução de disputa, sempre com o propósito de garantir a máxima proteção aos direitos fundamentais.

3.2.4. Quando os direitos humanos são invocados por iniciativa dos árbitros

Por fim, a permeabilidade entre o SIPDH e o SIPI vem também sendo constatada nas arbitragens de investimentos por iniciativa dos próprios árbitros. Nos dias atuais, é relativamente comum que os tribunais arbitrais mencionem *ex officio* tratados e normas de direitos humanos e

[378] Caso ICSID n. ARB/03/19, **Aguas Argentinas, Suez, Sociedad General de Aguas de Barcelona S.A., e Vivendi Universal S.A. v. Argentina**, Decisão proferida em 9 abr 2015.

[379] *Ad hoc* (UNCITRAL), **Glamis Gold, Ltd. v. EUA** (NAFTA), Decisão sobre a petição de *amicus curiae* do grupo *Quechan Indian Nation* de 19 de setembro de 2005.

principalmente precedentes dessas cortes como fundamentos ou diretrizes interpretativas em suas decisões.[380]

O recurso dos tribunais arbitrais nas arbitragens de investimentos a preceitos típicos do SIPDH não ocorre, a rigor, para aplicá-los efetivamente às sentenças arbitrais, mas para que sirvam como diretrizes (*i*) ao determinar as regras aplicáveis ao mérito; (*ii*) ao determinar regras procedimentais; e (*iii*) ao sopesar questões relativas aos supostos conflitos entre direitos humanos e lei de investimento internacional.[381]

Em *primeiro lugar*, no que tange à definição das regras aplicáveis ao mérito da controvérsia, alguns tribunais em arbitragens de investimentos recorrem a decisões proferidas no âmbito das cortes de direitos humanos, normalmente, com o propósito de compreender o conteúdo de algumas disposições normativas, tais como expropriação, conceito extremamente interligado à noção de propriedade privada, avaliação de danos, custos de alocação e diversos outros. Exatamente neste sentido, no caso *Saipem v. Bangladesh*[382], o tribunal invocou precedente da Corte Europeia de Direitos Humanos ("Corte Europeia de DH") para definir expropriação e analisar sua ocorrência no caso concreto.[383] Em outro caso, *Mondev v. EUA*[384], de forma ainda mais interessante e significativa para demonstrar a unicidade do direito internacional, o tribunal arbitral, mesmo ciente que nenhuma das partes integrava a União Europeia ("UE"), recorreu a precedentes da

[380] Neste sentido, ver: Caso ICSID n. ARB/05/07, **Saipem SpA v. Bangladesh**, 2009, Decisão de Jurisdição Recomendações sobre medida cautelar de 21 de março de 2007, §§ 130, 132.

[381] FRY, James D. International Human Rights Law in Investment Arbitration: Evidence of International Law's Unity. **Duke Journal of Comparative & International Law**. V. 18, nº 1. Nova Iorque: DJCIL, 2007.

[382] Caso ICSID n. ARB/05/07, **Saipem S.p.A. v. Bangadlesh**, Decisão de 30 jun de 2009.

[383] Da mesma forma, o tribunal arbitral, no caso Lauder v. República Tcheca, defendendo que "[BITs] *generally do not define the term of expropriation and nationalization, or any of the other terms denoting similar measures of forced dispossession ('dispossession', 'taking', 'deprivation', or 'privation')* [...]" recorreu ao caso da Corte Europeia de DH *Mellacher e outros v. Austria* para obter uma definição precisa dos diferentes tipos de expropriação concluindo que "[...] a 'formal' expropriation is a measure aimed at a 'transfer of property', while a 'de facto' expropriation occurs when a State deprives the owner of his 'right to use, let or sell (his) property". (*Ad hoc* (UNCITRAL). **Ronald S. Lauder v. República Tcheca**. Decisão proferida em 3 set 2001, § 200).

[384] Caso ICSID n. ARB(AF)/99/2. **Mondev International Ltd. v. EUA** (NAFTA), Decisão proferida em 11 set 2002.

Corte Europeia de DH para fins de análise da possibilidade de retroação da lei penal[385], além de ter recorrido a julgados da CIJ (especificamente, o emblemático caso ELSI[386]).

Além disso, houve casos que os tribunais de arbitragem de investimento recorreram à jurisprudência de cortes de direitos humanos com o propósito de verificar padrões e princípios interpretativos, como minuciosamente explicado por Thomas Wälde em seu voto dissidente no caso *Thunderbird Gaming Corp. v. México*[387] ao mencionar que

> [l]*a práctica judicial más similar a la del arbitraje entre inversionistas y Estados, basado en tratados, es el recurso judicial de que disponen las personas físicas contra los Estados, en el marco de la Convención Europea de Derechos Humanos; también en este caso, los Estados deben sufragar sus propios gastos de asistencia letrada, aunque ganen.*[388]

Em *segundo lugar,* tribunais mencionaram normas e jurisprudência de direitos humanos para determinar o conteúdo das regras procedimentais, como a avaliação dos seus poderes para recepcionar *amicus curiae* (*supra*, item III.2.3, e *infra*, item IV.3) ou até para assegurar o devido curso do procedimento arbitral tomando como paradigma o que é feito por cortes de direitos humanos.

Em *terceiro lugar*, tribunais vêm recorrendo a fontes de direitos humanos para analisar as medidas implementadas pelos Estados à luz do direito fundamental tutelado, ou seja, para se estabelecer um padrão de proporcionalidade entre a medida implementada pelo Estado receptor do investimento e o interesse público. Trata-se, como se viu, da aplicação

[385] "*The European Court of Human Rights has given some guidance on this question under Article 7 of the European Convention in the context of criminal proceedings, where the effect of a new judicial decision is to impose a criminal liability which did not, or arguably did not, exist when the crime was committed. If there is any analogy at all, it is much fainter in civil cases.75 Assuming, for the sake of argument, that standards of this kind might be applicable under Article 1105(1), in the Tribunal's view there was no contravention of any such standards in the present case*". (*Ibid.*, § 138).

[386] CIJ. Elettronica Sicula S.P.A. (ELSI) (EUA v. Itália), 1989.

[387] *Ad hoc* (UNCITRAL), **Thunderbird Gaming Corp. v. México**, Voto dissidente proferido por Thomas W. Wälde, 1 dez 2005.

[388] *Ibid.*, § 137.

do *princípio da proporcionalidade*[389] para verificação da legitimidade e do equilíbrio da intervenção estatal no direito dos investidores face às questões de *direitos humanos.*[390] Ou seja, os adjudicadores utilizam o teste da proporcionalidade, típico do SIPDH, para sopesar a proporção entre as medidas adotadas pelos Estados receptores de investimento face à necessidade de atenção aos direitos humanos. Tomando como exemplo o caso *Tecmed v. México*[391], que será melhor analisado no próximo capítulo (*infra*, item IV.4.1), o tribunal, entendendo que deveria recorrer às fontes previstas no art. 38 do Estatuto da CIJ, valeu-se de precedentes da Corte Europeia de DH para avaliar a existência de uma desapropriação indireta, a *proporcionalidade* da medida e a suposta diferenciação entre tratamento de nacionais e não nacionais.

Logo, percebe-se que, ainda de forma incipiente, os próprios árbitros nas arbitragens de investimentos já vêm começando a reconhecer a necessidade de se entender o direito internacional como um sistema uno em que os diversos sistemas que o permeiam se entrelaçam e se completam. Afinal, mesmo sem ser instado a fazê-lo, alguns árbitros já vêm recorrendo a instrumentos típicos das cortes de direitos humanos como fonte de direito, mostrando que não existem barreiras para a sua aplicação nas arbitragens de investimento. Na verdade, muito pelo contrário, seguindo a necessária visão holística típica do direito internacional, aqueles instrumentos do SIPDH são imprescindíveis para manutenção do SIPI e da arbitragem de investimentos.

Por fim, recorrendo novamente ao importante estudo realizado por Silvia Steininger[392], chama-se a atenção para o quadro abaixo reproduzido,

[389] Segundo Flávia Piovesan, o princípio da proporcionalidade congrega três dimensões, sendo qestas a adequação, a necessidade; e, a proporcionalidade estrita – da qual resulta, de um lado, a proibição do excesso e, do outro, a proibição da insuficiência. (Ver: PIOVESAN, Flávia. **Direitos humanos e justiça internacional: um estudo comparativo dos sistemas regionais europeu, interamericano e africano**. 5. ed. rev., ampl. e atual. São Paulo: Saraiva, 2014. p. 225).

[390] RAMOS, André de Carvalho. **Curso de Direitos Humanos**. 5ª ed. (rev. e atual.) São Paulo: Saraiva, 2018. p. 120.

[391] Caso ICSID (ARB) AF/00/2. **Técnicas Medioambientales Tecmed v. México**. Decisão proferida em 29 mai 2003. § 122.

[392] STEININGER, Silvia. What's Human Rights Got to Do with It? An Empirical Analysis of Human Rights References in Investment Arbitration. **Leiden Journal of International Law**, 2017. p. 7.

que demonstra o número de vezes que os tribunais arbitrais mencionaram expressamente instrumentos de direitos humanos nas 46 (quarenta e seis) sentenças analisadas em seu trabalho, categorizando-os entre diplomas globais, regionais ou locais (i.e., instrumentos nacionais de direito interno)[393]:

Tabela 2 – **Tipo de referências por instrumento de DH**[394]

Tabela 2: Tipo de Referência por Instrumento de DH

Instrumento de DH	Global	Regional	Local
Nº de referências	11	47	5

[393] Importante destacar que Silvia Steininger não indica se a iniciativa de mencionar os instrumentos de direitos humanos partiu do próprio tribunal ou decorreu de provocação das partes. De qualquer forma, para fins do presente trabalho, o referido quadro é extremamente útil para demonstrar que, cada vez com maior frequência, os tribunais vem reconhecendo o impacto das normas do SIPDH no SIPI.

[394] STEININGER, Silvia. What's Human Rights Got to Do with It? An Empirical Analysis of Human Rights References in Investment Arbitration. **Leiden Journal of International Law**, 2017. p. 7 – tradução livre.

CAPÍTULO 4
O DIÁLOGO ENTRE A ARBITRAGEM DE INVESTIMENTO E OS DIREITOS HUMANOS: UMA CONSTATAÇÃO EMPÍRICA

Como se viu (*supra,* item I.1), a sólida teia de tratados de investimentos que se formou nos últimos anos cuidou de congregar as disposições normativas relacionadas a investimentos estrangeiros, reunindo, de um lado, obrigações substantivas assumidas pelos Estados em relação aos investimentos estrangeiros, e, de outro, um método de solução de disputas que permite ao investidor reivindicar eventuais indenizações em um foro neutro e internacional, sendo o mais comum desses mecanismos a arbitragem de investimento.

Aos tribunais constituídos sob os auspícios desses tratados, é incumbida a missão de a escrutinizar supostas transgressões das proteções oferecidas aos investidores com base nas normas expressamente contempladas naqueles instrumentos. Aqueles tribunais estão, a rigor, impedidos de aplicar qualquer norma que não esteja contemplada nos tratados de investimento, afinal, a sua jurisdição é definida no próprio cerne daquele pacto.

Acontece que as rígidas estruturas formadoras do sistema internacional de proteção aos investimentos ("SIPI"), típicas de um direito supostamente fragmentado, deixaram de considerar que os sistemas formadores do direito internacional não operam de forma isolada (*supra,* CAPÍTULO III). Com efeito, embora os tratados internacionais de investimento não costumassem mencionar em seus textos questões de direitos humanos, à medida que a arbitragem de investimento se consolida na esfera internacional e que os atores que operam neste sistema – partes, patronos, árbitros, e até mesmo a sociedade civil – se especializam, argumentos cada vez mais complexos e relacionados a outros sistemas jurídicos, especialmente do sistema internacional de proteção dos direitos humanos ("SIPDH"), passam a ser trazidos para o âmbito das arbitragens de investimentos. Dessa forma, cada vez em maior escala, os árbitros indicados nas arbitragens de investimento passam a ser suscitados a resolver litígios tendo como pano de fundo questões relacionadas aos direitos humanos, como saúde pública, direito à água, direito à proteção da vida privada, direito à dignidade da pessoa humana, e diversos outros temas típicos dos direitos humanos.

Visando, justamente, a demonstrar essa paulatina inserção das normas do SIPDH no âmbito da arbitragem de investimento, o presente capítulo tem o propósito de trazer ao debate alguns casos emblemáticos em que os tribunais arbitrais se depararam com questões típicas do SIPDH. Assim, seguindo a divisão que se propôs anteriormente (*supra,* CAPÍTULO III), apresentam-se, no presente capítulo, casos em que disposições de direitos humanos foram trazidas a processos de arbitragem (***i***) pelos Estados, em sua defesa (*infra,* item IV.1), (***ii***) pelos investidores, em acusações relacionadas a violação de direitos fundamentais (*infra,* item IV.2), (***iii***) por terceiros que não eram parte no litígio, na condição de *amici curiae* (*infra,* item IV.3), ou (***iv***) pelos próprios tribunais arbitrais, buscando auxílio na aplicação de instrumentos normativos às situações fáticas trazidas nas arbitragens de investimento (*infra,* item IV.4).

Esclarece-se que, embora se tenha proposto tal divisão, isso não significa que os direitos humanos tenham sido trazidos exclusivamente por esses atores. Alguns dos casos em comento, apesar de terem, por exemplo, considerado tratados de direitos humanos por iniciativa do Estado, contaram, simultaneamente, com a participação de *amicus curiae,* e o tribunal, ainda, invocou decisões de cortes de direitos humanos para fundamentar suas decisões. A sistematização ora proposta almeja apenas organizar e ilustrar o debate proposto no capítulo anterior (*supra,* CAPÍTULO III) de modo a demonstrar a clara impossibilidade de se tratar o SIPI como um sistema insular e autônomo, especialmente no que tange à sua conexão com o SIPDH.[395]

[395] Para mais informações sobre o assunto, ver: STEININGER, Silvia. What's Human Rights Got to do With It? An Empirical Analysis of Human Rights References in Investment Arbitration. **Leiden Journal of International Law**, 2018.

Clarifica-se, ainda, que, os casos ora apresentados, em sua maioria, comprovam que a conexão entre as normas do SIPDH e do SIPI, vai, na verdade, muito além que de uma mera origem ou natureza similar. Afinal, embora muitos dos direitos garantidos no âmbito do SIPI constituam, fundamentalmente, direitos correspondentes aos direitos humanos, a exemplo da proteção da propriedade privada, da garantia a um tratamento justo e equitativo, da garantia de um julgamento justo e com respeito ao devido processo legal, e outros (*supra,* item III.1), os casos a seguir expostos evidenciam discussões tecidas no âmbito das arbitragens de investimento dos mais diversos direitos humanos não contemplados expressamente no âmbito do SIPI. Os casos mencionados, em sua maioria, correspondem a arbitragens de investimento *ad hoc* ou administradas pelo ICSID, sob as suas regras ou sob as regras da UNCITRAL, em que foram discutidas questões básicas de direitos humanos, como direito à água, direitos da população indígena sobre suas terras, questões de saúde pública e outras.

A análise dos casos permite constatar que, embora as questões de direitos humanos venham surgindo nas arbitragens de investimento, muitos tribunais ainda permanecem relutantes em se envolver nestas questões apesar da sua óbvia relevância para o deslinde do feito. No entanto, essa realidade vem sendo progressivamente alterada e, como se verá no próximo capítulo (*infra,* CAPÍTULO V), o SIPI vem, como um todo, passando por reformas destinadas a garantir que esses sistemas não mais sejam analisados como dois universos separados, mas como partes de uma mesma e indivisível realidade.

4.1. Direitos humanos invocados pelo Estado receptor de investimentos

4.1.1. *Aguas del Tunari v. Bolívia*

Como se viu (*supra,* item III.2), talvez a forma mais frequente de se deparar com os direitos humanos no âmbito das arbitragens de investimento seja nos casos em que o Estado, com o propósito de justificar determinado ato expropriatório ou que prejudique e diminua os direitos de um investidor estrangeiro, invoca obrigações relativas aos direitos humanos.

Os primeiros casos que se conhece que trouxeram normas de direitos humanos para o âmbito das arbitragens foram aqueles iniciados contra a Argentina face a medidas implementadas pelo país em razão da crise financeira enfrentada em 2001 e 2002.[396] Como mencionado (*supra,* item III.2), aquela crise, decorrente dos efeitos da variação cambial no sistema de conversibilidade que vigorava no país, levou o seu governo a adotar uma série de medidas que acarretaram a diminuição do valor dos investimentos internacionais realizados antes da crise. Consequentemente, muitos investidores estrangeiros decidiram buscar proteção por via das arbitragens de investimento, resultando em um expressivo número de arbitragens de investimento contra a Argentina. Para se defender das acusações que lhe eram tecidas e/ou justificar sua conduta, a Argentina, em diversos casos, como *Azurix v. Argentina*[397] e *CMS Gas Transmission v. Argentina*[398], trouxe à tona e à atenção do tribunal questões relacionadas a sua obrigação de zelar pelos direitos humanos, em particular o seu dever se assegurar que sua população tivesse acesso à água e gás por um preço acessível.

Gradativamente, a questão dos direitos humanos passou a ganhar mais relevância nos casos relacionados à crise da Argentina, fazendo com que a crise financeira e os direitos humanos passassem a ser trazidas pelo país cada vez de forma mais robusta e incisiva na sua defesa, como aconteceu nos casos *Suez and Vivendi v. Argentina* e *AWG v. Argentina.*[399-400]

Embora a menção aos direitos humanos nesses casos tenha servido como precedente para que outros Estados também a fizessem, tal argumentação não foi relevante para o convencimento daqueles tribunais. Os árbitros daquelas arbitragens, embora em alguns casos tenham até reconhecido que "*the* [Arbitral] *Tribunal should be sensitive to international*

[396] BALCERZAK, Filip. **Investor-State Arbitration and Human Rights**. Leiden, Boston: Brill Nijhoff, 2017. pp. 76-77.

[397] Caso ICSID n. ARB/01/12, **Azurix Corp. v. Argentina**. Decisão proferida em 14 jul 2006.

[398] Caso ICSID n. ARB/01/8, **CMS Gas Transmission Company v. Argentina**. Decisão proferida em 12 mai 2005.

[399] Caso ICSID n. ARB/03/19, **Aguas Argentinas, Suez, Sociedad General de Aguas de Barcelona S.A., e Vivendi Universal S.A. v. Argentina**, Decisão proferida em 9 abr 2015.

[400] Embora não se tenham muitas informações públicas sobre as manifestações da Argentina no caso, o prof. Luke Eric Peterson, que esteve presente nas audiências, comentou que "*in this ICSID proceeding, Argentina has made human rights a major part of its defense*" (PETERSON, Eric. Human Rights and Bilateral Investment Treaties. **Mapping the role of human rights law within investor-state arbitration**, 2009. p. 27).

jus cogens norms, including basic principles of human rights"[401], acabaram não enfrentando os efeitos da crise enfrentada pela Argentina sob a ótica dos direitos humanos.

Ainda que os casos da Argentina sejam bastante emblemáticos e talvez os mais frequentemente analisados no que tange à situação de direitos humanos em arbitragens de investimento, não foram os únicos. Tratando também sobre o direito à água, em meados de 2001, a Bolívia, no caso *Aguas del Tunari, S.A. v. Bolívia*[402], foi processada com causas de pedir bastante próximas àquelas enfrentadas pela Argentina. Esse talvez seja um dos mais notórios e de maior comoção casos de arbitragem de investimento.[403]

Em meados de 2001, a empresa boliviana Aguas del Tunari S.A. ("Aguas del Tunari"), empresa detida e controlada por empresas holandesas que fazia parte do grupo da empresa Bechtel, ingressou com uma arbitragem de investimento contra a Bolívia alegando que várias das medidas implementadas pelo país constituiriam expropriação de seus investimentos e violariam obrigações previstas no BIT Holanda-Bolívia[404].

A disputa decorreu de um contrato de concessão, firmado em meados de 1999, em que, respondendo a estímulos internacionais, a Bolívia outorgou exclusivamente à empresa Aguas del Tunari o serviço de fornecimento de água na cidade de Cochabamba pelo prazo de quarenta anos. O processo de privatização levou ao significativo aumento no preço da água e a cobrança por serviços que, até então, eram gratuitos. Em razão disso, violentos protestos sociais começaram a acontecer em Cochabamba, os quais ficaram conhecidos como *Guerra del Água de Cochabamba*. Em razão dos protestos e respondendo à pressão popular,

[401] Caso ICSID n. ARB/03/23, **EDF International, saur International e León Participaciones Argentinas v. Argentina**. Decisão proferida em 11 jun 2012.

[402] Caso ICSID n. ARB/02/3, **Aguas del Tunari, S.A. v. Bolívia**. Decisão de jurisdição proferida em 21 out 2005.

[403] GRAMONT, Alexandre. After the Water War: The Battle for Jurisdiction in Aguas Del Tunari, S.A. v. Republic of Bolivia. **Transnational Dispute Management (TDM)**, Vol. 3, Issue 5. Holanda: TDM & OGEMID, 2006. Ver também: THIELBORGER, Pierre. The Human Right to Water Versus Investor Rights: Double-Dilemma or Pseudo-Conflict? *In* DUPUY; Patrick; FRANCIONI; PETERSMANN. **Human Rights in International Investment Law and Arbitration.** Oxford: Oxford University Press, 2009).

[404] Bolivia, Plurinational State of – Netherlands BIT (1992). Disponível em <https://tinyurl.com/y43pvh7h>. Acesso em 20 out 2020.

a Bolívia resolveu, então, em abril de 2000, revogar o referido contrato de concessão. No ano seguinte, os investidores, na pessoa de Águas del Tunari, apresentaram um requerimento de arbitragem pleiteando indenização no valor de US$ 50 milhões, pela suposta expropriação dos seus investimentos.[405]

Tamanha a relevância do caso que, em meados de 2002, foram apresentados sete solicitações de *amici curiae* no processo, de diversas ONGs estrangeiras, os quais foram, contudo, refutados pelo tribunal por entender que não teria competência para autorizar pedidos daquela natureza[406].

No caso, a Bolívia apresentou objeções à jurisdição daquele tribunal por uma série de motivos, as quais foram refutadas na sentença de jurisdição, proferida em outubro de 2005.[407] Pouco tempo depois de ter sido prolatada a referida decisão de jurisdição, as partes chegaram a um acordo e a Bechtel e os outros acionistas internacionais da Aguas del Tunari retiraram seus pedidos em troca de declaração do governo boliviano, que exonerou Aguas del Tunari de qualquer responsabilidade pelos eventos durante a Guerra da Água.[408] Acredita-se que o investidor tenha desistido da demanda devido à contínua pressão da comunidade civil nacional e internacional. Neste sentido, explica Pierre Thielborger:

> [b]*oth parties stated in their joint declaration that the concession was terminated only because of the civil unrest and the state of emergency in Cochabamba and not because of any act done or not done by the international shareholders. According to Bechtel officials, the company wanted to clarify that Aguas del Tunari had acted entirely without fault, and that Bechtel had never been interested in monetary compensation from a country as poor as Bolivia. Observers of the case assume that it was not the expected outcome of*

[405] SCHIFFLER, Manual. **Bolivia:** The Cochabamba Water War and Its Aftermath. Water, Politics and Money. **Water, Politics and Money: A Reality Check on Privatization.** Londres: Springer, 2015. pp. 17–26.

[406] A inclusão de disposições relativas à admissão de *amicus curiae* nas Regras do ICSID apenas aconteceu em 2006 (v. nota 374 *supra*).

[407] GRAMONT, Alexandre. After the Water War: The Battle for Jurisdiction in Aguas Del Tunari, S.A. v. Republic of Bolivia. **Transnational Dispute Management** (TDM) Vol. 3, Issue 5, 2006.

[408] SCHIFFLER, *Op. cit.*

an award, but the continued international pressure on Bechtel from civil society that led the company to consent to the agreement.[409]

Embora este caso seja bastante emblemático tanto do ponto de vista do direito do investimento como dos direitos humanos, o mais importante para fins do presente trabalho é que o precedente demonstra, principalmente, que, na solução das controvérsias levadas a arbitragem de investimento, os tribunais podem ser compelidos, por iniciativa dos Estados requeridos, a analisar as questões relativas ao SIPI à luz de normas do SIPDH.

4.1.2. *Rompetrol v. Romênia*

Outro exemplo de caso que o Estado requerido invocou os direitos humanos quando confrontado com a alegação de violação de tratado bilateral de investimento correspondeu ao caso *Rompetrol v. Romênia.*[410] A demanda, apresentada com fulcro em um tratado bilateral firmado entre a Holanda e a Romênia, decorreu de medidas tomadas pelas autoridades romenas com o alegado objetivo de combate à corrupção e ao crime organizado.

A estatal Petromídia, empresa de refinação e comercialização de petróleo localizada na Romênia, foi fundada em 1993, mas, em 1998, foi vendida para um grupo de investidores estrangeiros. Este grupo era liderado pelo Sr. Dan Costache Patriciu ("Sr. Patriciu"), que, juntamente com o Sr. Philib Stephenson ("Sr. Stephenson"), cuidavam da gestão dos negócios da empresa, que teve seu nome alterado para Rompetrol.

Em meados de 2004, uma série de investigações relacionadas à privatização da Petromídia e à venda do controle acionário para a Rompetrol tiveram início, tendo como alvo os Srs. Patriciu e Stephenson. Segundo a Rompetrol, tais investigações, além de terem sido conduzidas de forma absolutamente opressora e não transparente, teriam motivações políticas

[409] THIELBORGER, Pierre. The Human Right to Water Versus Investor Rights: Double-Dilemma or Pseudo-Conflict? *In* DUPUY; Patrick; FRANCIONI; PETERSMANN. **Human Rights in International Investment Law and Arbitration.** Oxford: Oxford University Press, 2009. p. 500.

[410] Caso ICSID n. ARB/06/3, **Grupo Rompetrol N.V. v. Romênia.** Decisão proferida em 6 mai 2013.

e comerciais. Tratando-se, alegadamente, de investigações completamente arbitrárias, essas violariam, não apenas as disposições relativas ao tratamento justo e equitativo previstas no BIT Romênia-Holanda[411], como também contrariariam o direito à proteção a integridade da pessoa física e da privacidade do investidor. Isto porque, além de o Sr. Patriciu ter (*i*) sido detido, em maio de 2005; (*ii*) tido suas ligações telefônicas grampeadas; e, (*iii*) sido proibido de viajar, o governo romeno teria determinado a penhora das ações da Rompetrol.

O Estado romeno, por sua vez, afirmava que as investigações faziam parte de uma recém-adotada estratégia anticorrupção para que fosse aceito na UE. Além disso, argumentou que o investidor estaria recorrendo à arbitragem como mero subterfúgio para impedir as investigações contra o Sr. Patriciu.

O mais interessante sobre este caso para fins do presente trabalho é que, como observou aquele tribunal, a requerida embasou fortemente sua defesa na CEDH e defendeu que "[...] *the ECHR was designed to set the bench-mark standard for the protection of the individual, so that it was 'plainly obvious' that any system or practice that met the ECHR standard would a fortiori satisfy the requirements of the BIT for the treatment of investments*".[412] Para corroborar com seu argumento, a Romênia apresentou parecer jurídico elaborado por um professor de direito internacional público e direitos humanos, o professor Winrich Kühnesobre, defendendo o impactos dos vários precedentes da Corte Europeia de DH para o deslinde daquela controvérsia, em especial aqueles "*on interception of communication, the sequestration or confiscation of evidence and fair trial rights, and the nature of Romania's obligations under the ECHR for its system of domestic law*".[413]

Por outro lado, o requerente contestava a aplicação da CEDH sob o argumento de que o BIT constituiria *lex specialis* devendo, portanto, ser aplicado *in casu*. Embora, contudo, sustentasse essa fragmentação entre o sistema normativo do SIPI e o SIPDH, o próprio requerente acabou, no curso do procedimento, invocando precedentes da Corte Europeia de DH

[411] **Netherlands – Romania BIT (1994)**. Disponível em <https://tinyurl.com/y6xt7f78>. Acesso em 22 out 2020.

[412] *Ibid.*, § 169.

[413] *Ibid.*, § 107.

em sua defesa "*in support of its submissions as to the illegality of the interception of Mr. Patriciu's and RRC's communications.*"[414]

Ao final, após as manifestações das partes, o tribunal entendeu que a aplicação de normas da CEDH, bem como da jurisprudência daquela corte no âmbito da arbitragem de investimento, estaria fora do escopo de sua jurisdição, ou, nas palavras do tribunal, estaria "*beside the point when it comes to the issues under the Netherlands-Romania BIT which form the subject of the dispute before the Tribunal*"[415]. O tribunal entendeu que a maioria das irregularidades ocorridas dizia respeito aos indivíduos pessoas físicas, e não à requerente, que deveriam, então, apresentar uma demanda na Corte Europeia de DH.[416] O tribunal manifestou-se no sentido de que sua função seria decidir exclusivamente sobre o litígio entre Rompetrol e a Romênia de acordo com a lei aplicável nos termos do tratado de investimento e, portanto, não seria competente para decidir sobre a aplicação das normas da CEDH. Nas palavras do tribunal:

> *i. The Tribunal is not competent to decide issues as to the application of the ECHR within Romania, either to natural persons or to corporate entities; ii. The governing law for the issues which do fall to the Tribunal to decide is the BIT, and notably its requirements for fair and equitable treatment and non-impairment of, and full protection and security for, the investments of investors of one Party in the territory of the other Party; iii. The category of materials for the assessment in particular of fair and equitable treatment is not a closed one, and may include, in appropriate circumstances,* ***the consideration of common standards under other international regimes (including those in the area of human rights), if and to the extent that they throw useful light on the content of fair and equitable treatment in particular sets of factual circumstances; the examination is however very specific to the***

[414] BALCERZAK, Filip. **Investor–State Arbitration and Human Rights**. Leiden, Boston: Brill Nijhoff, 2017. p. 43.

[415] Caso ICSID n. ARB/06/3, **Grupo Rompetrol N.V. v. Romênia**. *Op. cit.* §172.

[416] Embora o Tribunal tenha tido este entendimento, tal como explica Kriebaum, o fato de a Corte Europeia de DH ser competente para resolver uma determinada demanda não pode, por si só, excluir a possibilidade de que tal demanda seja apresentada no decurso de uma arbitragem de investimento. Além disso, os direitos humanos internacionais podem fazer parte da lei aplicável a esta disputa. (KRIEBAUM, Ursula. Case Comment: Grupo Rompetrol N.V. v. Romania. **Journal of World Investment & Trade**, 2014. p. 1030). Este tema vem, hoje, sem tema de homéricos debates na União Europeia, que fogem ao escopo do presente trabalho.

> ***particular circumstances, and defies definition by any general rule;*** *iv. The claims for decision in the arbitration are those of TRG, in respect of RRC, TRG's investment in Romania, which are qualitatively different in kind from whatever complaints there might be by individuals as to the violation of their individual rights by Romanian state authorities.*[417]

Contudo, embora tenha entendido pela impossibilidade daquela análise no âmbito da arbitragem, o tribunal, timidamente, explanou em sua decisão que "*the application of specific provisions of the ECHR in the jurisprudence of the European Court of Human Rights*"[418] teria sido "*interesting and illuminating* [...]"[419]. Ou seja, embora não se entendesse competente para analisar a aplicabilidade de artigos da CEDH, o tribunal demonstrou sua ciência de que os sistemas não podem ser analisados de forma segmentada.

4.1.3. *Urbaser v. Argentina*

Outro caso de suma relevância para a demonstração do impacto dos direitos humanos no âmbito das arbitragens de investimento corresponde ao caso *Urbaser et. al v. Argentina.*[420] Neste caso, a requerida no procedimento arbitral, a Argentina, não apenas recorreu à proteção aos direitos humanos para se defender do suposto ato expropriatório de que era acusada, como apresentou um pedido reconvencional clamando indenização pela alegada violação dos direitos humanos por parte do investidor estrangeiro em seu território.

O caso foi apresentado pelas empresas *Urbaser S.A. e Consorcio de Aguas Bilbao Bizkaia, Bilbao Biskaia Ur Partzuergoa,* com base no BIT

[417] Caso ICSID n. ARB/06/3, **Grupo Rompetrol N.V. v. Romênia**. Decisão proferida em 2013. § 107 (grifo nosso).

[418] *Ibid.*, § 172. Neste mesmo sentido, o tribunal reconhece a relevância dos direitos humanos no que tange à aplicação do standard de FET, determinando que "[t]*he category of materials for the assessment in particular of fair and equitable treatment is not a closed one, and may include, in appropriate circumstances, the consideration of common standards under other international regimes (including those in the area of human rights), if and to the extent that they throw useful light on the content of fair and equitable treatment in particular sets of factual circumstances; the examination is however very specific to the particular circumstances, and defies definition by any general rule.* (*Ibid.*, §172).

[419] *Ibid.*, § 172.

[420] Caso ICSID n. ARB/07/26, **Urbaser S.A. and Consorcio de Aguas Bilbao Bizkaia, Bilbao Biskaia Ur Partzuergoa v. Repúlbica da Argentina**, Decisão proferida em 8 dez 2016.

Argentina-Espanha[421], e decorreu de uma concessão de serviços de água e esgoto na província de Buenos Aires.

Resumidamente, tem-se que, em meados dos anos 2000, a administração pública da cidade de Buenos Aires, na Argentina concedeu à empresa Aguas Del Gran Buenos Aires ("AGBA") os direitos de operar os serviços de água potável e esgoto. Pouco tempo depois, a AGBA foi parcialmente vendida para as empresas espanholas Urbaser S.A. ("Urbaser") e Consorcio de Aguas Bilbao Bizkaia, Bilbao Biskaia Ur Partzuergoa ("Consórcio de Bilbao"), que adquiriram, em conjunto, 47,4% da participação na AGBA.

Ocorre que a Argentina, em razão da grave crise econômica enfrentada em meados de 2001, adotou as já mencionadas medidas de emergência (*supra,* itens III.2.1 e IV.1.1), dentre as quais incluiu-se o congelamento das tarifas de serviços públicos de Buenos Aires. Em resposta a tal medida, a AGBA, irresignada com o prejuízo que esse congelamento lhe causaria, solicitou um ajuste nas tarifas e a renegociação do contrato de concessão de 2003 a 2005, o que não foi, contudo, acatado. Por fim, em meados de 2006, o governo argentino determinou a rescisão antecipada da concessão ofertada à AGBA.

Ante a rescisão do governo argentino da concessão ofertada, os investidores Urbaser e Consórcio de Bilbao apresentaram, então, um requerimento de arbitragem perante o ICSID em julho de 2007, alegando violações ao tratado de investimento, em particular, quanto à (*i*) obrigação de proteger os investimentos estrangeiros e a proibição de adotar medidas injustificadas ou discriminatórias; (*ii*) obrigação de tratamento justo e equitativo aos referidos investimentos; e, (*iii*) proibição de expropriação ilegal e discriminatória sem indenização.

A Argentina, após arguir, preliminarmente, que o tribunal arbitral não teria jurisdição naquela demanda, o que foi refutado pelos árbitros,[422] apresentou, em 2013, um pedido reconvencional com base na alegada falha dos requerentes em fornecer o investimento necessário para a concessão, em latente violação ao direito humano à água detido pela popu-

[421] **Argentina – Spain BIT (1991).** Disponível em <https://tinyurl.com/y4wqwdm7>. Acesso em 22 out 2020.

[422] Caso ICSID n. ARB/07/26, **Urbaser S.A. and Consorcio de Aguas Bilbao Bizkaia, Bilbao Biskaia Ur Partzuergoa v. República da Argentina.** Decisão de Jurisdição proferida em 19 dez 2012.

lação argentina. Segundo o país, as dificuldades enfrentadas na província de Buenos Aires decorriam, na verdade, de uma prestação de serviços deficitária pela AGBA e seus acionistas. Essa má prestação do serviço, que "*did not only affect mere contractual provisions, but basic human rights, as well as the health and the environment of thousands of persons, most of which lived in extreme poverty*"[423] não teria deixado outra alternativa ao governo argentino senão encerrar a concessão. O Estado, ante "[c]*laimants' failure to provide the necessary investment into the Concession, thus violating its commitments and its obligations under international law based on the human right to water*"[424], pleiteou indenizações pelos danos suportados.

As bases dos argumentos da Argentina gravitaram em torno de elementos como o direito humano à água, a DUDH, o Pacto Internacional sobre Direitos Econômicos, Sociais e Culturais (1966) e Comentário Geral 15 da ONU sobre do Direito à Água (2003, "Comentário Geral 15").[425]

Embora os pedidos reconvencionais apresentados pela Argentina tenham sido indeferidos, pela primeira vez na história das arbitragens de investimento, verificou-se um tribunal arbitral se reconhecendo competente para apreciar pedidos contrapostos relacionados a direitos humanos. Além disso, naquele caso, o tribunal, embasado pela ampla cláusula compromissória prevista no BIT, determinou que sua jurisdição "*is not limited to rights directly based on the application (or interpretation) of the BIT*".[426]

O indeferimento do tribunal dos pedidos contrapostos deveu-se à conclusão do tribunal, com base no Comentário Geral 15, que o direito à água, especificamente, impõe obrigações apenas aos Estados, e não a outros atores não-estatais. Isto porque, apesar de reconhecer que "*it can no longer be admitted that companies operating internationally are immune from becoming*

[423] Caso ICSID n. ARB/07/26, **Urbaser S.A. and Consorcio de Aguas Bilbao Bizkaia, Bilbao Biskaia Ur Partzuergoa v. Repúlbica da Argentina**, Decisão proferida em 8 dez 2016. § 1128.

[424] *Ibid*, § 36.

[425] ONU. **UN Committee on Economic, Social and Cultural Rights, General Comment n. 15: The Right to Water (Arts. 11 and 12)** – E/C.12/2002/11, 20 Janeiro de 2003. Disponível em <https://www.refworld.org/docid/4538838d11.html>. Acesso em 26 de agosto 2020.

[426] Caso ICSID n. ARB/07/26, **Urbaser S.A. and Consorcio de Aguas Bilbao Bizkaia, Bilbao Biskaia Ur Partzuergoa v. Repúlbica da Argentina**, *Op. cit.*, § 1191.

subjects of international law"[427], o tribunal entendeu que "*even though several initiatives undertaken at the international scene are seriously targeting corporations human rights conduct, they are not, on their own, sufficient to oblige corporations to put their policies in line with human rights law*".[428] Neste sentido, explica Filip Barcerzak:

> *Having referred to the CESCR General Comment 15, the tribunal concluded that any obligations related to the human right to water are imposed on the investors under domestic, not international law, even if such legislation is implemented by the states in realization of their international obligations. It observed that the conclusion would be different with respect to 'obligation to abstain, like a prohibition to commit acts violating human rights'. The tribunal paid much attention to interpret the human right to water as guaranteed in international human rights law. It then dismissed the counter-claim on merits because the respondent's 'compliance with its primary responsibility to ensure the area's population's right to water was not a governmental primary focus and can therefore not be retained as a corresponding obligation on behalf of the' investors.*[429]

Portanto, como se vê, a sentença do caso *Urbaser v. Argentina* constitui uma decisão completamente inovadora no que tange à aplicação dos direitos humanos no âmbito do SIPI. Pela primeira vez, um tribunal (***i***) não apenas considerou que gozava de jurisdição para analisar pedidos reconvencionais, como (***ii***) o fez para endereçar expressamente pedidos relacionados à violação de direitos humanos e (***iii***) reconheceu, diferentemente de como se via em casos como *Spyridon Roussalis v. Romênia*[430], que os tratados de investimento podem, também, impor obrigações aos investidores.[431] A decisão, desafiando a já consolidada jurisprudência dos casos decorrentes das medidas adotadas pela Argentina, empregou, possibilitada pela abrangência da cláusula compromissória prevista no

[427] *Ibid.*, § 1195.

[428] *Ibid.*, § 1195.

[429] BALCERZAK, Filip. **Investor–State Arbitration and Human Rights**. Leiden, Boston: Brill Nijhoff, 2017. p. 40-41.

[430] Caso ICSID n. ARB/06/1, **Spyridon Roussalis v. Romênia**, Decisão proferida em 7 dez 2011.

[431] STEININGER, Silvia. The Role of Human Rights in Investment Law and Arbitration: State Obligations, Corporate Responsibility, and Community Empowerment. **Max Planck Institute for Comparative Public Law & International Law (MPIL)**, 2020. pp. 20-21.

BIT Argentina-Espanha, uma abordagem favorável aos direitos humanos e reconheceu "*the evidence that the BIT is not framed in isolation, but placed in the overall system of international law*".[432]

As considerações do tribunal relativas a direitos humanos e à obrigação dos investidores de respeitar as normas do SIPDH serviram, posteriormente, como base para outras arbitragens de investimento, como foi o caso *David R. Aven e et. outros v. Costa Rica*[433]. Contudo, essas conclusões desses tribunais apenas foram alcançadas devido à amplitude da cláusula prevista nos tratados de investimentos que embasavam aquelas disputas, cláusula esta cujo teor destoa da maioria dos BITs. Logo, não se pode afirmar que o SIPI oferece segurança jurídica sobre como as questões de direitos humanos serão resolvidas em seu âmbito.

Para se garantir que os tratados de investimento não sejam "*interpreted and applied in a vacuum*"[434] é necessário assegurar que estes instrumentos sejam "*construed in harmony with other rules of international law of which it forms part, including those relating to human rights*".[435] Justamente para garantir essa acepção, como se verá no próximo capítulo (*infra*, CAPÍTULO V), o SIPI vem começando a dotar uma nova tendência nos tratados de investimento: a tendência à humanização do sistema internacional de proteção aos investimentos.

4.2. Quando os direitos humanos são invocados pelo investidor

4.2.1. *Biloune v. Gana*

Iniciado em 1988, o caso *Biloune and Marine Drive Complex v. Gana*[436] correspondeu a uma arbitragem *ad hoc*, regida pelas regras da UNCITRAL e, apesar de não decorrer de um tratado de investimento, aplicava-se, àquelas concessões, o direito internacional, conforme pactuado contratualmente

[432] Caso ICSID n. ARB/07/26, **Urbaser S.A. and Consorcio de Aguas Bilbao Bizkaia, Bilbao Biskaia Ur Partzuergoa v. Repúlbica da Argentina**. Decisão proferida em 2016. § 1201.

[433] Caso ICSID n. UNCT/15/3. **David R. Aven e outros v. Costa Rica**, Decisão proferida em 18 set 2018.

[434] Caso ICSID n. ARB/07/26, **Urbaser S.A. and Consorcio de Aguas Bilbao Bizkaia, Bilbao Biskaia Ur Partzuergoa v. Repúlbica da Argentina**. *Op. cit.*, § 1200.

[435] Caso ICSID n. ARB/07/26, **Urbaser S.A. and Consorcio de Aguas Bilbao Bizkaia, Bilbao Biskaia Ur Partzuergoa v. Repúlbica da Argentina**. *Op. cit.*, § 1200.

[436] *Ad hoc*, **Biloune e Marine Drive Complex Ltd v Ghana Investments Centre e Governo de Gana**, Decisão proferida em 27 out 1989.

entre as partes no contrato firmado entre o investidor e a administração de Gana[437]. A disputa advém de um investimento feito pelo Sr. Antoine Biloune ("Sr. Biloune") cujo objetivo seria reformar e gerir um *resort* localizado em Accra, Gana, o Marine Driver Resort Complex ("Complexo").

Basicamente, o Sr. Biloune, cidadão sírio e acionista majoritário em uma empresa constituída em Gana, a MDCL, celebrou, em novembro de 1985, um contrato ("Acordo GIC") de arrendamento com a Gana Tourist Development Company ("GTDC"), empresa pertencente ao Governo de Gana, assumindo a missão de renovar e gerenciar o Complexo. O investimento, aprovado pelo Ghana Investments Centre ("GIC"), recebeu do governo de Gana uma série de concessões de investimento, firmadas por meio de um acordo, em que, dentre outros, contava com uma cláusula compromissória e disposições que vedavam a expropriação.

Embora não se tratasse formalmente de uma *joint venture*, a operação foi estruturada de forma que, enquanto a GTDC seria responsável por fornecer o terreno e a estrutura do resort, o MDCL financiaria e realizaria a expansão e renovação do complexo.

Acontece que, quando o projeto estava prestes a ser concluído, ou seja, após significativos investimentos da MDCL nas instalações do empreendimento, o projeto foi interrompido. Em agosto de 1987, o governo municipal da Cidade de Accra emitiu uma determinação embargando a obra sob o argumento de que a GTDC não teria obtido as licenças necessárias para continuar a execução do projeto.

Antes de findar-se o prazo para que o Sr. Biloune recorresse daquela determinação, o governo municipal ordenou que a obra fosse demolida, o que aconteceu logo na sequência daquela determinação. Como se não bastasse, o Sr. Biloune foi preso e mantido em cativeiro, sem qualquer acusação, por treze dias e, posteriormente, foi deportado para o Togo, sendo impedido de retornar à Gana.

Naquele contexto, então, o Sr. Biloune e a MDCL iniciaram uma arbitragem de investimento contra a GIC e o Governo de Gana alegando

[437] Embora a jurisdição do Tribunal tenha decorrido de um Contrato (e não de um BIT ou Tratado de Invesimento), a cláusula de arbitragem contida no Artigo 15 do Acordo GIC era ampla, estabelecendo que "[qualquer] litígio entre o investidor estrangeiro e o Governo de Gana em relação a uma empresa aprovada". seria resolvido por arbitragem. O Acordo continha também uma garantia explícita contra eventual expropriação pelo Governo.

que os requeridos teriam violado os seus direitos como investidor na MDCL e, por vários meios, incluindo a sua prisão e ulterior deportação, os teriam expropriado. Por isso, pleiteava indenização por (*i*) expropriação, (*ii*) denegação de justiça; e, (*iii*) violação de direitos humanos.

Por outro lado, os requeridos, GIC e o Governo de Gana, em suas defesas, negaram o ato expropriatório e afirmaram que a detenção e a deportação do Sr. Biloune teriam decorrido da mera aplicação da lei de Gana. Os requeridos, além de questionarem genericamente a jurisdição do tribunal, alegaram, especificamente, que o tribunal não deteria competência para apreciar a suposta violação aos direitos humanos.

Ao final, o tribunal reconheceu sua jurisdição para análise da disputa, entendendo que a cláusula compromissória do Acordo GIC seria suficientemente ampla para se permitir a instauração da arbitragem, decidindo, por fim, que o governo de Gana teria expropriado os interesses do Sr. Biloune e devia, portanto, indenizá-lo. Contudo, no que diz respeito às alegações de violação de direitos humanos, o tribunal sentenciou pela sua falta de competência para analisá-las. Nas palavras do tribunal,

> *This Tribunal's competence is* ***limited to commercial disputes arising under a contract entered into in the context of Ghana's Investment Code.*** *As noted, the Government agreed to arbitrate only disputes "in respect of" the foreign investment. Thus, other matters –however compelling the claim or wrongful the alleged act –* ***are outside this Tribunal's jurisdiction.*** *Under the facts of this case it must be concluded that, while the acts alleged to violate the international human rights of Mr Biloune may be relevant in considering the investment dispute under arbitration, this Tribunal lacks jurisdiction to address, as an independent cause of action, a claim of violation of human rights.*[438]

Tratou-se do primeiro caso que se tem conhecimento que um tribunal arbitral de investimento tenha sido suscitado, pelo investidor, a apreciar violações de questões de direitos humanos. A sentença, embora tenha decidido pela falta de jurisdição sobre reivindicações de negação de justiça e violação de direitos humanos, teve uma significativa importância em provar a permeabilidade entre o sistema internacional de proteção ao

[438] *Ad hoc,* **Biloune e Marine Drive Complex Ltd v Ghana Investments Centre e Governo de Gana**, Decisão proferida em 27 out 1989, § 61 – grifo nosso.

investimento e os direitos humanos. Aliás, aquele próprio tribunal reconheceu não apenas a transposição dos direitos humanos para o âmbito internacional, como também a sua relevância para a análise das disputas no SIPI.[439] Contudo, o tribunal, tal como diversos outros, não reconheceu as alegações objetivas de direitos humanos. Isto porque, como explica James Fry, o tribunal corretamente evitou enfrentar a discussão relativa à violação de direitos humanos[440], posto que isto poderia levar à nulidade da decisão por falta de jurisdição, mas, sensatamente, reconheceu a relevância das normas do SIPDH para o SIPI.[441]

Embora o tribunal não tenha acatado as alegações objetivas de violação de direitos humanos, o caso *Biloune v. Gana* demonstra certa inclinação do tribunal no sentido uma integração dos sistemas de direitos humanos e proteção aos investimentos, que não podem ser analisados como universos apartados e devem ser vistos no contexto do cenário jurídico internacional hodierno. Tratam-se de sistemas conexos e insertos em uma realidade que não se pode negar. Por este motivo, é de suma relevância que, tal como se verificará no próximo capítulo (*infra*, CAPÍTULO V), os direitos humanos sejam expressamente contemplados nos tratados de investimento. Só assim, será possível assegurar que os investidores tenham tutelados seus direitos inerentes a essa condição, conforme provisionados no SIPI, mas também seus direitos fundamentais, conforme definidos no SIPDH. Afinal, "*individuals, regardless of nationality, are entitled to fundamental human rights (which, in the view of the Tribunal, include property as well as personal rights), which no government may violate.*"[442]

[439] BALCERZAK, Filip. **Investor-State Arbitration and Human Rights**. Leiden, Boston: Brill Nijhoff, 2017. pp. 76-77.

[440] FRY, James D. International Human Rights Law in Investment Arbitration: Evidence of International Law's Unity. **Duke Journal of Comparative & International Law**. V. 18, nº 1. Nova Iorque: DJCIL, 2017. p. 101-103.

[441] Sobre o assunto, o prof. Alain Pellet destaca que "[l]*es tribunaux arbitraux tentent parfois d'échapper à leur responsabilité et de s'exonérer de l'application des normes protectrices des droits de l'homme en affirmant leur incompétence*". (PELLET, Alain. Notes sur la "fragmentation" du droit international: Droit des investissements internationaux et droits de l'homme. *In* ALLAND, Denis; CHETAIAL, Vincent; FROUVILLE, Olivier; VIÑUALES, Jorge (coords). **Unité et diversité du droit international: Ecrits en l'honneur du Professeur Pierre-Marie Dupuy**. Haia: Nijil | Brill, 2014. p. 774).

[442] *Ad hoc*, **Biloune e Marine Drive Complex Ltd v Ghana Investments Centre e Governo de Gana**, Decisão proferida em 27 out 1989, § 60.

4.2.2. *Bozbey v. Turcomenistão*

Outro exemplo que demonstra a integração entre o SIPDH e o arcabouço normativo do SIPI, em que os direitos humanos foram invocados pelo investidor, corresponde ao caso *Bozbey v. Turcomenistão*[443]. Esse procedimento, ajuizado após uma decisão do Comitê de Direitos Humanos do Pacto Internacional de Direitos Civis e Políticos (1966), em 2010, versou sobre a suposta violação dos direitos humanos de um investidor turco que teria sido ilegalmente condenado por crimes econômicos no Turcomenistão.

O caso decorre de um investimento feito por Omar Faruk Bozbey ("Sr. Bozbey") sob os auspícios do BIT Turquia-Turcomenistão[444]. O Sr. Bozbey, proprietário e presidente de uma empresa de construção, mudou-se para o Turcomenistão no final da década de 1990 para que, beneficiando-se de uma isenção de impostos e tarifas alfandegárias concedida pelo governo turcomeno, construísse um complexo agroindustrial naquele país. Tais determinações teriam sido formalizadas através de um decreto presidencial.

Ocorre que, segundo o Sr. Bozbey, em meados de 2003, ele teria sido subornado pelas autoridades turcomenas para pagar o valor de US$ 200.000,00 (duzentos mil dólares), e ordenado pelo governo do país a construir um heliporto para o presidente turcomeno às custas da sua empresa. Por ter se recusado a cumprir com tais exigências, o investidor teve seu escritório revistado e todos os documentos da sua empresa apreendidos. Como se não bastasse, foi instaurado um processo criminal contra o Sr. Bozbey, que teve que respondê-lo em turcomano, idioma que não dominava, sem qualquer oferta de intérprete.

Em 2004, após o transcurso do referido processo criminal, o investidor foi condenado pela prática de vários crimes econômicos, incluindo evasão fiscal, teve seus bens confiscados e foi condenado a 14 anos de prisão. O Sr. Bozbey alegou que, não bastasse a condenação indevida, durante o período que ficou preso, teria sido torturado e submetido a condições degradantes e humilhantes. O Sr. Bozbey teria sido libertado em outubro de 2005, após a intervenção da embaixada turca e a concessão de um

[443] *Ad hoc (UNCITRAL)*, **Farouk Bozbey v. Turcomenistão**. Procedimento Descontinuiado.

[444] **Turkey – Turkmenistan BIT (1992).** Disponível em < https://tinyurl.com/yyekaq3u >. Acesso em 23 out 2020.

perdão presidencial. Segundo o apontado pelo Sr. Bozbey, aquele processo ao qual teria sido submetido decorreria de uma forte onda racista que teria se instaurado no Turcomenistão contra a população turca.

Após o esgotamento, sem sucesso, de todos os recursos internos disponíveis, o Sr. Bozbey apresentou uma reclamação no Comitê de Direitos Humanos do Pacto Internacional de Direitos Civis e Políticos (1966) alegando que o Turcomenistão teria violado dispositivos daquele tratado. Aquela consulta, registrada sob o número 1530/2006, chegou à conclusão de que o país teria violado certos direitos civis do empresário turco, fazendo recomendações no seguinte sentido,

> [i]*n case No. 1530/2006 (Bozbey v. Turkmenistan), involving violations of article 14, paragraph 1, read in conjunction with article 14, paragraph 3 (f) and article 10, paragraph 1, the State party was requested to provide the author with an effective remedy and, to that effect, take appropriate steps to institute criminal proceedings for the prosecution and punishment of the persons responsible for the treatment to which the author was subjected. The State party was also requested to provide the author with appropriate reparation, including compensation.*[445]

Ao que tudo indica, o caso *Bozbey v. Turcomenistão* foi iniciado como uma consequência direta do descumprimento, pelo Turcomenistão, dessa recomendação do Comitê de Direitos Humanos do Pacto Internacional de Direitos Civis e Políticos (1966).[446] O caso, contudo, parece ter sido suspenso pouco antes da audiência, que teria sido agendada para julho de 2012, por inadimplemento, pelo Sr. Bozbey, do pedido de *security for costs*[447] que teria sido deferido em favor do Turcomenistão.

[445] ORGANIZAÇÃO DAS NAÇÕES UNIDAS. **Report of the Human Rights Committee Volume I.** 100ª Seção (11–29 de outubro de 2010), 101ª seção (14 março à 1º de abril de 2011) e 102ª seção (11–29 de julho de 2011). Nova Iorque: ONU, 2011. § 229. Disponível em <https://www2.ohchr.org/english/bodies/hrc/docs/A.66.40_vol.I.pdf>. Acesso em 26 ago 2020.

[446] BALCERZAK, Filip. **Investor–State Arbitration and Human Rights**. Leiden, Boston: Brill Nijhoff, 2017. p. 74.

[447] O *security for costs* corresponde à uma medida cautelar (caução) que pode ser determinada pelo tribunal arbitral visando a assegurar eventual ressarcimento pelos pagamentos das custas e despesas processuais caso a parte requerida logre êxito em demonstrar que a demanda não é procedente.

Logo, ainda que não se tenha muitas informações sobre este caso, posto que não foram publicadas as peças processuais e o caso parece ter sido descontinuado antes de proferida a sentença arbitral, trata-se de um exemplo inequívoco da relação entre os direitos humanos e as arbitragens de investimento. Além de comprovar que as violações dos direitos humanos dos investidores podem resultar em violações de BITs, o caso *Bozbey v. Turcomenistão*, demonstra que os dois sistemas de direito internacional se complementam e não podem ser analisados como se fragmentados fossem.

4.3. *Amicus Curiae* e as questões de direitos humanos

4.3.1. *Methanex v. EUA*

A apresentação de *amicus curiae* suscitando questões relacionados à violação de direitos humanos ou de interesses públicos, como saúde, direitos trabalhistas e direitos indígenas vêm acontecendo cada vez com mais frequência. No âmbito do NAFTA[448], registra-se, que, em meados de 2013, mais de 70 solicitações[449] de *amicus curiae* foram apresentadas nos 67 casos[450] que se tinha registro sob os auspícios daquele acordo.

Foi justamente sob a égide desse acordo que se constatou a primeira intervenção de terceiro na arbitragem na condição de *amicus curiae*. Como se viu (*supra*, item III.2.3), esse interventor, o *amicus curiae*, solicita seu ingresso no processo para fornecer subsídios ao órgão jurisdicional para o julgamento da causa. Assim aconteceu no caso *Methanex v. EUA*[451], em que ONGs, especialmente estadunidenses, que trabalhavam com questões ambientais pleitearam seus ingressos como *amici* no procedimento. Naquele caso, o tribunal arbitral, sob as regras procedimentais da UNCITRAL, permitiu que organizações não-governamentais apresentassem petições relativas à proibição pelo estado da Califórnia da utilização de um determinado produto químico, o MTBE, cuja matéria-prima vinha sendo fornecida aos EUA pela investidora canadense, Methanex Corporation.

448 North American Free Trade Agreement (1992) between Canada, The United States and Mexico (NAFTA). Disponível em <https://tinyurl.com/y5xncjdw>. Acesso em 22 out 2020.

449 KARAMANIAN, Susan. The Place of Human Rights in Investor–State Arbitration. **Lewis & Clark Law Review**, v.17:2, 2013. p. 428.

450 UNCTAD. Dados disponibilizados pela plataforma Investment Hub. Disponível em <https://investmentpolicy.unctad.org/investment-dispute-settlement>. Acesso em 6 set 2020.

451 *Ad hoc* (UNCITRAL), **Methanex v EUA** (NAFTA). Decisão proferida em 3 ago 2005.

No caso, a Methanex fabricava e vendia metanol para que empresas estadunidenses o utilizassem na produção do MTBE, aditivo utilizado na produção da gasolina. Acontece que, após o apontamento de ambientalistas sobre os malefícios do MTBE para as superfícies aquíferas e subterrâneas da Califórnia, o estado proibiu a utilização do MTBE como aditivo da gasolina. Irresignada, em dezembro de 1999, a empresa canadense Methanex notificou os EUA da instauração de um procedimento arbitral, pleiteando indenização pelos supostos danos e alegando que a adoção de uma medida legislativa pelo estado da Califórnia que proibia o uso do aditivo à gasolina MTBE teria sido discriminatória e expropriado seus investimentos.

A requerente argumentou que as medidas impostas pelo governo da Califórnia teriam motivações políticas, decorrendo de um processo de *lobbying* e doações financeiras feitas por uma empresa concorrente da Methanex para influenciar o governador daquele estado. Com efeito, a empresa canadense alegou que a proibição do MTBE constituiria a violação de três obrigações do NAFTA: (*i*) a obrigação de *tratamento nacional* (artigo 1102 do NAFTA); (*ii*) a obrigação de conceder um *padrão mínimos de tratamento* (artigo 1105 do NAFTA); e (*iii*) a obrigação de *não expropriação* sem justa indenização (artigo 1110 do NAFTA).

Logo após as primeiras manifestações relativas ao caso[452], sobrevieram algumas demandas de intervenção de terceiros não litigantes solicitando lhes fossem oportunizadas a apresentação de manifestações como *amicus curiae*. Tal como reconhecido por ambos os litigantes, havia grande interesse público no caso, posto que se discutia, na arbitragem, a implementação de uma medida governamental ostensivamente destinada a proteger a saúde pública e o meio ambiente[453]. Precisamente por este motivo, embora as regras de procedimento aplicáveis do NAFTA ou da UNCITRAL não incluíssem, à época, disposições sobre a intervenção de terceiros na arbitragem, o tribunal declarou que tinha o poder de aceitar *amicus curiae*. Nas palavras do tribunal,

452 Foram estes os pedidos de International Institute for Sustainable Development, Communities for a better Environment, and Earth Island Institute.

453 *Ad hoc* (UNCITRAL), **Methanex v EUA** (NAFTA). Manifestação do Requerido sobre pedido de *Amicus Curiae*, 2000 e Manifestação do Governo do Canadá, 2000.

there [was] *an undoubtedly public interest in this arbitration... The substantive issues extend far beyond those raised by the usual transnational arbitration between commercial parties. This is not merely because one of the Disputing Parties is a State: there are of course disputes involving States which ace of no greater general public importance than a dispute between private persons.* ***The public interest in this arbitration miles from its subjectmatter, as powerfully suggested in the Petitions*** [...].[454]

Em suma, os *amici curiae* advogaram contra o investidor com base no seu direito/dever da Califórnia de regulamentar políticas internas, especialmente na área de medidas ambientais e de direitos humanos[455]. Contudo, embora o tribunal tenha proferido sentença rejeitando todas as reivindicações da requerente, ou seja, no sentido buscado pelos *amici curiae*, em sua sentença de mérito, o tribunal apenas mencionou as manifestações dos *amici* como parte da história processual do caso, isto é, sem levá-las em consideração na fundamentação da sua sentença. Por este motivo, não se sabe o impacto daquelas manifestações no entendimento do tribunal. Contudo,

Although it is unclear to what extent the amici curiae participation has influenced, or may influence, the arbitral decision, their briefs have certainly helped to integrate important environmental and social perspectives in investment disputes involving complex public policy interests.[456]

[454] *Ad hoc* (UNCITRAL). **Methanex v. EUA (NAFTA).** Decisão sobre *Amici Curiae* de 15 jan de 2001. § 47 (grifo nosso).

[455] *"In the NAFTA case Methanex, several amici argued in favour of a Californian ban on the gasoline additive MTBE. The leakage of MTBE into the groundwater posed danger to the environment and human health. In their joint submission, the amici pointed to obligations of States to protect human rights, in this case the right to water and linked rights like the rights to health, to life, and to own means of subsistence. They shortly asserted that California's measures to protect the integrity of groundwater sources were thus mandated by international law"*. (SCHADENDORF, Sarah. Investor-State Arbitrations and the Human Rights of the Host State's Population: An Empirical Approach to the Impact of Amicus Curiae Submissions. *In* WEIß, Norman THOUVENIN; Jean-Marc. ***The Influence of Human Rights on International Law***. Suiça: Springer, 2015. p. 172)

[456] FRANCIONI, Francesco. Access to Justice, Denial of Justice, and International Investment Law. *In* DUPUY; Patrick; FRANCIONI; PETERSMANN. **Human Rights in International Investment Law and Arbitration.** Oxford: Oxford University Press, 2009. p. 75.

O caso *Methanex v. EUA* foi a primeira arbitragem de investimento em que direitos de participação como *amicus curiae* foram concedidos. Após aquela admissão, em 2003, a Comissão de Livre Comércio do NAFTA emitiu uma declaração no sentido de que *amici curiae* poderiam ser aceitas nas arbitragens sob a égide daquele tratado, sujeitas à discricionariedade de cada tribunal.[457] Após a admissão das manifestações dos *amici curiae* neste caso, a tendência foi acatada em muitos outros casos de arbitragem de investimento, como o *Glamis Gold v. EUA* (v. *infra* IV.3.2), o emblemático *Suez Vivendi v. Argentina*[458-459] e diversos outros. Aliás, em razão dessa tendência de se aceitar a admissão de *amici curiae*, em 2006, as Regras do ICSID, assim como diversas outras, passaram a incluir disposições no sentido de que a admissão de terceiros na condição de *amicus curiae* seria, a rigor, autorizada, ficando a critério dos tribunais arbitrais recepcioná-los ou não.

4.3.2. *Glamis Gold v. EUA*

Outro exemplo da impossibilidade de se analisar o direito internacional de investimentos em descompasso com as normas do SIPDH se deu no caso *Glamis Gold v. EUA*[460], em que que o tribunal arbitral foi suscitado a enfrentar uma disputa sobre exploração de recursos naturais por um investidor e os direitos humanos dos povos indígenas. No caso *Glamis Gold v. EUA*, também adjudicado com base no NAFTA[461], a empresa canadense,

[457] Declaração do NAFTA sobre o ingresso de *amicus curiae* de 7 out. 2003.

[458] Caso ICSID n. ARB/03/19, **Aguas Argentinas, Suez, Sociedad General de Aguas de Barcelona S.A., e Vivendi Universal S.A. v. Argentina**, Decisão proferida em 9 abr 2015.

[459] *"In contrast to the first ICSID tribunal confronted with amicus applications (Aguas del Tunari, S.A. v. Bolivia), the ICSID tribunal in Suez/Vivendi v. Argentina came to the conclusion that its procedural powers under Art. 44 ICSID Convention granted the same power."* (SCHADENDORF, Sarah. Investor-State Arbitrations and the Human Rights of the Host State's Population: An Empirical Approach to the Impact of Amicus Curiae Submissions. *In* WEIß, Norman THOUVENIN; Jean-Marc. **The Influence of Human Rights on International Law**. Suiça: Springer, 2015. p. 169).

[460] *Ad hoc* (UNCITRAL), **Glamis Gold, Ltd. v. EUA** (NAFTA), Decisão proferida em 8 jun 2009.

[461] North American Free Trade Agreement (1992) between Canada, The United States and Mexico (NAFTA). Disponível em <https://tinyurl.com/y5xncjdw>. Acesso em 22 out 2020.

Glamis Gold, ingressou com uma demanda contra os EUA alegando que este país teria praticado atos expropriatórios arbitrários e discriminatórios face os seus investimentos.

O investimento que deu ensejo ao caso teve início em 1994, quando a Glamis Imperial, empresa canadense, adquiriu, dos EUA, o direito à exploração de minas de ouro e prata no território de Imperial, na Califórnia. Ocorre que aquela região onde seria desenvolvido o projeto pela Glamis Gold era localizada próximo a um território indígena conhecido como *Indian Pass* e, por isto, certos grupos estadunidenses tinham o receio de que a exploração de minério na área pudesse ameaçar um território tido como sagrado pelo povo Quechuan.[462]

Por este motivo, os EUA, em especial o governo da Califórnia, cedendo à pressão de certos grupos, passou a adotar uma série de medidas regulatórias que impediam o exercício pela empresa canadense dos direitos minerários adquiridos dos EUA.

Irresignada, a empresa Glamis requereu a instauração de um procedimento arbitral alegando que a impossibilidade de exploração do minério trazida pelos diversos regulamentos e estatutos de mineração da Califórnia violariam seus direitos na condição de investidor, posto que (*i*) configurariam expropriação sem compensação, segundo os termos do NAFTA; e (*ii*) representariam o não respeito ao tratamento justo e equitativo, obrigação esta também preconizada naquele instrumento.

O projeto de mineração de Glamis Gold no sudeste da Califórnia foi contestado, no âmbito da arbitragem de investimento, também pelos próprios membros da *Quechan Indian Nation*, que apresentaram uma solicitação de ingresso no procedimento como *amicus curiae*, argumentando que o projeto de mineração danificaria recursos históricos e os impediria de praticar, naquele território, suas tradições sagradas.

Em sua manifestação, a *Quechan Indian Nation*, embasada em documentos como a Declaração das Nações Unidas sobre os Direitos dos Povos Indígenas, a DUHD, a Convenção 169 da OIT sobre Povos Indígenas, o Pacto Internacional sobre Direitos Civis e Políticos (1966), a Declaração sobre a Eliminação de Todas as Formas de Intolerância e Discriminação Fundadas na Religião ou nas Convicções, no relatório da Comissão das

[462] RYAN, Margaret Clare. Glamis Gold, Ltd. v. The United States and the Fair and Equitable Treatment Standard. **McGill Law Journal, 56(4)**. 2011. p. 923.

Nações Unidas sobre Direitos Humanos relativo aos Povos Indígenas, alegou que Estados, tal como fizeram os EUA, estariam obrigados a respeitar e proteger os direito e locais sagrados dos povos indígenas. Defenderam, em apertada síntese, que:

> [t]*here is no debate about the value to the nation of the cultural and religious resources located within the Indian Pass area, the site of the proposed Glamis Imperial Mine. Therefore, both the United States federal and state governments acted with legitimate governmental purposes, under all applicable international laws, when they adopted reasonable environmental measures to protect these irreplaceable and nonrenewable resources. We respectfully request the Tribunal consider the facts, law and contexts provided by the Tribe in assessing Glamis' claim.*[463]

Embora os EUA, como parte requerida no processo, não tenham invocado argumentos de direitos humanos, a manifestação da *Quechan Indian Nation* foi suficiente para levar o tribunal a reconhecer que "*the decision [Sentença] in this proceeding has been awaited by private and public entities concerned with environmental regulation, the interests of indigenous peoples, and the tension sometimes seen between private rights in property and the need of the State to regulate the use of property.*"[464]

O caso é particularmente significativo porque o tribunal tomou a decisão sem precedentes de permitir que uma comunidade indígena atuasse como *amicus*, aumentando assim a participação geral e a transparência do tribunal.

Entretanto, para o desfecho da arbitragem, o tribunal chegou, por outras vias, à mesma conclusão que aquela pleiteada pelo *Quechan Indian Nation* e, portanto, não considerou necessário analisar os argumentos de direitos humanos apresentados pelo *amicus curiae*. A conclusão do tribunal protegeu efetivamente os direitos humanos, mas a justificativa para o resultado acabou baseada apenas em princípios de investimento. Neste sentido, interessante ressaltar a ponderação feita por Susan Karamanian sobre o assunto, que defendeu que:

[463] *Ad hoc* (UNCITRAL), **Glamis Gold, Ltd. v. EUA** (NAFTA), Decisão proferida em 8 jun 2009.

[464] *Ad hoc* (UNCITRAL), **Glamis Gold, Ltd. v. EUA** (NAFTA), Decisão proferida em 8 jun 2009. § 8.

> *The tribunal in Glamis Gold could have expressly addressed the human rights norms to support the conclusion it reached. For example, a simple reference to the fact that the decision's holding reconciled the BIT objectives with human rights ones would have given some guidance on priority of norms. Rather than open the Pandora's box, however, the tribunal cautiously promoted the objectives of human rights in its holding without mentioning the norms in the rationale.* [465]

Muito provavelmente, o receio do tribunal em endereçar expressamente os argumentos de direitos humanos decorre da falta de mecanismos para fazê-lo, afinal, como se viu, sua jurisdição está adstrita aos termos das cláusulas compromissórias inseridas nos tratados de investimento, que, por sua vez, não contemplam obrigações de SIPDH. Portanto, com base no caso *Glamis Gold v. EUA*, conclui-se que, ainda a abordagem do tribunal tenha zelado indiretamente pelos direitos humanos e outros assuntos de interesse público,[466] para que se tenha segurança sobre a observância e aplicação pelos tribunais de investimento de normas do SIPDH, é necessário estabelecer mecanismos que garantam que os árbitros possam não apenas reconhecer, mas considerar, as questões de direitos humanos no âmbito das arbitragens de investimento.

Afinal, não é razoável permitir que os tratados de investimento sirvam como antolhos, impedindo os tribunais arbitrais, cuja missão é justamente escrutinizar as medidas implementadas por Estados, de se debruçar sobre os diversos instrumentos de direitos humanos vigentes no cenário internacional.

4.3.3. *Foresti e outros v. África do Sul*

Outro precedente que trouxe ao debate questões de direitos humanos, também por iniciativa de um terceiro que não era parte da lide, mas suscitando-as sob uma ótica um tanto quanto diferente dos casos já mencionados, correspondeu o caso *Foresti e outros v. África do Sul*.[467] Neste

[465] KARAMANIAN, Susan. Human Rights Dimensions of Investment Law. In: WET, Erika; VIDMAR, Jure. **Hierarchy in International Law: The Place of Human Rights**. Oxford University Press, 2012. p. 263.

[466] KULICK, Andreas. Global Public Interest in International Investment Law" (Cambridge University Press 2012), p. 304. *apud* BALCERZAK, Filip. **Investor-State Arbitration and Human Rights**. Leiden, Boston: Brill Nijhoff, 2017. p. 51.

[467] Caso ICSID n. ARB(AF)/07/01. **Piero Foresti, Laura de Carli e outros v. África do Sul.** Decisão proferida em 4 ago 2010.

caso, um grupo de pessoas físicas e jurídicas, nacionais da Itália e de Luxemburgo, apresentou, em meados de 2006, uma demanda contra a República da África do Sul em decorrência de supostos atos expropriatórios que violariam o direito a um tratamento justo e equitativo preconizado nos BITs firmados pela África do Sul com a Itália[468] e com a Bélgica[469].

No caso, os requerentes alegavam que a legislação promulgada pela África do Sul com o propósito de remediar os efeitos do *Apartheid,* conhecida como *Black Economic Empowerment*, violaria as obrigações de não-discriminação aos investimentos estrangeiros previstas naqueles BITs.

Acontece que, como alegava o requerido, a questão da expectativa de proteção dos investidores oferecida pelos tratados bilaterais não podia ser analisada sem levar em consideração as já assumidas obrigações pela África do Sul com a assinatura e ratificação da Convenção Internacional sobre a Eliminação de Todas as Formas de Discriminação Racial (1965).[470] Afinal, desde antes da entrada em vigor daqueles tratados bilaterais, poder-se-ia esperar que a África do Sul tomaria algumas medidas para reduzir as desigualdades raciais, como de fato o fez.

Este foi justamente o ponto clamado pela solicitação conjunta de *amicus curiae* apresentada por Centre for Applied Legal Studies, Center for International Environmental Law, International Centre for the Legal Protection of Human Rights e Legal Resources Centre, que, dentre outros, apontou que:

> *the proper interpretation of substantive equality provisions under international human rights law and the ability of governments to pursue substantive equality (eg through 'affirmative action' measures) without violating their international investment commitments are matters that affect all nations. The same is true of governments ability to promote economic and social rights, such as the right to a healthy environment, the right to development, and other human rights by imposing environmental, labour,*

[468] Italy – South Africa BIT (1997). Disponível <https://tinyurl.com/y4dck9qk>. Acesso em 28 out 2020.

[469] BLEU (Belgium-Luxembourg Economic Union) – South Africa BIT (1998). Disponível <https://tinyurl.com/y43pvh7h>. Acesso em 28 out 2020.

[470] SIMMA, Bruno. Foreign Investment Arbitration: A place for human rights? **International and Comparative Law Quarterly**, Vol. 60, 2011. p. 578-579.

> *and other regulations upon mining operations.* [...] *The human rights and sustainable development dimensions of this dispute are undeniably of public interest to the international community at large. The impact of this arbitration will accordingly reverberate far beyond the boundaries of this particular dispute.*[471]

Sobre a referida solicitação, interessante destacar o comentário de Vivian Kube, que se manifestou no sentido de que

> [i]*n Piero Foresti et al. v. South Africa, the petition to submit an amicus brief by the International Commission of Jurists ("ICJ") was accepted. The ICJ's petition mentions the broader public repercussions of this case: it concerned not only the legality and legitimacy of the Republic of South-Africa's legislation countering ramifications of the Apartheid regime, but also concrete international obligation of the home and the host state regarding non-discrimination, equality as well as the duty to international cooperation. It is noteworthy that – in the letter accepting the amicus brief submission – the tribunal explicitly asked for feedback on the fairness and effectiveness of the third party participation.*[472]

O tribunal acatou o pedido de *amicus*, determinando, inclusive que partes divulgassem certos documentos àqueles terceiros não litigantes[473].

[471] Caso ICSID n. ARB(AF)/07/01. **Piero Foresti, Laura de Carli e outros v. África do Sul.** Solicitação de *Amicus Curiae*, §§ 4.7 e 4.8.

[472] KUBE, Vivian; PETERSMANN Ernst-Ulrich. Human rights law in international investment arbitration. **EUI Working Paper Law** 2016/02. Itália: European University Institute Department of Law, p. 16.

[473] *"The Tribunal has accordingly fixed the schedule for the involvement of the above mentioned NDPs in the next stages of the case and has given directions for the disclosure of documents to them, having in mind two basic principles: (1) NDP participation is intended to enable NDPs to give useful information and accompanying submissions to the Tribunal, but is not intended to be a mechanism for enabling NDPs to obtain information from the Parties. (2) Where there is NDP participation, the Tribunal must ensure that it is both effective and compatible with the rights of the Parties and the fairness and efficiency of the arbitral process. Accordingly, the Tribunal has taken the view that the NDPs must be allowed access to those papers submitted to the Tribunal by the Parties that are necessary to enable the NDPs to focus their submissions upon the issues arising in the case and to see what positions the Parties have taken on those issues. The NDPs must also be given adequate opportunity to prepare and deliver their submissions in sufficient time before the hearing for the Parties to be able to respond to those submissions."* (Caso ICSID n. ARB(AF)/07/01. **Piero Foresti, Laura de Carli e outros v. África do Sul.** Carta do Tribunal aos *amici curiae* de 5 nov 2009).

Contudo, o tribunal, pelo menos até aquele momento, havia determinado que não vislumbrava qualquer necessidade de que os *amici* estivessem ou sustentassem na audiência de exposição do caso.

O caso *Foresti e outros v. África do Sul* foi o primeiro caso que se tem conhecimento que o tribunal concedeu acesso aos documentos a um grupo de organizações de interesse público a despeito das objeções dos requerentes. Além disso, ao final da sua carta autorizando a participação dos *amici*, o tribunal determinou que, após o encerramento da fase instrutória da arbitragem, os *amici* seriam, novamente, convidados para se manifestar sobre "*the fairness and effectiveness of the procedures adopted for NDP participation in this case*" e o tribunal "*will then include a section in the award, recording views (both concordant and divergent) on the fairness and efficacy of NDP participation in this case and on any lessons learned from* it".[474]

Acontece que o caso foi encerrado, por iniciativa dos requerentes, antes mesmo que os *amici* pudessem apresentar suas manifestações e, portanto, não é possível afirmar qual teria sido o impacto da argumentação dos *amici* no *decisum* do tribunal. De qualquer forma, a recepção dos *amici* pelo tribunal evidencia que aquele tribunal estava disposto em não apenas melhorar o sistema de intervenção de terceiros nas arbitragens de investimento, mas também em analisar o SIPI à luz do direito internacional hodierno, bem como do SIPDH, de forma integracionista e humanizada.

4.3.4. *Philip Morris v. Uruguai*

Outro caso bastante emblemático também relacionado à apresentação de *amicus curiae* versando sobre questões de direitos humanos, cuja participação, aliás, teve enorme relevância para a decisão do tribunal, foi o caso *Philip Morris v. Uruguai*[475]. Neste caso, julgado em meados de 2016 por um tribunal arbitral composto por Gary Born, James Crawford e presidido por Piero Bernardini, a empresa suíça Philip Morris acusou o Uruguai, entre

[474] Caso ICSID n. ARB(AF)/07/01. **Piero Foresti, Laura de Carli e outros v. África do Sul.** Carta do Tribunal aos *amici curiae* de 5 nov 2009.

[475] Caso ICSID n. ARB/10/7, **Philip Morris Brands Sàrl, Philip Morris Products S.A. e Abal Hermanos S.A. v. Uruguai.** Decisão proferida em 8 jul 2016.

outros, de expropriação sem indenização, violação de um tratamento justo e equitativo e denegação de justiça. A disputa teve como base o tratado bilateral de investimento firmado entre o Uruguai e a Suíça[476] e foi regida pelas Regras do ICSID.

Segundo a requerente Philip Morris, a lide decorreu de uma série de medidas antitabagistas promulgadas pelo Uruguai, que a obrigava a introduzir advertências gráficas relacionadas aos malefícios do tabaco nos seus produtos, bem como exigia a padronização das embalagens dos diferentes produtos por ela comercializados. Irresignada, a Philip Morris ingressou com a arbitragem alegando que essas medidas infringiram seus direitos de propriedade intelectual e causariam uma redução substancial no valor da companhia.

O Uruguai, por sua vez, afirmou que as medidas impugnadas teriam sido adotadas em conformidade com suas obrigações internacionais, com o único propósito de *proteger a saúde pública* e que não infringiriam os termos do BIT.[477] De acordo com o Uruguai, as regulamentações teriam sido aplicadas de forma não discriminatória a todas as empresas de tabaco e representariam um exercício razoável da discricionariedade governamental e da sua boa fé.

Em razão da matéria tratada naquela arbitragem, a Organização Mundial da Saúde ("OMS") e a Secretaria da Convenção-Quadro da OMS para o Controle do Tabaco (respectivamente "Secretaria da Convenção-Quadro" e "Convenção-Quadro") apresentaram um pedido conjunto de participação no procedimento como *amicus curiae* com forte embasamento naquela Convenção-Quadro (2003). Basicamente, alegavam aquelas organizações que poderiam auxiliar o tribunal com a elucidação de questões factuais e jurídicas, fornecendo evidências sobre a relação entre a publicidade gráficas do tabaco e o número de fumantes, além de fornecer subsídios sobre medidas regulatórias relacionadas ao tabagismo implementadas ao redor do mundo. Declaravam, ainda, que o resultado do caso poderia ter um impacto significativo na implementação da Convenção-Quadro por outros países membros.

[476] **Switzerland – Uruguay BIT (1988)**. Disponível em <https://tinyurl.com/y5skjjnm>. Acesso em 20 out 2020.

[477] *Ibid.*, § 13.

Embora as normas de SIPDH não tivessem sido suscitadas pelas partes[478], o tribunal foi convencido da relevância da participação daqueles terceiros para o deslinde do feito e, mesmo com a expressa oposição da Philip Morris, optou por receber manifestações daquele *amicus curiae.*

Na sua decisão de recepção de *amici curiae*, o tribunal esclareceu seu *ratio* com base nas Regras do ICSID e recorreu a precedentes como o caso *Methanex v. EUA* (*supra*, item IV.3.1), acolhendo o pedido e reconhecendo a relevância do direito internacional dos direitos humanos para o sistema internacional de proteção aos investimentos.

> *The Tribunal believes that the Submission may be beneficial to its decision-making process in this case considering* ***the contribution of the particular knowledge and expertise of two qualified entities regarding the matters in dispute****. It considers that in view of the* ***public interest*** *involved in this case, granting the Request would support the* ***transparency of the proceeding and its acceptability by users at large.***[479]

Posteriormente, o tribunal foi provocado por outra organização, dessa vez a Organização Pan-Americana da Saúde ("OPAS"), para que também a recebesse como *amicus curiae.*[480] Em coerência com sua decisão anterior

[478] Como explica Balcerzak, "*from the texts of the awards it seems that the human rights dimension of the facts underlying the disputes was not relied upon by the respondents as a defense. In Philip Morris v. Uruguay the respondent relied on a treaty external to the applicable bit – who Framework Convention on Tobacco Control. However, besides that, there is a place for respondent states to also rely on international human rights in such proceedings. 'Tobacco control has been conceptualized as 'a human rights issue,' and in particular as a component part of the right to health.' The UN Committee on Economic, Social and Cultural Rights explained that the normative content of the human right to health, as enshrined in art. 12 of the ICESRC, imposes on states, the obligation to fulfil [sic], which in this context requires states "to give sufficient recognition to the right to health in the national political and legal systems, preferably by way of legislative implementation, and to adopt a national health policy with a detailed plan for realizing the right to health*". (BALCERZAK, Filip. **Investor–State Arbitration and Human Rights**. Leiden, Boston: Brill Nijhoff, 2017. p. 206).

[479] Caso ICSID n. ARB/10/7, Caso ICSID n. ARB/10/7, **Philip Morris Brands Sàrl, Philip Morris Products S.A. e Abal Hermanos S.A. v. Uruguai**. Ordem Processual nº 3 de 17 fev 2015, § 28 – grifo nosso.

[480] A solicitação de *amicus curiae* foi apresentada pela Organização Pan-Americana da Saúde (OPAS), atua como escritório regional da Organização Mundial da Saúde para as Américas e

de recepcionar a OMS e a Secretaria da Convenção-Quadro, o tribunal decidiu, quase que sob os mesmos argumentos, recepcionar também a OPAS como *amicus curiae*.

Após o decurso da fase postulatória, as petições dos *amici curiae* foram, de fato, de extrema valia para o tribunal arbitral. Ao sentenciar o litígio, o tribunal recorreu àquelas manifestações para enfrentar pontos substanciais contemplados na sentença, afirmando, por exemplo que:

> [b]*oth* [the tobacco control] *measures have been implemented by the State for the purpose of protecting public health. The connection between the objective pursued by the State and the utility of the two* ***measures is recognized by the WHO and the PAHO Amicus Briefs, which contain a thorough analysis of the history of tobacco control and the measures adopted to that effect.***[481]

Não bastasse a menção expressamente às manifestações dos *amici curiae*, evidenciando seu entendimento no sentido de que normas e questões típicas do SIPDH seriam relevantes para arbitragem, o tribunal decidiu pela aplicação da margem de apreciação com base em entendimento da Corte Europeia de DH[482]. Nas palavras do tribunal:

faz parte dos sistemas da Organização dos Estados Americanos (OEA) e da Organização das Nações Unidas em 6 de março de 2015.

[481] Caso ICSID n. ARB/10/7, **Philip Morris Brands Sàrl, Philip Morris Products S.A. e Abal Hermanos S.A. v. Uruguai**. Decisão proferida em 8 jul 2016. § 399 – grifo nosso.

[482] O prof. Gary Born divergiu, contudo, dos demais membros do Tribunal, alegando que "[t]*he doctrine of a 'margin of appreciation' is, as the Tribunal acknowledges, derived from decisions of the ECtHR, applying the ECHR. In turn, in formulating this "margin of appreciation," the ECtHR has relied upon Article 1 of Protocol 1 to the ECHR, which protects private property from seizure, subject to exceptions for the'public interest' and 'general interest.'" e portanto que "There is no provision in the text of the BIT that is equivalent to Article 1 of Protocol 1, or that could provide a textual basis for importing such a concept into Article 3(2) of the BIT. On the contrary, as the Tribunal acknowledges, Article 3(2) is phrased broadly, referring only to the guarantee of 'fair and equitable treatment,' without incorporation of the international minimum standard or limitations like that in Article 1 of Protocol 1 to the ECHR. Nor, so far as the parties have suggested or I can discover, is there anything in the travaux of the BIT that suggests that its parties intended to incorporate the concept of a "margin of appreciation." e continou que "[he could not] agree to the transposition of the doctrine of a margin of appreciation from the ECHR context to either the Switzerland-Uruguay BIT or international law more generally. Rather, I am persuaded by the conclusions of other international tribunals and courts that a more specific standard of review, focused on the terms and context of the relevant treaty, is mandated*". (Caso ICSID n. ARB/10/7, **Philip Morris**

The Tribunal agrees with the Respondent that the 'margin of appreciation' is not limited to the context of the ECHR but 'applies equally to claims arising under BITs,' at least in contexts such as public health. The responsibility for public health measures rests with the government and investment tribunals should pay great deference to governmental judgments of national needs in matters such as the protection of public health.[483]

Assim, demonstrando o ferrenho entendimento no sentido que não se pode analisar o SIPI como um sistema isolado, o tribunal entendeu, então, que os pleitos da requerente Phillip Morris não seriam procedentes e os indeferiu.

Com efeito, pode-se afirmar, então, que o caso *Philip Morris v. Uruguai* corresponde a um evidente precedente no sentido de que terceiros não apenas podem suscitar questões de direitos humanos nas arbitragens de investimento, como demonstra que podem ter a capacidade de demonstrar para tribunais a relevância que os direitos fundamentais podem assumir no âmbito das arbitragens de investimento.

4.4. Quando os direitos humanos são mencionados pelos árbitros

4.4.1. *Tecmed v. México*

O exemplo mais proeminente sobre casos em que o próprio tribunal trouxe argumentos de direitos humanos para o âmbito das arbitragens de investimento, sem dúvidas, corresponde ao caso *Tecmed v. México*[484], que, aliás, passou a ser utilizado como base para diversos vários outros casos com matérias similares, como, por exemplo, o já mencionado *Azurix v. Argentina*[485], o caso *Lauder v. República Tcheca*[486], o *LG&E v. Argentina*[487] e diversos outros.

Brands Sàrl, Philip Morris Products S.A. e Abal Hermanos S.A. v. Uruguai. Decisão proferida em 8 jul 2016, Voto dissidente do prof. Gary Born, §§ 180-196).

483 *Ibid.*

484 Caso ICSID (ARB) AF/00/2. **Técnicas Medioambientales Tecmed v. México**. Decisão proferida em 29 mai 2003.

485 Caso ICSID n. ARB/01/12. **Azurix Corp. v. Argentina.** Decisão proferida em 14 jul 2006.

486 *Ad hoc* (UNCITRAL). **Ronald S. Lauder v. República Tcheca**. Decisão proferida em 3 set 2001.

487 Caso ICSID n. ARB/02/1, **LG&E Energy Corp., LG&E Capital Corp., and LG&E International, Inc.v. Argentina**. Decisão proferida em 25 jul 2007.

Aquele caso teve como base o BIT Espanha-México[488] e decorreu da suposta violação dos direitos detidos por empresa espanhola, a Tecmed, na condição de investidora no território mexicano. Segundo alegou, a Tecmed teria, em meados de 1996, adquirido um aterro sanitário no território mexicano para fins de exploração econômica daquele empreendimento, sendo-lhe, então, concedida pelo governo do país uma licença de operação por tempo indeterminado. Ocorre que, em 1998, as autoridades administrativas do país, em um ato alegadamente discriminatório e injustificado, teriam revogado a licença concedida à Tecmed por via das suas subsidiárias mexicanas, de forma que o seu investimento teria deixado de representar qualquer valor econômico, configurando, segundo alegou o investidor, não apenas um ato expropriatório, mas também a transgressão de uma série de disposições do BIT, em particular a norma sobre tratamento justo e equitativo.

Embora este caso versasse, em essência, sobre questões de direitos humanos e relacionadas ao meio ambiente, o ponto mais relevante e inovador dessa arbitragem foi que o tribunal nela constituído, ao proferir a sentença sobre o caso, recorreu a precedentes da Corte Europeia de DH e a da Corte Interamericana de DH para averiguar as questões de mérito nela discutidas. Ao analisar a demanda, o tribunal definiu que iria considerar, a fim de determinar se as medidas implementadas pelo México configurariam ou não atos expropriatórios e a proporcionalidade entre a diretiva implementada pelo Estado e o interesse público por elas tutelado.

Recorreu, então, o tribunal ao caso James e outros da Corte Europeia de DH, no qual foi conceituado ato expropriatório nos seguintes termos:

> [n]ot *only must a measure depriving a person of his property pursue, on the facts as well as in principle, a legitimate aim « in the public interest », but there must also be a reasonable relationship of proportionality between the means employed and the aim sought to be realised...*[...]. *The requisite balance will not be found if the person concerned has had to bear "an individual and excessive burden"* [...] *The Court considers that a measure must be both appropriate for achieving its aim and not disproportionate thereto.*[489]

[488] **Mexico – Spain BIT (1995)**. Disponível em <https://tinyurl.com/y556jj4e>. Acesso em 20 out 2020.

[489] Corte Europeia de DH. James e outros, julgado em 1986.

À luz dessa definição, entendeu o tribunal que o "*statements of the Strasburg Court* [no caso James e outros should] *apply to the actions of the State* [México] *in its capacity as administrator, not only to its capacity as law-making body*"[490] e, após analisar a conduta do Estado com base nestes aspectos, concluiu que a revogação da licença teria se baseado em critérios extremamente formalistas e a sua manutenção não ensejava risco presente ou iminente ao equilíbrio ecológico ou à saúde das pessoas.

A partir dessas constatações, que não deixam dúvidas sobre a permeabilidade do SIPI e do SIPDH, o tribunal concluiu que as ações do México, de fato, constituíram expropriação e também violaram sua obrigação de tratamento justo e equitativo. O México foi, então, condenado, naquele caso, embora sob fortes bases de precedentes de outras cortes, em especial da Corte Europeia de DH.

O caso *Tecmed v. México* ilustra que os tribunais podem, a rigor, fazer referência aos instrumentos internacionais de direitos humanos e à jurisprudência das cortes de direitos humanos ao interpretar as disposições dos BITs. Contudo, para que se assegure aos tribunais a segurança de fazê-lo é desejável – para não dizer imprescindível – que os termos dos tratados contemplem as questões de direitos humanos.

Afinal, não há[491] – ou pelo menos não deveria haver – qualquer óbice para que os tribunais arbitrais recorram à normas de SIPDH, mesmo que as partes de uma disputa específica não apresentem argumentos baseados em direitos humanos. Como destacou August Reinisch,

> [a]*lthough a proportionality analysis carried out in the context of expropriation is typical for the case-law of the ECtHR, such a balancing approach may be regarded as inherent in the tests relied upon by many investment arbitral tribunals. It is likely to become evident over time whether and to what extent the inspiration taken by investment tribunals from the jurisprudence of the ECtHR will also extend to the latter's proportionality analysis for the purposes of determining acts of indirect expropriation.*[492]

[490] Caso ICSID (ARB) AF/00/2. **Técnicas Medioambientales Tecmed v. México**. Decisão proferida em 29 mai 2003. § 122.

[491] BALCERZAK, Filip. **Investor–State Arbitration and Human Rights**. Leiden, Boston: Brill Nijhoff, 2017. p. 53.

[492] REINISCH, August. **Expropriation**. *In* MUCHLINSKI, Peter; ORTINO, Federico; SCHREUER, Christoph (eds.). The Oxford Handbook of International Investment Law. Oxford: Oxford University Press, 2012. p. 35.

4.4.2. *Micula. v. Romênia*

Por fim, o último caso que se propõe à análise, o caso *Micula v. Romênia*[493], corresponde a um caso que também decorreu do já mencionado processo de adesão da Romênia à UE (*supra,* item IV.1.2). No caso, para que fosse admitida como membro, o país revogou uma série de incentivos econômicos concedidos anteriormente a investidores estrangeiros para que investissem no desenvolvimento de certas regiões desfavorecidas na Romênia.

Basicamente, embora, em 1998, a Romênia tenha decretado a concessão de benefícios fiscais pelo período de 10 (dez) anos, o país revogou, em meados de 2005, todos aqueles incentivos fiscais e aduaneiros preparando-se para aderir à UE. Isto porque, tais incentivos fiscais eram considerados, tal como vetado pela legislação daquele bloco, auxílios estatais.

Não concordando com a revogação das medidas, os investidores apresentaram, em 28 de julho de 2005, o seu requerimento de arbitragem alegando que a revogação das medidas violaria o BIT firmado entre a Romênia e a Suécia[494] e a sua legítima expectativa. A demanda no caso foi apresentada, conjuntamente, por 2 (duas) pessoas físicas, e 3 (três) pessoas jurídicas contra o Estado da Romênia e teve como base o BIT firmado entre a Romênia e a Suécia, sendo regulada pelas Regras do ICSID.

Após um longo procedimento arbitral, inclusive com a sua bifurcação, em 2013, o tribunal composto por Laurent Lévy, Stanimir A. Alexandrov e Georges Abi-Saab concluiu, por maioria (com voto dissidente de Georges Abi-Saab), que o encerramento prematuro dos incentivos ofertados constituía violação do padrão de tratamento justo e equitativo e determinou que a Romênia indenizasse os investidores.

Embora este caso não se trate de especificamente de questões de direitos humanos – ou pelo menos daquelas questões de direitos humanos típicas do SIPDH, aquele tribunal foi instado, ainda em sede de decisão

[493] Caso ICSID n. ARB/05/20. **Ioan Micula, Viorel Micula, S.C. European Food S.A, S.C. Starmill S.R.L. and S.C. Multipack S.R.L. v. Romênia**. Decisão proferida em 11 dez 2013.

[494] **Romania – Sweden BIT (2002).** Disponível em <https://tinyurl.com/y2md5kcu>. Acesso em 23 out 2020.

sobre sua competência, a definir a questão da nacionalidade do investidor[495]. Ao fazê-lo, o tribunal determinou que

> [I]*n interpreting the BIT, i.e., an instrument between two sovereign States, it may take into account, as directed by Article 31(3)(c) of the Vienna Convention on the Law of Treaties, any relevant rules of international law. The Tribunal is also mindful of the role of international law when nationality is acknowledged for international purposes.*[496]

E continuou

> *In making its determination, the Tribunal will be mindful of Article 15 of the Universal Declaration of Human Rights according to which everyone has the right to a nationality, and that no one shall be arbitrarily deprived of his nationality nor denied the right to change his nationality.*[497]

Ou seja, aquele tribunal, ainda em sua decisão sobre jurisdição, deixou claro o seu entendimento de que o direito internacional dos investimentos não pode ser analisado de forma fragmentada, mencionando ainda os comentários da Corte Interamericana de DH ao *Draft Articles on Diplomatic Protection* e precedentes da CIJ, como o já mencionado Caso ELSI. Contudo, em sua análise posterior, o tribunal não esclareceu como o art. 15 da DUDH influenciou o seu raciocínio judicial. Além disso, a rejeição subsequente do tribunal do teste de *Nottebohm* demonstrou uma abordagem reservada em relação ao direito internacional.

Muito provavelmente, a falta de esclarecimento do tribunal sobre como as questões do SIPDH teriam influenciado o seu *decisum* tenha se dado por

[495] "*The Tribunal was faced with the question of whether a nationality which was properly obtained could fade away by lack of an ongoing effective link. In its decision on jurisdiction, the Tribunal mentioned the 'right to a nationality' under the UDHR as one of several grounds for upholding it*". (KRIEBAUM, Ursula. Human rights and international Investment law. *In* RADI, Yannick. **Research Handbook on Human Rights and Investment. Research Handbooks in International Law series**, 2018. pp. 20-21).

[496] Caso ICSID n. ARB/05/20. **Ioan Micula, Viorel Micula, S.C. European Food S.A, S.C. Starmill S.R.L. and S.C. Multipack S.R.L. v. Romênia**. Decisão proferida em 11 dez 2013, § 87.

[497] *Ibid*, § 88.

receio de ter sua sentença anulada, dadas todas as incertezas trazidas pela falta de regulação sobre questões de direitos humanos em arbitragens de investimento. Por isso, embora muitos passos já tenham sido dados no sentido de se ter um ambiente harmônico e um SIPI sensível às normas de SIPDH, muito ainda há a ser percorrido. Justamente neste sentido, o próximo capítulo (*infra*, CAPÍTULO V) cuidará de analisar como este e os outros precedentes comentados têm influenciado o arcabouço normativo que permeia o SIPI.

CAPÍTULO 5
A NOVA ORDEM DO DIREITO INTERNACIONAL: A PREVALÊNCIA DOS DIREITOS HUMANOS

Nos últimos anos, o ambiente internacional passou por uma significativa reforma em razão da globalização. A redução dos custos dos meios de transporte e a implementação de novos mecanismos de comunicação deram ensejo a uma profunda integração econômica, social, cultural e política globalizada. Com efeito, o sistema internacional passou a ser visto como uma comunidade integrada, integração esta que recai principalmente sobre quatro aspectos, quais sejam: (*i*) o comércio internacional; (*ii*) o soerguimento de investimentos transnacionais; (*iii*) o movimento de pessoas; e, (*iv*) a disseminação transfronteiriça de conhecimento.[498]

Como se viu, essa alteração do sistema internacional iniciou-se logo após o fim da Primeira Guerra (1914-1919), sendo intensificada após o término da Segunda Guerra (1939-1945). Isto porque, se por um lado a forte crise socioeconômica decorrente daqueles contextos impunha a determinados Estados que buscassem recursos estrangeiros para reerguer suas economias, por outro, alguns países vislumbravam, naquele cenário de instabilidade, a oportunidade de expandir seus mercados. Com efeito, a segunda metade do século XX foi marcada por uma mitigação das

[498] FUNDO MONETÁRIO INTERNACIONAL. **Globalization: Threat or Opportunity?** 2000. Disponível em: <https://www.imf.org/external/np/exr/ib/2000/041200to.htm#II>. IMF Website. Acesso em 11 ago 2020.

fronteiras internacionais e um exponencial fluxo transnacional de bens e pessoas.

Ao passo que as fronteiras se dissolviam na comunidade internacional pós-moderna e permitiam a aplicação de recursos em territórios alienígenas, aqueles investimentos estrangeiros acabavam sem qualquer amparo jurídico, posto que ficavam à inteira mercê da discricionariedade do governo do Estado receptor do investimento. Com efeito, os riscos regulatórios, bem como a potencial execução de atos expropriatórios sem qualquer indenização, desencadeavam nos investidores internacionais uma justificada insegurança jurídica. Isto porque, como se viu (*supra, item* I.1), os métodos de resoluções de disputas existentes até meados da década de 1960 encontravam óbices nos limites jurisdicionais impostos pela soberania.

Motivados, então, a coibir a potencial impunidade face à prática de atos expropriatórios contra investimentos estrangeiros e a garantir a segurança desses, alguns internacionalistas, embasados pelo reconhecimento da capacidade postulatória de sujeitos não estatais no direito internacional, reuniram-se e projetaram um sistema jurídico desvencilhado dos ordenamentos jurídicos nacionais para resolução de disputas de investimento. Composto, de um lado, por normas e regras que garantiam a proteção de recursos aplicados em um território alienígena e, de outro, por um mecanismo próprio de tomada de decisão, o qual sincretizava as bases do direito internacional público e privado, surgiram, naquele contexto, os tratados de investimento com previsão da arbitragem de investimento como método de resolução de disputa (*supra*, item I.2).

A rápida aceitação dos tratados de investimentos internacionais com cláusulas arbitrais fez com que mais de 3.200 (três mil e duzentos) tratados internacionais de investimentos fossem firmados entre 1970 e meados dos anos 2000.[499] Aqueles tratados, essencialmente similares, congregavam uma série de disposições normativas cujo propósito era proteger os investimentos transnacionais e garantir segurança aos investidores que porventura aplicassem seus recursos em outros países. Verificou-se, então,

[499] Informações disponibilizadas pela pela UNCTAD através da plataforma Investment Policy Hub. Disponível em <https://investmentpolicy.unctad.org/international-investment-agreements>. Acesso em 5 out 2020.

na esfera internacional, o soerguimento do sistema jurídico internacional de proteção ao investimento ("SIPI") (*supra*, item I.1).

Acontece que aquele sistema surge como produto de uma perspectiva, à época preponderante, que concebia o direito internacional como fragmentado e defendia que a regulação das suas diversas áreas de incidência deveria ser fracionada em diversos sistemas insulares.[500] Por esse motivo, o sistema internacional de proteção aos investimentos emerge como um sistema autônomo, supostamente independente e autorregulável. Acreditava-se que quaisquer questões relativas aos tratados internacionais de investimentos deveriam ser solucionadas por via da arbitragem de investimento, mediante a exclusiva aplicação das normas que constituíam o SIPI, sem qualquer menção ou aplicação às normas de outros sistemas.

Embora essa visão da arbitragem de investimento contrariasse a própria natureza do instituto, uma vez que foi criado justamente para escrutinizar aspectos relativos à amplitude da discricionariedade da soberania estatal sob o prisma das regulações instituídas pelos tratados de investimento, por muito tempo, essa foi a acepção que preponderou neste mecanismo de solução de disputas. Em decorrência dessa perspectiva unilateral, o iminente receio de uma condenação frívola resultante de uma análise enviesada dos potenciais conflitos fez com que as arbitragens de investimento passassem a ser vistas no sistema internacional como um método de solução de controvérsias absolutamente pró-investidores.[501]

Criou-se, então, na *esfera internacional*, principalmente entre os países em desenvolvimento, o justificado receio de que a inclusão de cláusulas arbitrais em tratados de investimentos provocaria um engessamento regulatório (*regulatory chill*) dos Estados signatários dos tratados de investimento.[502] Isto porque, sempre que processados pelos investidores

[500] KOSKENNIEMI, Martti, Constitutionalism as Mindset: Reflections on Kantian Themes About International Law and Globalization. **Theoretical Inquiries in Law** L. 9, 18, 2007. p. 9-36.

[501] V., por exemplo: BROWER, Charles; SCHILL, Stephan W. Is Arbitration a Threat or a Boon to the Legitimacy of International Investment Law? **Chicago Journal of International Law**: Vol. 9: n. 2. 2009. Disponível em <https://chicagounbound.uchicago.edu/cjil/vol9/iss2/5>. Acesso em 15 ago 2020.

[502] Basicamente, o *regulatory chill* acontece quando um Estado, acreditando que um determinado ato normativo pode motivar o seu processamento em fóruns internacionais, se priva de regular uma determinada área.

em arbitragens de investimentos, independentemente do contexto que permeasse o conflito, a condenação dos Estados seria uma suposta certeza. Afinal, os deslindes seriam resolvidos puramente com base nos tratados de investimento, cujo objeto e propósito eram oferecer proteção aos investidores internacionais.

Ainda que as estatísticas não comprovem esse engessamento regulatório, posto que (*i*) o número de arbitragens de investimento que discutem atos regulatórios é relativamente baixo[503]; e, (*ii*) atualmente, o número de arbitragens vencidas por Estados é significativamente maior que o número de casos em que investidores lograram êxito (v. Figura 1: Número de arbitragens de investimento concluídas até 2020 *supra*), não se pode ignorar que o mero receio de ser processado poderia ser suficiente para coibir a edição de atos regulatórios pelos Estados. Atos regulatórios estes que, por sua vez, poderiam ser de suma importância para garantir a proteção de determinados direitos fundamentais, como o direito à saúde, à água, ao meio ambiente, e a diversos outros. Como explica John Ruggie, "[e]*ven where no claim is brought against the state, the possibility of a suit itself may have chilling effects on the willingness of the host government to adopt adequate regulations in the best interests of its own population*".[504]

O justificado receio de que a proteção do investidor impediria os governos dos países receptores de investimento de adotar políticas apropriadas, atrelado à certeza de suas condenações caso processados perante os tribunais arbitrais, despertou em muitos países, especialmente nos latino-americanos, uma forte aversão ao sistema de arbitragem de

[503] *"The regulatory chill theory appears to presuppose that ISDS impacts on legislative processes. However, as Tietje and Baetens show, of all concluded ICSID cases up to 2014, 47% relate to executive or administrative acts, such as permits and licenses, whereas* ***only 9%, or fourteen cases, relate to legislative acts****. Citing researchers Jeremy Caddel and Nathan Jensen, they note that 'given the low rate of disputes involving legislative branch activity, arguments that investor-state arbitration may encroach on the legitimate prerogatives of domestic governments appear to be overstated. Democratic legislatures should embrace investor-state arbitration as an additional check on executive branch misbehavior.'"* (ALVAREZ, Gloria; BLASIKIEWICZ, Blazej, et al.. A Response to the Criticism against ISDS by EFILA. **Journal of International Arbitration**. Volume 33, Issue1. Haia: Kluwer Law International, 2016. p. 23 – grifo nosso).

[504] RUGGIE, John G. **Just Business. Multinational Corporations and Human Rights**. Nova Iorque, Londres: W.W. Nonton & Company, 2013, p. 103.

investimentos. Aliás, alguns países chegaram ao extremo de denunciar seus tratados de investimento e se retirar do ICSID (*supra*, item I.5). Esse movimento de retaliação às arbitragens de investimento ficou conhecido como o *backlash against investment arbitration.*[505]

Embora hoje se saiba que o assente movimento contrário às arbitragens de investimento represente mais um fenômeno político do que uma efetiva aversão àquele sistema de resolução de disputas[506], não se pode negar a premissa de que o SIPI enfrenta um grave problema estrutural por ser tratado como se fosse um sistema absolutamente insular.

Como se viu nos capítulos anteriores (*supra*, CAPÍTULO III e CAPÍTULO IV), os tribunais arbitrais, ao se depararem com questões que se relacionam ou tangenciam o sistema jurídico internacional de proteção aos direitos humanos ("SIPDH"), o que vem acontecendo cada vez em maior escala, raramente tendem a endereçá-las, ou se as endereçam, o fazem sem mencionar expressamente as obrigações concretas como um direito substantivo.[507-508] Essa recusa de se endereçar expressamente questões do SIPDH no âmbito das arbitragens de investimentos acontece por dois principais motivos.

Primeiro, a adstrição dos tribunais arbitrais aos termos da cláusula compromissória gera imensa insegurança jurídica sobre a possibilidade de se aplicar instrumentos do SIPDH ao SIPI. Ainda que alguns tratados de investimento com termos e definições mais abrangentes ou menções à aplicação subsidiárias de leis domésticas permitam, a rigor, a aplicação de normas de direitos humanos, outros com definições mais concisas, cingem

505 WAIBEL, Michael; KAUSHAL, Asha; et al. (eds). **The Backlash against Investment Arbitration**. Haia: Kluwer Law International, 2010.

506 DINIZ, Lucas. Arbitragem de investimento na América Latina: o retorno da doutrina Calvo? *In* GARCIA, Enrique (coord.); PEREIRA, Wagner; MURIEL, Beatriz (orgs.). **Desenvolvimento e Cooperação na América Latina: A Urgência de uma Estratégia Renovada**. São Paulo: Editora da Universidade de São Paulo, 2020. p. 733-754.

507 KUBE, Vivian; PETERSMANN Ernst-Ulrich. Human rights law in international investment arbitration. **EUI Working Paper Law** 2016/02. Itália: European University Institute Department of Law, p. 20.

508 WEILER, Todd. Balancing Human Rights and Investor Protection: A New Approach for a Different Legal Order. **Boston College International and Comparative Law Review**, Volume 27, Issue 2 International Economic Law Article 8 and Developing Countries. Boston: Boston College, 2004. p. 429-452.

os tribunais à aplicação das normas dos princípios típicos do SIPI. Isto porque, como a base voluntarista da arbitragem (*supra*, item I.3) termina por circunscrever o escopo das arbitragens de investimento àqueles termos previstos nos tratados de investimento, e estes instrumentos raramente – para não dizer nunca – mencionam – ou pelo menos mencionavam – os direitos humanos em seus dispositivos, os árbitros acabam renitentes em considerar o SIPDH no âmbito das arbitragens de investimento.

A constante insegurança de se saber se estariam ou não contempladas as normas de direitos humanos em um determinado tratado[509], atrelado ao eminente receio de se extrapolar os limites da sua jurisdição, acaba levando os tribunais a concluir pela sua falta de jurisdição para apreciar tais questões, tal como aconteceu nos casos *Biloune v. Gana* (*supra*, item IV.2.1) e *Bernhard von Pezold et. all. v. Zimbabue*[510].

O *segundo* motivo decorre do fato de que a comunidade arbitralista que passou a atuar nas arbitragens de investimento, além de possuir raízes privatistas, posto que as arbitragens correspondiam essencialmente a um mecanismo típico para resolução de disputas comerciais, emergiu em um momento que se acreditava que SIPI seria um sistema auto regulável (*self contained*) e independente.[511] Logo, em resposta aos estímulos da

[509] Mas mesmo nos casos em que os tratados de investimento contemplassem a possibilidade de se aplicar instrumentos de direito internacional em suas cláusulas compromissórias, saber até que ponto uma norma de direito internacional seria entendida como como uma obrigação *erga omnes*, consuetudinária ou norma de aplicação geral causava – e ainda causa – bastante insegurança, posto que, como se viu, tais conceitos típicos do SIPDH são bastante efêmeros e incertos.

[510] Neste caso, o Tribunal ter expressamente mencionou que "[...] *in order for the Arbitral Tribunals to consider such a submission, they would need to consider and decide whether the indigenous communities constitute "indigenous peoples" for the purposes of grounding any rights under international human rights law. Setting aside whether or not the Arbitral Tribunals are the appropriate arbiters of this decision, the decision itself is clearly outside of the scope of the dispute before the Tribunals*" e esclareceu que "[...] *the reference to "such rules of general international law as may be applicable" in the BITs does not incorporate the universe of international law into the BITs or into disputes arising under the BITs.*" (Caso ICSID n. ARB/10/15, **Bernhard von Pezold and Others v. Zimbábue**, Decisão proferida em, 2015).

[511] *"Ever since its inception, investment arbitration has benefited from a perception of self-contained ecosystem that does not interact with any other normative subject matter. Investor-State tribunals for the most part have been reluctant to accommodate the application of non-investment obligations and treaties, claiming either lack of jurisdiction over such claims, or affirming upfront that non-investment international*

comunidade internacional, os atores típicos das disputas suscitadas nas arbitragens de investimento, sejam eles as partes, árbitros ou terceiros na condição de *amici curiae*, tendem a se manter circunscritos aos preceitos do SIPI, ignorando outros sistemas normativos, como o de direitos humanos.

Contudo, nem a suposta falta jurisdição para resolver questões de direitos humanos, nem a falta de familiaridade da comunidade arbitral com tais questões poderiam justificar a coexistência do SIPDH e do SIPI como se dois universos paralelos fossem. Afinal, além de os próprios precedentes dos tribunais arbitrais comprovarem que não é verdade que esses dois sistemas podem ser vistos como expressão de um direito fragmentado (*supra*, CAPÍTULO IV), o tratamento desses dois sistemas como se fossem estanques representa um enorme contrassenso não apenas para o direito internacional, como também para a própria natureza do SIPI (*supra*, CAPÍTULO III) por duas principais razões.

Em *primeiro lugar*, a renitência dos atores do SIPI em lidar com os direitos humanos, em especial aqueles de segunda e terceira geração, no âmbito das arbitragens de investimento é incoerente com a própria natureza do sistema, posto que a base do sistema internacional de proteção aos investimentos internacionais é formada justamente por conceitos e preceitos típicos do SIPDH.[512] Ainda que, como já mencionado (*supra*,

obligations have no bearing on the State's liability towards the investors, despite the availability of many avenues for the injection of human rights concerns. This hostility has exacerbated the backlash against investment arbitration's legitimacy, as it has woefully impacted both the host State and its individuals on multiple fronts. To name a few, it has constrained any public policy-making envisioned by the State, has given complete – undeserved and illegitimate – immunity to the investor and has inevitably caused the State to consistently breach its international obligations under multiple treaties on the international sphere". (NICOLAS, Nour. Recent Clauses Pertaining to Environmental, Labor and Human Rights in Investment Agreements: Laudable Success or Disappointing Failure? **Kluwer Blog.** Disponível em <https://tinyurl.com/yygvyyj3>. Acesso em 16 ago 2020).

[512] "*In some respects, human rights law and investment law are very similar. Ben Hamida observes that certain substantive norms such as the prohibition of dis- crimination and the protection of property may be common to both investment and human rights law. Moreover, both are fundamental to the process of the emancipation of the individual from the state since they both provide for proceedings between an individual and a state*". (REINER, Clara; SCHREUER, Christoph. Human Rights and International Investment Arbitration. *In* DUPUY; Patrick; FRANCIONI; PETERSMANN. **Human Rights in International Investment Law and Arbitration.** Oxford: Oxford University Press, 2009. p. 94).

item III.2.2.i), ambos os sistemas guardem entre si muitas diferenças, é certo que o SIPI se origina de um direito preconizado no âmbito do SIPDH, qual seja, a proteção de direitos de um grupo vulnerável – os estrangeiros – em um território alienígena.[513]

Além disso, os tratados de investimento prescrevem direitos materiais detidos pelos investidores em face do Estado, como o direito indenização na eventualidade de uma expropriação (proteção à propriedade privada), o direito de ser tratado de forma justa e equitativa, a proteção física e o direito de não ser discriminado em razão da nacionalidade, e outros que também constituem preocupações típicas dos direitos humanos. Ou seja, ainda que para sujeitos distintos, posto que os direitos humanos visam a proteger o direito dos indivíduos e o SIPI objetiva garantir a proteção dos investidores, em sua maior parte, pessoas jurídicas, é inegável a existência de uma forte conexão entre os dois sistemas.

Em *segundo lugar*, a desconsideração do SIPDH pelo SIPI contraria a sistemática do próprio direito internacional hodierno, que, desde o fim da Segunda Guerra Mundial (1939-1945), tem como máxima a proteção dos seres humanos. Ora, embora o estabelecimento de padrões de tratamento para os investimentos, bem como a garantia aos investidores da faculdade de litigar em pé de igualdade com os Estados receptores de investimento perante um tribunal arbitral, fossem de suma importância para garantir a segurança de investimentos internacionais, tais prerrogativas não poderiam servir como subterfúgio para se permitir violações de normas de direitos humanos, fossem elas praticadas pelos investidores ou pelos próprios Estados. Afinal, sendo patente que as instituições desses dois *sistemas* se permeiam (*supra*, CAPÍTULO III), permitir que o SIPI vigore em latente desconsideração dos direitos fundamentais, em momento que a *comunidade internacional* é caracterizada pelo estabelecimento de obrigações difusas de respeito e proteção aos direitos humanos, é,

[513] "*Although both fields of the law on a procedural level developed almost reversed characteristics, certain material standards of IIL [International Investment Law] may already constitute human rights, while others may be considered to represent human rights in the making. As a legal consequence, international investment law in the future may not be interpreted isolated from human rights law but, to the contrary, arbitrators must pay due consideration to other human rights which may be relevant to solve the investment dispute before them*". (KLEIN, Nicolas. Human Rights and International Investment Law: Investment Protection as Human Right? **Goettingen Journal of International Law** v. 4, 2012. p. 206).

sem dúvida, um enorme contrassenso. Neste sentido, defende Stratos Pahis que:

> *Because every State has a legal interest in their protection, a violation of a human rights obligation creates liability to all States. Breaches of multilateral treaty-based human rights obligations, even if not recognized as erga omnes, pose similarly wide--ranging liability. As Simma and Kill argue, '[t]hese outstanding obligations under multilateral human rights treaties represent a powerful argument in favour of interpreting the investment treaty in a manner coherent with international human rights law.'*[514]

Isto porque, como se viu (*supra*, item II.3) após presenciar as atrocidades perpetradas no curso da Segunda Guerra Mundial (1939-1945), e o enorme impacto que acarretaram para a estabilidade global, a comunidade internacional passou a perceber o direito internacional a partir de uma perspectiva humanista, em que o indivíduo assume a centralidade das relações internacionais. Pode-se dizer, portanto, que não apenas os direitos humanos foram reconfigurados pelo direito internacional após o fim da Segunda Guerra Mundial (1939-1945), como a recíproca foi verdadeira.

Até aquele momento, salvo pelos ensinamentos dos fundadores do direito internacional, que acabaram suplantados pelo soerguimento do positivismo jurídico, preponderava-se, no direito internacional, a personificação absoluta do Estado soberano. Embasado pela filosofia hegeliana e conforme se havia estabelecido na Paz de Westfália (1648), a esfera de proteção do ser humano estaria absolutamente restrita ao exclusivo domínio constitucional de cada Estado soberano (*supra*, item II.2). O Estado era concebido como um ente dotado de vontade própria e os direitos dos seres humanos eram reduzidos àqueles direitos que seus Estados de origem porventura lhes oferecessem. Por esses motivos, o direito internacional, marcado pelo voluntarismo Estatal ilimitado, pressupunha uma natureza bilateral das relações jurídicas e acabava diminuído à mera relação interestatal. Exemplo clássico dessa ideologia foi mencionado em

[514] PAHIS, Stratos. Bilateral **Investment Treaties and International Human Rights Law: Harmonization through Interpretation**. Genebra: International Commission of Jurists, 2011. p. 21.

capítulo anterior (*supra,* item I.2), quando se explicou que a proteção diplomática consistia no único mecanismo de pleitear indenizações contra um Estado. Ora, era inconcebível que indivíduos, fossem eles pessoas físicas ou jurídicas, detivessem capacidades postulatórias no âmbito internacional.

Como era de se esperar, esse ideal de soberania estatal absoluta levou à prática reiterada de atrocidades por Estados contra seres humanos, desconsiderando os direitos humanos não só sob a égide nacional, mas também sob a perspectiva internacional, culminando no holocausto. Após aquele trágico episódio da história mundial, a preocupação em impedir a repetição de catástrofes associadas às políticas das potências do Eixo, aliança firmada entre a Alemanha, Itália e Japão em meados da Segunda Guerra Mundial (1939-1945), levaram a uma crescente preocupação com a proteção dos direitos humanos e das liberdades fundamentais sob a égide do direito internacional. Além disso, o soerguimento de novos Estados, após o processo de descolonização, ensejou profundas reflexões sobre o reconhecimento do princípio de autodeterminação dos povos, dando início ao processo de "democratização do direito internacional".[515]

Naquele momento, ante a falha do positivismo voluntarista, tornou-se evidente que a eficácia do direito internacional só poderia ser alcançada mediante o desenvolvimento de uma consciência jurídica universal a partir de um ideal de justiça objetiva e em benefício de todos os seres humanos (*supra,* item II.3).[516] Deu-se, então, o início da formação de uma *comunidade internacional de seres humanos* que reconhecia expressamente o indivíduo como "sujeito do direito tanto interno como internacional"[517], afinal o Estado ou qualquer forma de organização sócio-política seria

[515] PIOVESAN, Flávia. **Direitos humanos e o direito constitucional internacional.** 14ª. ed. (rev. e atual.). São Paulo : Saraiva, 2013. pp. 384 et seq.

[516] CANÇADO TRINDADE, Antônio. La humanización del Derecho Internacional: En la jurisprudência y la Doctrina – Un testimonio Personal. *In* CANÇADO TRINDADE, Antonio Augusto. **A humanização do Direito Internacional**. 2a ed. Belo Horizonte: Del Rey Editora. 2015. p. 447.

[517] CANÇADO TRINDADE, Antônio. La humanización del Derecho Internacional: En la jurisprudência y la Doctrina – Un testimonio Personal. *In* CANÇADO TRINDADE, Antonio Augusto. **A humanização do Direito Internacional**. 2a ed. Belo Horizonte: Del Rey Editora. 2015. p. 449.

concebido em benefício da pessoa humana e não o contrário e, portanto, "*the most precious constitutive element of statehood [should be the] human beings, the 'population' or the 'people'*".[518]

Retomando, então, conceitos e reflexões dos fundadores do direito internacional, a exemplo dos teólogos espanhóis, Francisco de Vitoria e Francisco Suárez, e do fundador do *jus gentium*, Hugo Grócio, que concebiam o direito internacional como um sistema verdadeiramente universal, o sistema jurídico internacional foi reconstruído. Aquela nova estrutura do direito internacional, formada sobre bases humanistas, reconhecia que o ponto nevrálgico daquele ramo do direito estaria na proteção da dignidade humana.

Por óbvio, o ordenamento jurídico internacional hodierno é bastante distinto daquele em que foram redigidas as obras clássicas de Grócio no século XVI. Contudo,

> [...] *aunque se trate de dos escenarios mundiales diferentes (nadie lo negaría), la aspiración humana es la misma, o sea, la de la construcción de un ordenamiento internacional aplicable tanto a los Estados (y organizaciones internacionales) cuanto a los seres humanos (el derecho de gentes), de conformidad con ciertos patrones universales de justicia, sin cuya observancia no puede haber paz social.*[519]

Com efeito, no contexto pós Segunda Guerra Mundial, os seres humanos, finalmente, têm seu status de sujeito de direito internacional reconhecido pela comunidade epistêmica internacional. Toda a sistemática, até então vigente no direito internacional, foi, então, reformada a fim de contemplar, primordialmente, os direitos fundamentais, fenômeno este que ficou conhecido como a "humanização" do direito internacional.[520]

[518] Voto dissidente do Juiz Cançado Trindade no caso relativo à independência unilateral do Kosovo. Disponível em <https://www.icj-cij.org/files/case-related/141/141-20100722-ADV-01-08-EN.pdf>. Acesso em 15 ago de 2020.

[519] CANÇADO TRINDADE, Antonio. La Humanización del Derecho Internacional y los Límites de la Razón de Estado. **Revista da Faculdade de Direito da Universidade Federal de Minas Gerais.** Belo Horizonte: UFMG, 2001. p. 14.

[520] "*The humanization of public international law under the impact of human rights has shifted its focus above all from State-centred to individual-centred*". (MERON, Theodor. **International Law in the Age of Human Rights (Volume 301).** Haia: Collected Courses of the Hague Academy of International Law, 2003. p. 22) Ver também: CANÇADO TRINDADE, Antonio.

O sistema jurídico internacional passou a primar pela preservação dos indivíduos e das suas posições jurídicas no cenário internacional. Sobre o assunto, esclarece Cançado Trindade que,

> [... o] tratamento dispensado aos seres humanos pelo poder público não é mais algo estranho ao direito internacional. Muito ao contrário, é algo que lhe diz respeito, porque os direitos de que são titulares todos os seres humanos emanam diretamente do Direito Internacional. Os indivíduos são, efetivamente, sujeitos do direito tanto interno como internacional. E ocupam posição central no âmbito do Direito Internacional dos Direitos Humanos, sejam ou não vítimas de violações de seus direitos internacionalmente consagrados.[521]

A nova ordem jurídica passa, então, a endereçar não apenas os interesses estatais, mas os deixa, talvez, em segundo plano, posto que a proteção da população mundial e a preservação dos seres humanos assumem o centro da agenda internacional. A criação dessa normatização internacional, como explica André de Carvalho Ramos, que enseja a aceitação, pelos Estados, de limites à própria ação parte de uma lógica *dúplice*[522]: de um lado, os Estados entendem que seria absolutamente imprescindível a supremacia do indivíduo como ideal do direito internacional e, do outro, sob uma lógica realista, entendem que seria necessário institucionalizar a convivência e cooperação pacífica entre os Estados. A institucionalização do direito internacional deixa de ter como base a soberania absoluta e passa a ser estruturada à luz de um esforço coletivo para preservar a paz e os seres humanos.

Aliás, esse esforço coletivo partia tanto dos próprios Estados, como também de entidades não estatais da sociedade civil, que, no contexto

La Humanización del Derecho Internacional y los Límites de la Razón de Estado. **Revista da Faculdade de Direito da Universidade Federal de Minas Gerais**. Belo Horizonte: UFMG, 2001. p. 11-23.

521 CANÇADO TRINDADE, Antonio. **Desafios e Conquistas do Direito Internacional dos Direitos Humanos no início do Século XXI**. *In* CACHAPUZ DE MEDEIROS, Antônio Paulo (org.), Desafios do Direito Internacional contemporâneo. Brasília: Fundação Alexandre Gusmão, 2007. p. 430-431.

522 RAMOS, André de Carvalho. **Teoria Geral dos Direitos Humanos na Ordem Internacional**. 4ª ed. São Paulo: Saraiva, 2014. p. 85.

pós-guerras, foram reconhecidas como atores da esfera jurídica internacional.[523] Estes novos atores internacionais, representados em especial pelas organizações não governamentais[524], assumem um importante papel no processo de formação e aplicação das normas internacionais em prol da preservação de valores universais. Sobre o assunto, mencionam-se novamente os ensinamentos de Cançado Trindade, que esclarecer que:

> A crescente atuação, no plano internacional, das ONGs e outras entidades da sociedade civil tem tido um inevitável impacto na teoria dos sujeitos do Direito Internacional, contribuindo a tornar os indivíduos beneficiários diretos (sem intermediários) das normas internacionais, e sujeitos do Direito Internacional, e a por um fim à anacrônica dimensão puramente inter-estatal deste último; ademais, sua atuação tem contribuído à prevalência de valores comuns superiores no âmbito do Direito Internacional. Os indivíduos, as ONGs e demais entidades da sociedade civil passam, assim, a atuar no processo tanto de formação como de aplicação das normas internacionais. Isto é sintomático da democratização das relações internacionais, a par de uma crescente conscientização dos múltiplos atores atuantes no cenário internacional contemporâneo em prol da prevalência de valores universais.

[523] *"Nearly as significant has been the emergence, of many new non-state actors in international affairs – including especially a large number of NGOs dealing with global matters; a growing number of media and academic institutions with worldwide reach; and an increasingly diverse array of armed non-state actors ranging from national and international terrorists to traditional rebel movements and various organized criminal groupings. These new non-state actors, good or bad, have forced the debate about intervention for human protection purposes to be conducted in front of a broader public, while at the same time adding new elements to the agenda."* (INTERNATIONAL DEVELOPMENT RESEARCH CENTRE. **The Responsibility to Protect: Report of the International Commission on Intervention and State Sovereignty**. Ottawa: International Development Research Centre for ICISS, 2001. Disponível em <http://www.iciss.gc.ca>. Acesso em 16 ago 2020.

[524] *"The UN Charter empowered the Economic and Social Council to grant consultative status to NGOs in matters within its competence, i.e., in matters of social and economic rights. [...] NGOs have made significant contributions to the development, adoption and acceptance of international standards. While continuing with their more traditional role of lobbying political parties, parliaments and governments and mobilizing public opinion, they have been monitoring and reporting on human rights violations. They have performed an important role in providing data to human rights bodies, a development acknowledged and encouraged by such bodies."* (MERON, Theodor. **International Law in the Age of Human Rights (Volume 301)**. Haia: Collected Courses of the Hague Academy of International Law, 2003. p. 360-361).

Em suma, o próprio processo de formação e aplicação das normas do Direito Internacional deixa de ser apanágio dos Estados.[525]

À luz desse ideal de preservação da humanidade, os países Aliados, que venceram militarmente os países do Eixo, se uniram após a Segunda Guerra, não apenas para punir as atrocidades perpetradas no curso daquele trágico episódio da história mundial, mas para dar início à criação de um conjunto de princípios e mecanismos básicos sobre direitos humanos sob os auspícios da ONU. Afinal, como defendeu Hersch Lauterpacht, não apenas bastava reconhecer a centralidade do indivíduo no sistema jurídico internacional, mas era necessário o desenvolvimento de uma declaração internacional dos direitos do homem (*supra, item* II.2.3).[526] Com efeito, além da adoção da Carta da ONU com o propósito de fornecer a base jurídica para a permanente ação conjunta dos Estados, em defesa da paz mundial, adotou-se, em 1948, a DUDH.

Os anos subsequentes, marcados principalmente pelas tensões típicas da Guerra Fria (1947-1991), foram extremamente relevantes para a efetiva humanização do direito internacional. As alterações sociais e a globalização permitiam o crescente desenvolvimento de uma consciência voltada para os direitos humanos e auxiliavam a cunhar transnacionalmente a necessidade de se coibir a violação aos direitos fundamentais. Por este motivo, mesmo em meio a uma forte polarização política, foi possível a união de esforços da comunidade internacional para elaborar e firmar o Pacto Internacional sobre Direitos Civis e Políticos (1966) e o Pacto Internacional sobre Direitos Econômicos, Sociais e Culturais (1966). Paulatinamente, o ambiente internacional foi vivenciando uma ampla tratificação das questões de direitos humanos pela esfera jurídica internacional.

Ao término da Guerra Fria (1947-1991), o fim das ameaças que circundavam a comunidade internacional, permitiu o desenvolvimento do

[525] CANÇADO TRINDADE, Antonio. Desafios e Conquistas do Direito Internacional dos Direitos Humanos no início do Século XXI. *In* CACHAPUZ DE MEDEIROS, Antônio Paulo (org.), **Desafios do Direito Internacional contemporâneo**. Brasília: Fundação Alexandre Gusmão, 2007. p. 446.

[526] BROWNLIE, Ian. **Principles of Public International Law.** 6ª ed. Nova Iorque: Oxford University Press, 2003, p. 530.

espírito cooperativista entre os Estados para garantir proteção dos seres humanos com ainda mais vigor.[527] Cabe lembrar que (*supra*, item II.3), justamente neste período, aconteceu a Conferência de Viena que deu origem à Declaração de Viena (1993), considerada por alguns autores como a como o instrumento de direitos humanos com maior legitimidade global.[528] Aquele instrumento, além de reafirmar diversos dos preceitos e normas preconizados na DUDH, incluiu referências à proteção ao meio ambiente e ao desenvolvimento sustentável.[529]

Naquele novo cenário internacional pós-Guerra Fria (1947-1991), a expansão da democracia[530] e a aceleração dos meios de comunicação[531] resultaram na união dos Estados, sob os auspícios da ONU, em especial do Conselho de Segurança, para julgar e punir os responsáveis pelos crimes praticados durante a guerra civil na ex-Iugoslávia (1991-1995). Foram formados dois tribunais penais internacionais *ad hoc*, um para a ex-Iugoslávia e outro para Ruanda, os quais tiveram vital importância para a consolidação da noção *erga omnes* dos direitos humanos na esfera internacional e deram origem ao TPI, o qual foi responsável pela superação da "justiça seletiva" ou da justiça "pelos vitoriosos".[532]

[527] "*Human factors of international law might be traced back to modern ages, even back to old times or the Middle Age. But humanizing process of international law started mainly after World War II. Since the ending-up of "cold war", the notion of humanizing globalization (Lamy, 2006; Martin, 2002; Burack, 2000; Kourula, 1997; Okafor, Aginam, 2003) has been initiated and hotly discussed with the ever-increasing impacts on human beings brought by economic globalization*". (ZENG, Lingliang. **Humanizing tendency of contemporary international law**. Higher Education Press and Springer-Verlag, 2009. p. 2.

[528] ONUMA, Yasuaki. **Direito Internacional em perspectiva transcivilizacional**. Belo Horizonte: Arraes, 2017.

[529] MERON, Theodor. **International Law in the Age of Human Rights (Volume 301)**. Haia: Collected Courses of the Hague Academy of International Law, 2003. p. 448.

[530] "Sem democracia não existem as condições apropriadas para a solução pacífica dos conflitos, pois as práticas democráticas de lidar com conflitos instigam a um internacionalismo de vocação pacífica, em função de sua homologia com a diplomacia concebida como um processo contínuo de diálogo e de negociação". (LAFER, Celso. Direitos humanos e democracia no plano interno e internacional. **Revista Política Externa**, vol. 3, no 2. São Paulo: USP, 1994. p. 68-76).

[531] MERON, Theodor. **International Law in the Age of Human Rights (Volume 301)**. Haia: Collected Courses of the Hague Academy of International Law, 2003. p. 91.

[532] "Os desenvolvimentos recentes no direito penal internacional têm dado um novo ímpeto à luta da comunidade internacional contra a impunidade, – como violação per se dos direitos

O século XX foi, portanto, marcado por uma superação da noção westfaliana de soberania absoluta, com a reconstrução do *jus gentium* embasado por um axioma universalista que impunha limites à atividade do Estado. Além disso, aquele novo *ethos* que soerguia na esfera internacional, preconizava uma colaboração entre os Estados, isto é, um esforço mútuo e comum, a fim de garantir a paz e a proteção aos direitos humanos. Esse conceito emergente de segurança criou demandas e expectativas adicionais em relação ao tratamento da sua própria população, afinal, tal como explicou o antigo primeiro-ministro britânico Tony Blair, "[w]*e cannot ignore new political ideas in other countries if we want to innovate. We cannot turn our backs on conflicts and the violation of human rights within other countries if we want still to be secure*".[533]

Com efeito, hoje, vive-se um momento em que há consenso no sentido de que os direitos humanos constituem o fundamento básico do sistema jurídico internacional. Essa humanização do direito internacional alterou – e vem alterando – o pressuposto clássico da reciprocidade que vigorou, por muito tempo, no direito internacional, culminando no reconhecimento de obrigações *erga omnes* e *princípios gerais de direitos internacionais* (*supra,* itens II.3 e II.4). Dessa forma, reconhece-se hoje que as obrigações de proteção aos direitos humanos são obrigações assumidas (ou impostas, como é o caso das normas de *jus cogens*) pelo Estado perante a *comunidade humana internacional,* isto é, em detrimento de todos os indivíduos. Ou seja, ante este caráter objetivo ou unilateral das normas internacionais de direitos humanos, que impõem obrigações ao Estado para com os indivíduos e abandonam a noção westfaliana de obrigações pela *lógica da oportunidade*

humanos, – além de reafirmarem o princípio da responsabilidade penal internacional do indivíduo por tais violações, e buscarem assim prevenir crimes futuros. O processo de criminalização das violações graves dos direitos humanos e do Direito Internacional Humanitário tem, com efeito, acompanhado pari passu a evolução do próprio Direito Internacional contemporâneo, superando suas insuficiências do passado no combate à impunidade." (CANÇADO TRINDADE, Antonio. Desafios e Conquistas do Direito Internacional dos Direitos Humanos no início do Século XXI. *In* CACHAPUZ DE MEDEIROS, Antônio Paulo (org.), **Desafios do Direito Internacional contemporâneo**. Brasília: Fundação Alexandre Gusmão, 2007. p. 457).

[533] HARROIS, Thibaud. British Foreign and Defence Policy since the End of the Cold War: the State and Security Governance. **Observatoire de la société britannique** [Online], 16, 2015. Acesso em 20 ago de 2020.

e reciprocidade,[534] é cediço que a proteção aos direitos fundamentais deve preponderar.

Não se pode olvidar, contudo, que, tal como reconhecido pela CIJ no emblemático caso *Barcelona Traction* (*supra, item* II.4), somente as obrigações que protegem valores essenciais para *comunidade humana internacional*, isto é, os direitos humanos *fundamentais*[535], geram obrigações *erga omnes*.[536] É imprescindível que se reconheça que nem todos os direitos humanos têm – e, aliás, sequer poderia ser diferente – o mesmo peso. Contudo, independentemente de existir ou não essa prevalência indiscriminada e sumária dos direitos humanos, o amplo reconhecimento da centralidade do ser humano e de seus direitos fundamentais na estrutura da ordem jurídica internacional demonstra que o corpo jurídico de regras e normas que compõem o direito internacional contemporâneo é integrado de forma sistêmica, indivisível e não pode desconsiderar os direitos humanos.

Por esse motivo, reconhecendo o bem-estar dos indivíduos como sua razão de ser, o direito internacional, por meio dos seus instrumentos normativos, passou a instrumentalizar a preservação da dignidade humana nos mais diversos dos seus segmentos, reconhecendo, ainda que indiretamente, a impossibilidade de se ter sistemas autorreguláveis. Cada vez em maior escala, sistemas econômicos, comerciais e, até mesmo,

[534] RAMOS, André de Carvalho. **Teoria Geral dos Direitos Humanos na Ordem Internacional.** 4ª ed. São Paulo: Saraiva, 2014. p. 87.

[535] No caso Barcelona Traction, a CIJ distinguiu os Direitos Humanos Fundamentais dos Direitos Humanos Gerais. Contudo, alguns autores, como André de Carvalho Ramos, defendem que a diferenciação entre direitos humanos fundamentais ou básicos e direitos humanos "[...] *tout court* perdeu a importância pois foi consagrado, na Conferência Mundial de Viena sobre os Direitos Humanos, o caráter indivisível dos direitos humanos. Além disso, os "direitos básicos" não constituem em uma categoria imutável, mas, pelo contrário, é possível o alargamento do seu conceito pela via interpretativa", o que é extremamente benéfico para os direitos humanos". (RAMOS, André de Carvalho. **Teoria Geral dos Direitos Humanos na Ordem Internacional.** 4ª ed. São Paulo: Saraiva, 2014. p. 92).

[536] "*Some of the corresponding rights of protection have entered into the body of general international law (Reservations to the Convention on the Prevention and Punishment of the Crime of Genocide, Advisory Opinion, I.C.J. Reports 1951, p. 23); others are conferred by international instruments of a universal or quasi-universal character.* (CIJ. Barcelona Traction, Light and Power Co, Ltd (Bélgica vs. Espanha), 1970. Disponível em <https://tinyurl.com/y5cle668>. Acesso em 12 abr 2020, § 34).

relacionados à segurança internacional, passaram a contemplar esses direitos essenciais em seus escopos. Tal como explicaram Bruno Simma e Dirk Pulkowski

> [G]*iven the centrality of human rights in 21st-century international relations, it is not surprising that the spirit of human rights has transcended these specific instruments, entering the formerly state-oriented area of 'general' international law. For instance, the rules on state responsibility codified in 2001 contain a specific regime on responsibility for breaches of obligations in the collective interest.*[537]

O respeito ao SIPDH passou a ser tratado, por exemplo, como fator determinante para o reconhecimento de novos Estados ou governos na era pós-Guerra Fria, como defendido pelo Conselho de Segurança das Nações Unidas, ao solicitar que os Estados rechaçassem a declaração unilateral de independência da Rodésia do Sul, posto que esta violaria o princípio da autodeterminação dos povos. Igualmente, certas normas de direitos humanos foram elencadas como normas imperativas de direito internacional, também denominadas de normas de *jus cogens* (*supra, item II.4*), tal como previu o art. 53 e 64 da CVDT.

Igualmente, a relativização da questão do registro de patentes no caso de medicamentos sob os auspícios do Acordo TRIPs (do inglês, *Agreement on Trade-Related Aspects of Intellectual Property Rights*), mediante a adoção da Declaração sobre o Acordo de TRIPs e Saúde Pública, demonstra a centralidade do indivíduo. Esse instrumento previu que o TRIPs "não impede e não deve impedir que os [m]embros adotem medidas de proteção à saúde pública".[538]

Seguindo, então, essa tendência à humanização do direito internacional, mesmo que sem o expresso amparo legal, as questões de direitos humanos começaram, nos últimos anos – ainda que de forma incipiente

[537] SIMMA, Bruno; PULKOWSKI, Dirk. Of Planets and the Universe: Self-Contained Regimes in International Law. **The European Journal of International Law** Vol. 17 no.3, Nova Iorque: EJIL 2006. p. 484.

[538] Declaração sobre o Acordo TRIPS e Saúde Pública. IV Conferência Ministerial da OMC, realizada em Doha, Catar, de 9 a 14.2011 (versão em português). Disponível em <https://bioeticaediplomacia.org/wp-content/uploads/2013/10/Declaracao-sobre-o-Acordo-de-TRIPS.pdf>. Acesso em 16 ago de 2020.

–, a ser suscitadas no âmbito das arbitragens de investimento (*supra*, CAPÍTULO III).[539] Sem dúvidas, a menção aos direitos humanos no SIPI foi tardia, posto que, tal como já vinha ocorrendo em outras áreas do direito internacional, a questão já não deveria ser **se** o SIPDH deve ser considerado na interpretação dos tratados de investimento mas sim, **qual peso** deve ser dado aos instrumentos de direitos humanos quando comparado a outros fatores que orientam a interpretação dos tratados de investimento, à luz do que se prevê, por exemplo, na CVDT.[540]

Ainda que a resposta a este questionamento deva ser feita considerando as especificidades, fatos e circunstâncias de cada caso concreto, é inegável que às normas e regras de direitos humanos deve ser dado um peso significativo[541], considerando que tais regras têm caráter objetivo, ou seja, estão fundamentadas não em uma permuta de direitos e deveres, mas na adesão a um sistema normativo[542], têm natureza *erga omnes* e representam a finalidade do direito internacional pós-moderno. Neste sentido, manifestou-se a Corte Interamericana de DH:

> [E]*nforcement [of bilateral commercial treaties] should always be compatible with the American Convention [on Human Rights], which is a multilateral treaty on human*

[539] GARCIA, Luis Gonzalez. **The Role of Human Rights in International Investment Law**. Reino Unido: Matrix Law, 2013. Disponível em <https://www.matrixlaw.co.uk/wp-content/uploads/2016/05/The-role-of-human-rights-in-international-investment-law.pdf>. Acesso em 13 ago 2020.

[540] Tal como propõe Susan Karamanian, " [...] *investment protection measures in IIAs are not 'investment exclusive' and human rights norms are embedded in some of them. Accordingly, under the proposal, IIAs need not be overhauled; it accepts that arbitration is a viable means to settle investor–state disputes. Also, it recognizes that international law, including customary international law and general principles of international law, is relevant to many IIAs. International law opens the door for tribunals to at least account for human rights.*" (KARAMANIAN, Susan. **The Place of Human Rights in Investor–State Arbitration**. Lewis & Clark Law Review, v.17:2, 2013. p. 425-425).

[541] "*This contrast between the normative nature of international human rights agreements and the instrumental nature of investment agreements provides a strong rationale for interpreting the latter in harmony with the former. As Professor Reisman stated, '[p]recisely because the human rights norms are constitutive, other norms must be reinterpreted in their light, lest anachronisms be produced'.*" (PAHIS, Stratos. **Bilateral Investment Treaties and International Human Rights Law: Harmonization through Interpretation**. Genebra: International Comission of Jurists, 2011. p. 24).

[542] PROVOST, René. **International Human Rights and Humanitarian Law**. Reino Unido: Cambridge University Press. 2009. pp. 124-125.

> *rights that stands in a class of its own and that generates rights for individual human beings and does not depend entirely on reciprocity among States.* [543]

Acontece que, como se viu (*supra,* CAPÍTULO III e CAPÍTULO IV), ainda que não existam óbices expressos à análise de instrumentos e preceitos de direitos humanos no âmbito das arbitragens de investimento, a sua aplicação encontra diversos entraves (*i*) jurisdicionais, posto que depende concomitantemente (***i.a***) da existência de uma cláusula compromissória suficientemente abrangente, visto que tratados mais restritivos acabam não permitindo a análise de questões relativas a direitos humanos; (***i.b***) da existência de uma relação entre os direitos humanos violados e as questões relativas ao investimento, tal como ocorreu no caso *Biloune v. Gana* (*supra,* item IV.2.1); e (***i.c***) da disposição dos tribunais arbitrais em considerar normas e regras de direitos humanos nas arbitragens de investimento, sabendo que correm riscos de fortes críticas; e (*ii*) de admissibilidade da questão sob a égide da lei aplicável subsidiariamente, que esteja sujeita (***ii.a***) à expressa menção a normas de direitos humanos como lei aplicável, seja recorrendo à lei doméstica ou às normas cogentes de direito internacional; (***ii.b***) à existência de possibilidade de se interpretar os tratados de investimento à luz de outros sistemas; e (***ii.c***) da provocação das partes sobre eventual violação de direitos humanos, ou seja, o tema não pode ser trazido *ex officio*. A necessidade de se ter, concomitantemente, todas essas disposições torna extremamente improvável a possibilidade de se ter aplicação das regras e normas de direitos humanos no âmbito das arbitragens de investimento.

Certamente, essa desconsideração da unicidade do direito internacional não poderia prosperar e fadava o SIPI ao fracasso, tal como advertiu Ursula Kriebaum:

> [f]*rom a legitimacy perspective on international investment law, it is of utmost importance that international law be viewed as a coherent system of norms and not as fragmented into various branches. Systemic integration of the various branches of*

[543] CORTE INTERAMERICANA DE DH. Caso Sawhoyamaxa Indigenous Community v. Paraguai. *apud* PAHIS, Stratos. **Bilateral Investment Treaties and International Human Rights Law: Harmonization through Interpretation**. Genebra: International Comission of Jurists, 2011.

international law, as opposed to applying international investment law in isolation, bears the potential to solve many of the problems which arise in the context of the interaction between various international non-investment obligations and international investment law itself.[544]

Isto porque, tal como defendeu John Ruggie, ao tratar especificamente de tratados de investimentos, o sistema internacional atual impõe a necessidade de que os governos dos estados receptores de investimento

> [...] *avoid signing overly restrictive investment agreements that constrain their ability to adopt bona fide public interest legislation and regulation, including for human rights protection, under the threat of being sued by foreign investors because the measures alter the economic equilibrium assumed under an investment agreement.*[545]

Assim, verifica-se, hoje, um movimento – ainda incipiente – no sentido de integrar sistemicamente as normas do SIPDH e do SIPI[546], tal como vem sendo reconhecido por importantes atores e autores[547] do direito internacional. Esse movimento, além de dar ensejo a uma nova onda de tratados de investimento, vem revolucionando o entendimento dos tribunais arbitrais e da jurisprudência em matéria de direito dos investimentos, tal como expressamente reconhecido pelo comitê de anulação da sentença no caso *Tulip Real Estate and Development Netherlands v. Turquia.*[548]

[544] KRIEBAUM, Ursula. Human rights and international Investment law. *In* RADI, Yannick. **Research Handbook on Human Rights and Investment. Research Handbooks in International Law series**, 2018. pp. 13-40.

[545] RUGGIE, John G. **Just Business. Multinational Corporations and Human Rights**. Nova Iorque, Londres: W.W. Nonton & Company, 2013. p. 109.

[546] PAHIS, Stratos. **Bilateral Investment Treaties and International Human Rights Law: Harmonization through Interpretation.** Genebra: International Comission of Jurists, 2011.

[547] "*The test of this decade for international investment law is when a decision needs to be made between ensuring the profits of a private investor and protecting human or environmental rights. The answer is certainly difficult, since a balance has to be made by arbitrators outside the specific context of human rights courts or international bodies.* ***The unity of international law and not its fragmentation can provide the basis to reconcile conflicting rules.***" (BALCERZAK, Filip. **Investor–State Arbitration and Human Rights**. Leiden, Boston: Brill Nijhoff, 2017. p. 152 – grifo nosso).

[548] Caso ICSID n. ARB/11/28. **Tulip Real Estate and Development Netherlands v. Turquia**. Decisão de anulação proferida em 30 de dezembro de 2015. Conquanto este caso tenha sido categórico em afirmar que "[t]*here is a widespread sentiment that the integration of the law of human*

O assente movimento integracionista, que passou a reconhecer a impossibilidade de que o SIPI continuasse a desconsiderar os direitos humanos, começou a ganhar espaço em meados dos anos 90, quando o *Multilateral Agreement on Investment* ("MAI") passou a ser debatido no âmbito da Organização para a Cooperação e Desenvolvimento Econômico ("OCDE"). Naquele momento, a democratização que ocorria em diferentes partes do mundo e o desenvolvimento de uma consciência universal voltada para os direitos humanos permitiram que espaços diplomáticos até então insensíveis aos direitos fundamentais fossem por eles alcançados. Com efeito, a fim de assegurar a proteção dos direitos fundamentais e de extirpar a insegurança jurídica trazida pela falta de menção a questões de direitos humanos nos tratados de investimento, começou-se a assegurar a integração substantiva das normas típicas do SIPDH no SIPI através da alteração dos próprios tratados de investimento.

Garantir estes mecanismos de proteção aos direitos humanos é de suma importância, pois, como destacam Jorge Daniel Taillant e Jonathan Bonnitcha, os indivíduos afetados dependem, em grande medida, de seu Estado para fornecer vias de reparação contra violações de direitos humanos. Afinal, existem três principais relações adjacentes aos investimentos internacionais, sendo estas a relação entre (*i*) o Estado e o indivíduo; (*ii*) o Estado e o investidor; e, (*iii*) o indivíduo e o investidor. Por certo, à parte mais fraca dessa tríade, os seres humanos, devem ser garantidos mecanismos eficazes de proteção aos seus direitos, sem quaisquer empecilhos.[549]

rights into international investment law is an important concern" (Caso ICSID n. ARB/11/28, **Tulip Real Estate e Development Netherlands v. Turquia.** Decisão proferida em 2014. Decisão de anulação, §86) o tribunal concluiu por uma aplicação limitada dos direitos humanos, mencionando que "[p]*rovisions in human rights instruments dealing with the right to a fair trial and any judicial practice thereto are relevant to the interpretation of the concept of a fundamental rule of procedure as used in Article 52(1)(d) of the ICSID Convention*". (Caso ICSID n. ARB/11/28, **Tulip Real Estate e Development Netherlands v. Turquia.** Decisão proferida em 2014. Decisão de anulação, §92).

549 "*International investment law creates critical imbalances of rights which favour investors over stakeholders and over State obligations to uphold international human rights obligations. Further, these agreements shift the cost and burden of risk in many cases to the most vulnerable groups that have no say at the negotiating table when the agreements are signed, nor do they have effective remedies when negative externalities occur. This imbalance can be understood and even tolerated where the impacts of sustaining and complying with the strict conditions of investor agreements does not cause undue and severe impacts*

Nos últimos anos, um dos órgãos de direitos humanos da ONU tem dedicado significativa atenção aos pontos de convergência entre direitos humanos e os investimentos internacionais. O Comitê da ONU sobre Direitos Econômicos, Sociais e Culturais, responsável pelo monitoramento do Pacto Internacional sobre Direitos Econômicos, Sociais e Culturais (1966), declarou, com relação ao direito à água, que os Estados teriam a obrigação de assegurar que, ao firmar outros acordos ou tratados relacionados a investimentos internacionais, a proteção ao direito à água deveria ser garantida.[550]

Paralelamente, o Alto Comissariado da ONU para os Direitos Humanos, após ser questionado pela então Comissão de Direitos Humanos das Nações Unidas, convertida em 2005 para o Conselho de Direitos Humanos, expediu quatro relatórios sobre a relação dos direitos humanos com outras áreas do direito internacional, dentre elas o direito internacional dos investimentos, no qual concluiu que:

> *States could consider including an explicit reference to the promotion and protection of human rights among the objectives of investment liberalization agreements, either in the preamble or in the body of the agreement. While not creating new obligations for the parties to an agreement, a reference would recognize the potential for investment to affect the enjoyment of human rights. Recognizing this link could be an important step in avoiding downward pressure on human rights protection in the process of investment liberalization. Further, a reference to the promotion and protection of human rights would encourage interpretations of provisions of investment agreements that take into*

on the rights of third party stakeholders and communities, or greatly hinder the State in complying with its international human rights obligations. However, in social and economic emergency situations, such conditions must be reviewed and investment conflict resolution tribunals should be obliged to bear in mind such considerations, providing fair and equitable treatment not only for the parties that have signed investment contracts, but for all key actors, particularly third party vulnerable groups". (TAILLANT, Jorge Daniel; BONNITCHA, Jonathan. International Investment Law and Human Rights. *In* SEGGER, Marie-Claire Cordonier; GEHRING, Markus W.; et al. Sustainable Development in World Investment Law. *In* **Global Trade Law Series**, Volume 30. Holanda: Kluwer Law International, 2011. pp. 79-80).

550 GLOBAL INITIATIVE FOR ECONOMIC, SOCIAL AND CULTURAL RIGHTS. **Working Paper Human Rights Law Sources:** UN Pronouncements on Extra-Territorial Obligations Concluding Observations General Comments and Recommendations Special Procedures UPR Recommendations. Disponível em <https://tinyurl.com/y2wbwmcp>. Acesso em 16 ago 2020.

> *account States obligations under human rights law. Finally, States are encouraged to raise their human rights obligations in dispute settlements where a decision of a tribunal might affect the enjoyment of human rights nationally or where the interpretation of a provision in an investment agreement might have a human rights dimension.*[551]

Justamente nesse sentido, como já mencionado, muitos tratados de investimentos começaram a incluir em seus dispositivos referências aos direitos humanos. Esses esforços, reconhecendo essa *integração* entre o *corpus juris* do SIPDH e do SIPI, visaram especialmente a resolver os entraves processuais típicos de uma concepção fragmentada do direito internacional, os quais vinham impedindo que os tribunais enfrentassem (ou até analisassem) questões de direitos humanos nas arbitragens de investimento.

Inicialmente, os tratados passaram timidamente a mencionar os direitos humanos em seus preâmbulos[552], incitando que os tribunais levassem em consideração o SIPDH ao analisar as demandas que lhes fossem designadas no esteio do SIPI. Aliás, essa passou a ser uma tendência do século XXI, a começar pelo BIT Modelo da Alemanha (2004)[553], perpassando pelo Modelo Austríaco (2010)[554] e diversos outros. Ademais, segundo

[551] ORGANIZAÇÃO DAS NAÇÕES UNIDAS. **Human rights, trade and investment Report of the High Commissioner for Human Rights.** Report n. E/CN.4/Sub.2/2003/9. 2003. Disponível em <https://undocs.org/pdf?symbol=en/E/CN.4/Sub.2/2003/9>. Acesso em 12 ago 2020.

[552] Diz-se timidamente pois é cediço que os preâmbulos dos contratos não geram, por si só, obrigações entre as partes signatárias de um tratado. Neste sentido, Mazzuoli menciona que "[e]m Direito Internacional **o preâmbulo dos tratados não tem força obrigatória, a não ser como elemento de interpretação do acordo**. O preâmbulo, como falamos, se inicia com a enumeração dos contratantes, é dizer, dos Estados ou organizações internacionais que concluíram o tratado, com a menção das credenciais dos representantes dos Estados. Em regra, os contratantes são indicados pelo titulo abreviado do chefe de Estado, ficando assim comprovada sua competência para a mantença de relações internacionais." (MAZZUOLI, Valério. **Curso de Direito Internacional Público**. 9ª ed. rev., atual. e ampl. São Paulo: Editora Revista dos Tribunais, 2015. p. 215). Contudo, a inserção de disposições sobre direitos humanos nos tratados de investimento garantia não só a possibilidade, mas o dever, dos tribunais analisar as questões relativas aos investimentos à luz do SIPDH.

[553] **German Model Treaty –2008**. Disponível em <https://tinyurl.com/y6jwwz9k>. Acesso em 23 out 2020.

[554] **Model Agreement for the Promotion and Protection of Investment between the Republic of Austria**. Disponível em <https://tinyurl.com/y5nytv78>. Acesso em 23 out 2020.

recentes estatísticas da UNCTAD[555], dos 14 (quatorze) tratados de investimentos firmados em 2019, pelo menos 9 (nove) deles contêm em seu preâmbulo ou em suas disposições determinações relativas à proteção de direitos humanos.

O tratado *Comprehensive Economic and Trade Agreement and Strategic Partnership Agreement between Canada and the European Union* ("CETA"), firmado entre a UE e o Canadá, trouxe, igualmente em seu preâmbulo a menção aos direitos humanos, inclusive endereçando expressamente à DUDH:

> [...] *reaffirms the State Parties 'strong attachment to democracy and to fundamental rights as laid down in the Universal Declaration of Human Rights'; recognizes 'the importance of international security, democracy, human rights and the rule of law'; and encourages 'enterprises operating within their territory or subject to their jurisdiction to respect internationally recognize guidelines and principles of corporate social responsibility, including the OECD Guidelines for Multinational Enterprises, and to pursue best practices of responsible business conduct.'* [556]

Como se vê, os avanços no reconhecimento da permeabilidade entre as normas do SIPDH e o SIPI foram além, e alguns tratados de investimento passaram, também, a incluir disposições de *direitos* humanos entre seus dispositivos, incumbindo, inclusive, aos próprios investidores, que até então não assumiam obrigações por vias dos tratados de investimento, o dever de observar a preservação dos direitos humanos. Cita-se também como exemplo, além do CETA, o BIT Modelo da Comunidade para o Desenvolvimento da África Austral[557], que, além de estabelecer que os

[555] Informação disponibilizada pela UNCTAD através da plataforma *Investment Hub* (*ISDS Navigator*) em 20 de agosto de 2020 com base nos procedimentos de arbitragem entre investidores e Estados publicamente conhecidos. Disponível em <https://tinyurl.com/y5aba2ke>. Acesso em 20 ago de 2020.

[556] **Comprehensive Economic and Trade Agreement and Strategic Partnership Agreement between Canada and the European Union.** Preâmbulo. Disponível em <https://tinyurl.com/jdt2dzf>. Acesso em 20 ago de 2020.

[557] Art. 15(1): *Investors and their investments have a duty to respect human rights in the workplace and in the community and State in which they are located. Investors and their investments shall not undertake or cause to be undertaken acts that breach such human rights. Investors and their investments shall not*

investidores devem respeitar os direitos humanos, prevê que os investidores não podem pactuar com qualquer ato contrário aos direitos humanos, mesmo quando praticados por autoridades públicas do Estado receptor de investimento. Do mesmo modo, o ainda mais recente Projeto de Código Pan-Africano de Investimentos[558] trouxe diversas disposições que tratam das obrigações do investidor de respeitar os direitos humanos no território do Estado receptor de investimento.[559]

Igualmente, o Tratado Modelo dos Países Baixos, de 2019[560], apresentou um notável progresso no que tange à garantia da proteção dos direitos humanos no âmbito do SIPI, já que, aquele instrumento juridicamente atribuiu, não só aos Estados, mas às corporações transnacionais e outras empresas, o dever de respeitar o SIPDH.

Article 7 Corporate Social Responsibility

> *1. Investors and their investments shall comply with domestic laws and regulations of the host state, including laws and regulations on human rights, environmental protection and labor laws.*

assist in, or be complicit in, the violation of the human rights by others in the Host State, including by public authorities or during civil strife. (**SADC Model Bilateral Investment Treaty Template**. Disponível em <https://tinyurl.com/y5y254h6>. Acesso em 23 out 2020).

558 **Pan-African Investment Code (PAIC)**. Disponível em <https://tinyurl.com/y5gla82a>. Acesso em 23 out 2020.

559 Outro exemplo de tratado bilateral de investimento que impõe aos investidores o dever de respeitar normas de diretos humanos é o BIT China-Malta (2009). Como explica Ursula Kriebaum: "*To ensure that investment protection remains contingent upon compliance with human rights obligations throughout an investment's lifetime, States may choose wording such as that included in Article 2(2) of the China/Malta BIT 2009: 'Investments of either Contracting Party shall be made, and shall, for their whole duration, continuously be in line with the respective domestic laws'. Adding a reference to certain international standards, including those of human rights, could strengthen such provisions. This would render the protection of an investment conditional upon the continuous observance of human rights.*"(KRIEBAUM, Ursula. The State's Duty to Protect Human Rights Investment and Human Rights. **International conference: Implementation of the UN Framework and GP on Business and Human Rights**. Espanha, 4-6 November 2013, Universidade de Sevilla, Espanha, 2013).

560 **Netherlands Model Investment Agreement** (2019). Disponível em <https://tinyurl.com/y6pqo2rq>. Acesso em 23 out 2020.

Importante mencionar, aliás, que o Tratado Modelo dos Países Baixos, de 2019[561] traz no seu texto expressa menção aos UNGP, demonstrando que, os tratados de investimento, tem o condão de, não apenas proteger investimentos, mas de promover os direitos humanos e, especialmente, a responsabilidade social corporativa.

Article 23

Behavior of the investor Without prejudice to national administrative or criminal law procedures, a Tribunal, in deciding on the amount of compensation, is expected to take into account noncompliance by the investor with its commitments under the UN Guiding Principles on Business and Human Rights, and the OECD Guidelines for Multinational Enterprises.

Certos Estados, mesmo adotando uma postura um pouco mais conservadora no que tange à atribuição de incumbências aos investidores e recorrendo a formulações genéricas, como cláusulas de *best effort*, não deixaram de reconhecer a indissolubilidade das normas do SIPI daquelas preconizadas pelo SIPDH e o dever dos investidores de cuidar dos direitos humanos. Ao celebrarem um tratado bilateral, ante o receio de que normas muito rigorosas de direitos humanos afastassem os investidores, o Marrocos e a Nigéria (2016)[562], por exemplo, recorreram a redações relativamente mais cautelosas[563] semelhantes àquelas adotadas nos Modelo de BIT da

561 **Netherlands Model Investment Agreement** (2019). Disponível em <https://tinyurl.com/y6pqo2rq>. Acesso em 23 out 2020.

562 **Morocco – Nigeria BIT (2016)**. Disponível em < https://tinyurl.com/yyr59p4y >. Acesso em 22 out 2020.

563 *"The Morocco-Nigeria BIT, signed in 2016, is one of the few investment treaties, which contains a general and unlimited reference to human rights. The preamble, which serves as a guide for treaty interpretation based on Art. 31 (1) of the VCLT, explicitly mentions that investment contributes to 'the furtherance of human rights and human development.' The importance of human rights is also stressed throughout the substantive provisions of the treaty. It includes both non-binding commitments for states to provide for high levels of human rights protection and to combat corruption, as well as hard, binding formulations to the parties. The latter entails most importantly the obligation that 'all parties shall ensure that their laws, policies and actions are consistent with the international human rights agreements to which they are a Party' in Art. 15 (6). This provision, congruent with the ECOWAS Supplementary Act on Investment, thus allows state parties to harmonize commitments under the investment treaty with*

Índia (2019)[564] e da Noruega (2015)[565] e no BIT Argentina-Emirados Árabes Unidos[566], que, embora reconhecessem a permeabilidade desses dois sistemas e a necessidade de zelar pelos direitos humanos no âmbito do SIPI, não responsabilizavam diretamente os investidores por eventuais transgressões de direitos humanos.

Por fim, não se pode deixar de mencionar que o Equador, país que reiteradamente manifestou sua oposição ao SIPI – chegando ao ponto de denunciar a Convenção de Washington[567] embora tenha voltado para o sistema ICSID em 2021[568] –, anunciou um novo Modelo de BIT (2018), que, na tentativa de balancear os direitos e obrigações entre investidores

human rights obligations, and might even allow arbitral tribunals to claim jurisdiction over human rights issues arising out of investment activity". (STEININGER, Silvia. The Role of Human Rights in Investment Law and Arbitration: State Obligations, Corporate Responsibility, and Community Empowerment. **Max Planck Institute for Comparative Public Law & International Law (MPIL)**, 2020. p. 5).

[564] *Article 12: Corporate Social Responsibility Investors and their enterprises operating within its territory of each Party shall endeavour to voluntarily incorporate internationally recognized standards of corporate social responsibility in their practices and internal policies, such as statements of principle that have been endorsed or are supported by the Parties. These principles may address issues such as labour, the environment, human rights, community relations and anti-corruption.* (**Model Text for the Indian Bilateral Investment Treaty (2019).** Disponível em <https://tinyurl.com/y3q9aa86>. Acesso em 20 out 2020).

[565] *Article [31] Corporate Social Responsibility: The Parties agree to encourage investors to conduct their investment activities in compliance with the OECD Guidelines for Multinational Enterprises, the UN Guiding Principles on Business and Human Rights and to participate in the United Nations Global Compact.*

[566] *Art. 17: "The parties being mindful of internationally-recognized corporate responsibility standards, guidelines and principles, including the OECD Principles for Multinational Enterprises, shall endeavor to encourage enterprises doing business in their territory or subject to their jurisdiction to voluntarily include such standards, guidelines and principles".* (**Argentina-UAE BIT (2018).** Disponível em <https://tinyurl.com/y5hq2n2t>. Acesso em 20 out 2020).

[567] DINIZ, Lucas. Arbitragem de investimento na América Latina: o retorno da doutrina Calvo? *In* GARCIA, Enrique (coord.); PEREIRA, Wagner; MURIEL, Beatriz (orgs.). **Desenvolvimento e Cooperação na América Latina: A Urgência de uma Estratégia Renovada**. São Paulo: Editora da Universidade de São Paulo, 2020. p. 733-754.

[568] ICSID. Ecuador Ratifies the ICSID Convention: Disponível em <https://icsid.worldbank.org/news-and-events/news-releases/ecuador-ratifies-icsid-convention#:~:text=Ecuador%20becomes%20the%20156th%20Contracting,for%20foreign%20investment%20dispute%20settlement>. Acesso em 23 ago 2022.

e Estado, contempla obrigações dos investidores relacionados aos direitos humanos[569].

Salienta-se que, segundo o levantamento feito por Susan Steininger, entre os mais de 3.200 tratados de investimento contabilizados pela UNCTAD, o termo 'direitos humanos' pode ser encontrado em 363 tratados, dos quais 260 estão em vigor, sendo algo tipicamente verificado a partir do início dos anos 2000.[570]

Entretanto, os esforços da comunidade internacional para imiscuir as normas do SIPDH no SIPI não se limitaram à alteração dos tratados de investimento. Recentemente, visando não só a endereçar essa perspectiva às arbitragens de investimento, mas às arbitragens em geral, um grupo de internacionalistas se uniu, sob a liderança do ex-juiz da Corte Internacional de Justiça, Bruno Simma, para redigir um conjunto de regras procedimentais aplicáveis aos procedimentos arbitrais para endereçar, concomitantemente, questões privadas e as preocupações relativas aos direitos humanos. O propósito dessas regras, conhecidas como *Hague Rules on Business and Human Rights Arbitration* ("HRBHRA")[571], é o de possibilitar a resolução de disputas sobre obrigações e compromissos decorrentes de violações de direitos humanos por parte das empresas pela via arbitral.

Em conformidade com a ideia da responsabilidade social corporativa (*supra*, item III.2.1), que possibilitou a redação e adoção dos UNGP, essas HRBHRA fornecem a empresas e indivíduos um mecanismo privado de solução de controvérsias, no qual árbitros, especialistas escolhidos pelas

[569] Informação não oficial disponível com base na manifestação do Ministério das Relações Exteriores do Equador. V. por exemplo, CIAR. **Ecuador presenta el nuevo modelo de TBI: el Convenio Bilateral de Inversión**. Disponível em <https://tinyurl.com/y2qa39yl>. Acesso em 13 ago de 2020. Ver também: JARAMILLO, Javier. New Model BIT proposed by Ecuador: Is the Cure Worse than the Disease? **Kluwer Blog**, 2018. Disponível em <https://tinyurl.com/y3jntveh>. Acesso em 23 out 2020.

[570] STEININGER, Silvia. The Role of Human Rights in Investment Law and Arbitration: State Obligations, Corporate Responsibility, and Community Empowerment. **Max Planck Institute for Comparative Public Law & International Law (MPIL)**, 2020. p. 5.

[571] **The Hague Rules on Business and Human Rights Arbitration**. International Arbitration of Business and Human Rights Disputes Elements for Consideration in Draft Arbitral Rules, Model Clauses, and Other Aspects Of The Arbitral Process. Disponível em <https://tinyurl.com/y5t92wo3>. Acesso em 12 julho 2019.

partes, são nomeados para verificar a responsabilidade das empresas sobre eventuais violações dos direitos humanos.

Sendo guiadas pelo afastamento da noção estadocêntrica de responsabilidade por violação de direitos humanos e da perspectiva pró-investidor da arbitragem internacional, as HRBHRA preenchem a lacuna de recursos judiciais relativa aos UNGP, dando especial enfoque aos SIPDH no âmbito das arbitragens.[572] Os redatores dessas regras explicam que:

> *The rules in use today for international arbitration were written without a focus on the special requirements of human rights disputes. Hence, changes are needed to ensure that, among other things, there is greater transparency of proceedings and awards, that numerous victims are able to aggregate their claims and that the arbitrators chosen are prominent experts in business and human rights matters. To this end, this project is aimed at the creation of an international private judicial dispute resolution avenue available to parties involved in business and human rights issues as claimants and defendants. The development of the The Hague Rules could contribute the judicial remedy gap in the UN Guiding Principles on Business and Human Rights.*[573]

Como as HRBHRA foram lançadas em 12 de dezembro de 2019[574], pouco ainda se sabe sobre o seu escopo de aplicabilidade, principalmente no âmbito das arbitragens de investimento. Ao que parece, a adoção desse regulamento no âmbito das arbitragens de investimento poderá facilitar a solucionar a lacuna decorrente da inexistência de obrigações assumidas pelos investidores em relação às regras dos direitos humanos, normalmente

[572] "*This project was initiated by the Business and Human Rights Arbitration Working Group, a private group of international practicing lawyers and academics, aimed to create an international private judicial dispute resolution avenue available to parties involved in business and human rights issues as claimants and defendants, thereby contributing to filling the judicial remedy gap in the UN Guiding Principles on Business and Human Rights*". (CENTER FOR LEGAL COOPERATION. **The Hague Rules on Business and Human Rights Arbitration**. Disponível em <https://tinyurl.com/y3hw6vpm>. Acesso em 9 julho 2020).

[573] CENTER FOR LEGAL COOPERATION. **The Hague Rules on Business and Human Rights Arbitration**. Disponível em <https://tinyurl.com/y3hw6vpm>. Acesso em 9 julho 2020.

[574] CENTER FOR LEGAL COOPERATION. **The Hague Rules on Business and Human Rights Arbitration**. Disponível em <https://tinyurl.com/y3hw6vpm>. Acesso em 9 julho 2020.

verificada nos atuais acordos internacionais de investimento. Contudo, ainda que não se saiba se ou em quanto tempo será possível a referida aplicação, já que prescinde do consentimento tanto do investidor quanto do Estado, pode-se dizer que o mero fato de a comunidade internacional cogitar tal possibilidade é um indicativo da permeabilidade dos *sistemas*. Ademais, é certo que os conceitos das HRBHRA terão forte influência sobre os tratados de investimento firmados daqui em diante.

Não bastassem todas as já mencionadas alterações que buscam precaver a inobservância de normas de direitos humanos no âmbito da arbitragem de investimento, alguns tratados de investimento, a exemplo do FTA firmado entre o Canada e o Peru[575], visando a superar o problema da comunidade epistêmica excessivamente privatista das arbitragens de investimento (*supra,* item I.5), passaram a exigir que os árbitros nomeados em arbitragens de investimento tenham conhecimento específico sobre direito internacional público. Igualmente, tais exigências foram incorporadas em códigos de condutas aplicáveis a regulamentos específicos, tal como aconteceu com o recém-lançado *Draft Code of Conduct for Adjudicators in Investor-State Dispute Settlement* da UNCITRAL e do ICSID.[576]

Logo, é necessário se ter em mente que o SIPI, tal como qualquer sistema de direito internacional não é estático. Gradativamente, este sistema vem sendo alterado, tornando-se cada vez mais (*i*) transparente, haja vista a recorrente admissão de *amici curiae* no âmbito das arbitragens de investimento (v. *supra,* item III.2.3); e, (*ii*) mais *human rights friendly*, haja vista a apresentação de argumentos pelas próprias partes (v. *supra, item* III.1

[575] **Free Trade Agreement between Canada and Peru (2008).** Disponível em <https://tinyurl.com/y4genors>. Acesso em 23 out 2020.

[576] "*During the resumed thirty-eighth session of the UNCITRAL Working Group III, the view was expressed that adjudicators should be knowledgeable about international investment law, international arbitration, public international law, international trade and investment law, and private international law. It was further suggested that they should understand the different policies underlying investment, sustainable development, and how governments operate. In addition, it was mentioned that specific knowledge might be required with regard to the dispute at hand, for example, industry-specific knowledge, knowledge of the relevant domestic legal system or of calculation of damages (A/CN.9/1004/Add.1, para. 97). Many of these requirements are found in the applicable treaties and arbitration rules*". (UNCITRAL; ICSID. **Draft Code of Conduct for Adjudicators in Investor-State Dispute Settlement**. Nova Iorque: Banco Mundial, 2020. Disponível em <https://tinyurl.com/y2j8yc4q>. Acesso em 27 ago 2020).

e III.2) – e até mesmo a menção *sponte propria* (v. *supra, item* III.2.4) dos tribunais – relativos a instrumentos de direitos humanos. Justamente para se assegurar um SIPI mais humanizado, os tratados de investimento vêm sendo alterados e, cada vez em maior escala, a comunidade epistêmica que atua em arbitragens de investimento vem se expandindo. Contudo, tratando-se da alteração de um sistema internacional formado por mais de 3.200 (três mil e duzentos tratados), sem dúvida, a alteração estrutural do SIPI será morosa, gradual e encontrará diversos novos percalços. Afinal, como destacado por Cançado Trindade, a proteção dos direitos humanos é como o mito do Sísifo – é constantemente empurrar "uma rocha para o alto de uma montanha, voltando a cair e a ser novamente empurrada para cima [...]".[577]

Contudo, é certo que, provocado pela constatação empírica da permeabilidade entre esses dois sistemas (v. *supra,* CAPÍTULO IV), o primeiro passo para garantir a integração deles já foi dado pela *comunidade internacional.* A tendência à humanização, típica do direito internacional contemporâneo, levará – como já vem acontecendo – à substancial alteração do SIPI, de forma a coibir que este sistema continue contrariando não apenas a sistemática jurídica internacional hodierna, que hoje prima pela proteção do indivíduo, mas também, como se viu, a sua própria essência. Afinal, "a proteção internacional do investimento e os direitos humanos não podem ser vistos como dois 'mundos separados'".[578]

[577] CANÇADO TRINDADE, Antonio. Desafios e Conquistas do Direito Internacional dos Direitos Humanos no início do Século XXI. *In* CACHAPUZ DE MEDEIROS, Antônio Paulo (org.), **Desafios do Direito Internacional contemporâneo.** Brasília: Fundação Alexandre Gusmão, 2007. p. 410.

[578] SIMMA, Bruno. Foreign Investment Arbitration: A place for human rights? **International and Comparative Law Quarterly**, Vol. 60, 2011. pp. 574-575.

CONCLUSÕES

O direito internacional contemporâneo nasce no contexto pós Segunda Guerra Mundial (1939-1945) com uma perspectiva de reformulação do arcabouço jurídico transnacional. O que antes se limitava a um ambiente de *coexistência,* em que Estados soberanos pactuavam obrigações recíprocas e sinalagmáticas, foi paulatinamente substituído, primeiro por uma noção *cooperativista* do direito internacional, preponderante no período entre Guerras (1919-1939) e, em seguida, ao final da Segunda Guerra Mundial (1939-1945), assumiu o status de uma *comunidade humana.* O receio de que as atrocidades da Segunda Guerra Mundial (1939-1945) se repetissem, com impacto ainda mais corrosivo para a estabilidade das relações políticas e sociais internacionais, encetou o abandono da visão do Estado onipotente, típica do contexto pós Westfaliana, e permitiu o reconhecimento do indivíduo como o verdadeiro sujeito do direito internacional.

Por sua vez, a centralização do indivíduo no âmbito internacional fez com que o direito internacional fosse profundamente reestruturado, passando, então, a ter como base fundamental o recém-formado *sistema jurídico internacional de proteção aos direitos humanos* ("SIPDH"). Com efeito, aos seres humanos, neste cenário, foi garantida a capacidade postulatória para pleitear indenizações e reparações por eventuais transgressões dos seus direitos fundamentais em fóruns internacionais. Isto porque a proteção diplomática, único mecanismo de solução de disputas internacionais utilizado até então, não apenas tinha como base a antiquada noção estadocêntrica do direito internacional, como se mostrava infrutífera em grande parte das vezes.

Contudo, não apenas o SIPDH se consolidou no cenário internacional no contexto pós Segunda-Guerra (1939-1945), mas outros diversos sistemas jurídicos de direito internacional avançaram de forma a regular as relações transnacionais. Um desses sistemas jurídicos que se consolidou neste contexto foi o *sistema jurídico internacional de proteção aos investimentos* ("SIPI"). Esse sistema, embora tenha surgido de forma descentralizada e, na maioria das vezes, sob uma ótica bilateral, contava com prerrogativas altamente similares oferecidas pelos Estados contratantes aos investidores do outro Estado contratante. Com o passar dos anos, contudo, a comunidade internacional percebeu que a mera oferta de proteções aos investimentos estrangeiros não seria suficiente para protegê-los frente a potenciais discricionariedades dos Estados receptores de investimento, a menos que lhes fossem ofertados mecanismos de execução daquelas prerrogativas. Com efeito, naquele contexto, oferecendo capacidades postulatórias aos investidores estrangeiros, surgem na esfera internacional, as arbitragens de investimento. Esse mecanismo de solução de disputas oferecia aos investidores a possibilidade de reivindicar, perante um tribunal arbitral, eventuais indenizações por danos decorrentes da violação de alguns dos preceitos instrumentalizados nos tratados de investimento em face dos Estados receptores.

Embora os dois sistemas jurídicos analisados no presente trabalho tenham origem muito similares e até mesmo um objetivo relativamente próximo, qual seja, que partes prejudicadas responsabilizem Estados pela sua falha em fornecer as proteções necessárias, a evolução desses dois sistemas em um momento em que se preponderava o entendimento de que o direito internacional seria fragmentado fez com o SIPI se desenvolvesse de forma insularizada, e, consequentemente, em descompasso com o SIPDH. Com efeito, considerando que a jurisdição dos árbitros, estabelecida pelas cláusulas compromissórias dos tratados de investimento, ficava limitada à aplicação das disposições normativas constantes daqueles instrumentos, que por sua vez não contemplavam o SIPDH, os tribunais acabavam desconsiderando quaisquer normas e regras relativas aos direitos humanos.

Entretanto, permitir que um sistema jurídico de direito internacional vigore hoje em desconsideração das normas de direitos humanos é contradizer a própria acepção hodierna do direito internacional, que encontra no

SIPDH o seu fator estruturante. Afinal, a proteção da dignidade humana passou a assumir um papel cada vez mais relevante na esfera jurídica transnacional, de forma que todos os diversos sistemas jurídicos internacionais começaram a passar por um processo de *humanização*, como definido por Theodor Meron (*supra*, CAPÍTULO V).

Embora os diversos instrumentos normativos que dão origem ao SIPI não contemplassem o SIPDH e, consequentemente, os árbitros acabassem, a rigor, sem respaldo para aplicar normas de direitos humanos nas arbitragens de investimento, os avanços do processo de humanização do direito internacional fizeram com que os próprios sujeitos das arbitragens de investimento passassem a suscitar argumentos de direitos humanos no âmbito daquelas controvérsias.

Partindo, então, do pressuposto de que o direito internacional hodierno não poderia ser analisado sob uma ótica setorizada, o presente trabalho buscou analisar quais seriam os impactos que o SIPDH vem exercendo sobre o SIPI. Para fazê-lo, buscou-se não apenas apresentar uma análise teórica sobre o assunto, mas investigar, na prática, alguns dos casos em que questões típicas de direitos humanos foram trazidos para o âmbito das arbitragens de investimento, em especial, aqueles direitos fundamentais que não constituem questões típicas do SIPI, como é o caso do direito à propriedade.

Buscou-se, então, sistematizar esse quadro de referência, a partir da origem da menção às normas de direitos humanos nas arbitragens de investimento, sendo constatado que os direitos humanos vêm sendo mencionados:

a) *pelos Estados receptores de investimento* ao serem processados pelos investidores, (***a.1***) como forma de se defender das acusações que lhes são tecidas, tal como ocorreu nos casos *Aguas del Tunari v. Bolívia* e *Rompetrol v. Romênia*, ou (***a.2***) até para embasar eventuais pedidos contrapostos, como ocorreu no caso *Urbaser v. Argentina* e posteriormente no caso *David R. Aven e et. all v. Costa Rica*; ou
b) *pelos próprios investidores*, para acusar os Estados de transgressões de seus direitos fundamentais não contemplados nos tratados de investimento, como o direito à propriedade e o direito a um julgamento justo e equitativo, tal como aconteceu nos casos *Biloune v. Gana* e *Bozbey v. Turcomenistão*; ou

c) *por iniciativa de terceiros*, buscando garantir o respeito aos direitos humanos por meio do ingresso nos procedimentos arbitrais na condição de *amicus curiae*, tal como aconteceu no precedente vanguardista *Methanex v. EUA*, seguido por casos como *Glamis Gold v. EUA*, *Philip Morris v. Uruguai* e *Foresti et. all. v. África do Sul;* ou
d) *por iniciativa do tribunal arbitral* que, mesmo sem qualquer provocação, recorre a disposições em tratados de direitos humanos ou à jurisprudência de cortes dessa natureza não para aplicá-los efetivamente para embasar o mérito de suas decisões, mas para que sirvam como diretrizes (*i*) ao determinar as regras aplicáveis ao mérito, (*ii*) ao determinar as regras procedimentais, e (*iii*) ao lidar com supostos conflitos entre direitos humanos e lei de investimento internacional, tal como aconteceu nos casos *Tecmed v. México* e *Micula v. Romênia.*

Verificou-se que, muito em razão da limitação imposta pelo escopo dos tratados de investimento, os tribunais arbitrais de investimento têm receio de acessar as normas de direitos humanos, afinal, a sua jurisdição decorre essencialmente daqueles instrumentos e das normas nele preconizadas e qualquer violação dos deveres do árbitro podem ensejar a nulidade da sentença.

Entretanto, como o direito internacional contemporâneo tem passado por esse processo de humanização e, hoje, tem como máxima a proteção do indivíduo, não faz sentido permitir que o SIPI continue ignorando o arcabouço normativo do SIPDH. Por este motivo, nos anos recentes, muitos dos tratados de investimento vêm passando a contemplar em seus preâmbulos a previsão de normas de direitos humanos, como ocorreu no tratado bilateral modelo da Alemanha (2004), no Modelo Austríaco (2010) e diversos outros. Outros tratados ainda começam a ir além, e determinam, de forma bastante inovadora e corroborando a ideologia cunhada pelos *UN Guiding Principles*, obrigações de respeito aos direitos humanos aos próprios investidores, a exemplo do que acontece de forma mais branda nos modelos de BIT da Índia (2015) e da Noruega (2015), bem como no tratado bilateral entre o Marrocos e a Nigéria (2017) e no tratado bilateral entre a Argentina e os Emirados Árabes Unidos (2018); e de forma mais incisiva no CETA (2016), no BIT modelo dos Países Baixos (2019) e do Equador (2018), no Tratado Modelo da Comunidade para o

Desenvolvimento da África Austral e ainda no recente Projeto de Código Pan-Africano de Investimentos. Aliás, até mesmo algumas normas procedimentais aplicáveis às arbitragens já começam a considerar as questões de direitos humanos, como preconizado pelas *Hague Rules on Business and Human Rights Arbitration.*

Portanto, ainda que de forma incipiente, o *sistema internacional de proteção aos investimentos* vem passando por seu processo de *humanização* comprovando que a permeabilidade desses dois regimes não pode ser ignorada. Em maior ou menor grau, alguns acordos internacionais já começam a avançar nessa direção.

Com efeito, pode-se afirmar ser o início de um novo capítulo do SIPI e, principalmente, um novo rumo para a arbitragem de investimento, no sentido da conformação de um *sistema jurídico internacional de proteção aos investimentos* mais afeto e sensível aos direitos humanos. Afinal, não mais se pode negar o impacto do SIPDH nas *arbitragens de investimento* e a única forma de se garantir que esse importante mecanismo de solução de disputas não seja indevidamente eliminado da esfera jurídica internacional é pela sua atualização, de forma que também tenha a função de zelar pela *comunidade humana internacional.*

REFERÊNCIAS

ACCIOLY, Hildebrando. **Tratado de derecho internacional**. Rio de Janeiro: Imprensa Nacional, v. III, 1946.

________; NASCIMENTO E SILVA; CASELLA. **Manual de Direito Internacional Público**. São Paulo: Saraiva. 22ª. Ed. 2016.

ALVAREZ, Gloria Maria; BLASIKIEWICZ, Blazej; et al. A Response to the Criticism against ISDS by EFILA. **Journal of International Arbitration,** Volume 33 Issue 1. Holanda: Kluwer Law International pp.1-36, 2016.

ALVAREZ, José. The Public International Law Regime Governing International Investment. **The Pocket Books of The Hague Academy of International Law**, Volume 11, 2011.

ARAVAMUDHAN, Ulaganathan. International Investment Law and Developing Economies: The Good, Bad and Comme Ci, Comme Ça. **Indian Journal of Arbitration Law, Centre for Advanced Research and Training in Arbitration Law, National Law University**, Jodhpur Volume II Issue 1, 2013.

BALCERZAK, Filip. **Investor-State Arbitration and Human Rights**. Leiden, Boston: Brill Nijhoff, 2017.

BAPTISTA, Luiz Olavo. **Arbitragem Comercial e Internacional**. São Paulo: Lex Editora, 2011.

BARROCAS, Manuel. **Manual de Arbitragem.** São Paulo: Almedina, 2010.

BENTOLILA, Dolores. Arbitrators as Lawmakers. **International Arbitration Law Library**, Volume 43. Holanda: Kluwer Law International, 2017.

BINGHAM, Tom. Alabama Arbitration. **Max Planck Encyclopedias of International Law**. Alemanha: Oxford University Press, 2006.

BLACKABY, Nigel; PARTASIDES, Constantine; et. all, **Redfern and Hunter on International Arbitration.** 5ª edição. Nova Iorque: Oxford Press, 2009.

BOBBIO, Norberto. **A era dos Direitos**. Rio de Janeiro: Campus, 2004.

BORN, Gary. **International Arbitration: Law and Practice**. 2ª edição, Holanda: Kluwer Law International, 2015.

________. **International Arbitration: Cases and Material**s, Holanda: Kluwer Law International, 2015.

BRABANDERE, Eric. Human Rights Considerations in International Investment Arbitration. *In:* FITZMAURICE; MERKOURIS (eds.). **The Interpretation and Application of the European Convention of Human Rights: Legal and Practical Implications**. Leiden/Boston: Martinus Nijhoff Publishers, 2012.

________. Human Rights Counterclaims in Investment Treaty Arbitration. Revue Belge de Droit International, 2018.

BRANT, Leonardo Nemer (org.). **Comentário à Carta das Nações Unidas**. Belo Horizonte: CEDIN, 2008.

BROCHES, Aron. The Convention on the Settlement of Investment Disputes between States and Nationals of Other States. *In* BROCHES, Aron. **Selected Essays: World Bank, ICSID, and Other Subjects of Public and Private International Law**. Leiden/Boston: Martinus Nijhoff Publishers, 1995.

BROWER, Charles; SCHILL, Stephan W. Is Arbitration a Threat or a Boon to the Legitimacy of International Investment Law? **Chicago Journal of International Law**: Vol. 9: n. 2. 2009.

BROWNLIE, Ian. **Principles of Public International Law**. 6ª ed. Nova Iorque: Oxford University Press, 2003.

CALVO, Carlos. **Derecho Internacional Teórico y Práctico de Europa y América.** Paris: D'amyot, 1868.

CANÇADO TRINDADE, Antonio Augusto. **A proteção internacional dos Direitos Humanos: Fundamentos e instrumentos básicos**. São Paulo: Saraiva, 1991.

________. Desafios e Conquistas do Direito Internacional dos Direitos Humanos no Início do Século XXI. *In* CACHAPUZ DE MEDEIROS, Antônio Paulo (org.), **Desafios do Direito Internacional contemporâneo**. Brasília: Fundação Alexandre Gusmão, 2007.

________. La Humanización del Derecho Internacional y los Límites de la Razón de Estado. **Revista da Faculdade de Direito da Universidade Federal de Minas Gerais**. Belo Horizonte: UFMG, 2001.

________. La humanización del Derecho Internacional: En la jurisprudência y la Doctrina – Un testimonio Personal. *In* CANÇADO TRINDADE, Antonio Augusto. **A humanização do Direito Internacional**. 2a ed. Belo Horizonte: Del Rey Editora, 2015.

________. Quelques réflexions sur l'humanité. *In* ALLAND, Denis; CHETAIAL, Vincent; FROUVILLE, Olivier; VIÑUALES, Jorge (coords). **Unité et diversité du droit international: Ecrits en l'honneur du Professeur Pierre-Marie Dupuy**. Haia: Nijil | Brill, 2014.

________. ROBLES, Manuel E. Ventura. **El futuro de la Corte Interamericana de Derechos Humanos**. Costa Rica: UNHCR Acnur, 2005.

CASSSIN, René *apud* LAFER, Celso. **Direitos Humanos: Um Percurso no Direito do Século XXI. V. 1**. São Paulo: Grupo Gen | Atlas, 2015.

CLAPHAM, Andrew. **Brierly's Law of Nations: An Introduction to the International Law of Peace**, 6ª ed. Reino Unido: Oxford University Press, 2012.

COMPARATO, Fábio. **A afirmação histórica dos Direitos Humanos**. 11ª ed. São Paulo: Saraiva, 2017.

CONDÉ, Victor. **A Handbook of International Human Rights Terminology**. Nebrasca: University of Nebrasca Press, 2004.

CONSTANT, Benjamin. Da liberdade dos antigos comparada à dos modernos. **Revista de Filosofia Política n. 2.** Porto Alegre: L&PM, 1985.

CRANSTON, Maurice. **What are Human Rights?** Nova Iorque: Basic Books Inc., 1962.

CRAWFORD, James**. The International Law Commission's Articles on State Responsibility: Introduction, Text and Commentarie**. Reino Unido: Cambridge University. Press, 2002.

DALLARI, Dalmo. **Elementos de Teoria Geral do Estado**. 2ª ed. (atual.) São Paulo: Saraiva, 1998.

DALLARI, Pedro Bohomoletz de Abreu. Desenvolvimento sustentável em favor da Justiça Social no Brasil. *In*: PÁDUA, José Augusto (Org**). Desenvolvimento, justiça e meio ambiente.** Belo Horizonte: UFMG, 2009.

________. The integration of Law in a Politically fragmented world. *In* VALENTE, Isabel Maria Freitas; OLIVEIRA Iranilson Buriti de (Coord). **Euro-atlântico: Espaço de Diálogos**. Editora da Universidade Federal de Campina Grande Imprensa da Universidade de Coimbra, 2017.

DIEHL, Alexandra. The Core Standard of International Investment Protection**. International Arbitration Law Library**, Volume 26. Haia: Kluwer Law International, 2012.

DINIZ, Lucas de Medeiros. Arbitragem de investimento na América Latina: o retorno da doutrina Calvo? *In* GARCIA, Enrique (coord.); PEREIRA, Wagner: MURIEL, Beatriz (orgs.). **Desenvolvimento e Cooperação na América Latina: A Urgência de uma Estratégia Renovada**. São Paulo: Editora da Universidade de São Paulo, 2020.

DOLZER, Rudolf; SCHREUER, Christoph. **Principles of International Investment Law.** Nova Iorque: Oxford University Press, 2012.

DONNELLY, Jack. **Human Rights in Theory and Practice**. 3ª ed. Nova Iorque: Cornell University Press, 2013.

________. International human rights: a regime analysis. **International Organization** 40, 3, Boston: Massachusetts Institute of Technology and the World Peace Foundation, 1986.

________. Roundtable: The Future Of Human Rights State Sovereignty and International Human Rights. **Ethics & International Affairs**, v. 28. Nova Iorque: Carnegie Council for Ethics in International Affairs, 2014.

DOUGLAS, Zachary. The Hybrid Foundations of Investment Treaty Arbitration. **British Yearbook of International Law**, Volume 74, Issue 1, 2003.

DUMBERRY, Pierre; DUMAS-AUBIN, Gabrielle. When and How Allegations of Human Rights Violations can be raised in Investor-State Arbitration. **The Journal of World Investment & Trade 13**, 2012.

DUPUY, Pierre-Marrie. **L'unité de l'ordre juridique international: Cours général de droit international public. Académie de droit international de la Hayé.** Recueil des cours, tome 297. Leiden/Boston: Martinus Nijhoff Publichers, 2003.

DUPUY; Patrick; FRANCIONI; PETERSMANN. **Human Rights in International Investment Law and Arbitration.** Oxford: Oxford University Press, 2009.

ESCOBAR, Alejandro. An Overview of the International Legal Framework Governing Investment, in Toward an Effective International Investment Regime. **ASIL Proceedings**, 1997.

FIGUEIREDO, Roberto Castro. As Origens do Uso da Arbitragem Como Modo de Solução de Controvérsias em Disputas Relativas a Investimentos. **Revista Brasileira de Arbitragem: A Proteção ao Investimento Estrangeiro**. Santa Maria: Comitê Brasileiro de Arbitragem & IOB, 2011.

FRANCK, Susan. The Legitimacy Crisis in Investment Treaty Arbitration. **Fordham Law Review**. Volume 73 Issue 4 Article 10, 2005.

FRASNER, Henry. Sketch of the History of International Arbitration. **The Cornell Law Quarterly**, Volume 11, Issue 2, 1926.

FRIEDLAND, Paul. The Amicus Role in International Arbitration. *In* LEW, Julian; MISTELIS, Loukas (Eds). **Pervasive Problems in International Arbitration**, International Arbitration Law Library, Volume 15, 2006.

FRY, James. International Human Rights Law in Investment Arbitration: Evidence of International Law's Unity. **Duke Journal of Comparative & International Law**. v. 18, nº 1. Nova Iorque: DJCIL, 2007.

FUNDO MONETÁRIO INTERNACIONAL. **Globalization: Threat or Opportunity?** 2000. Disponível em: <https://www.imf.org/external/np/exr/ib/2000/041200to.htm#II>. IMF Website. Acesso em 11 ago 2020.

FURTADO, Paulo; VOULOS, Uadi Lammêgo. **Lei de Arbitragem comentada**. 2ª ed. Rev. e atual. São Paulo: Saraiva, 1998.

GAILLARD, Emmanuel; SAVAGE, John (eds), **Fouchard Gaillard Goldman on International Commercial Arbitration**. Holanda: Kluwer Law International, 1999.

GARCIA, Luis Gonzalez. **The Role of Human Rights in International Investment Law**. Reino Unido: Matrix Law, 2013.

GARRIGA, Ana Carolina. Human Rights Regimes, Reputation, and Foreign Direct Investment. Centro de Investigación y Docencia Económicas (CIDE) División de Estudios Políticos. **International Studies Quarterly**, V. 60, Issue 1, 2016.

GAVISON, Ruth. On the relationships between civil and political rights, and social and economic rights. *In* GARDNER, Anne-Marie; DOYLE, Michael; COICAUD Jean-Marc (eds.). **The Globalization of Human Rights**. Tóquio: United Nations University Press, 2003.

GRAMONT, Alexandre. After the Water War: The Battle for Jurisdiction in Aguas Del Tunari, S.A. v. Republic of Bolivia. **Transnational Dispute Management (TDM)**, Vol. 3, Issue 5. Holanda: TDM & OGEMID, 2006.

GREBLER, Eduardo; GRECO, Felipe. Mecanismos de Resolução de controvérsias entre investidores e Estados: uma análise comparativa entre a Arbitragem Investidor Estado e os Acordos de Cooperação e Facilitação de Investimentos. *In* CASADO FILHO, Napoleão; QUINTÃO, Luísa; et. all. (orgs.). **Direito Internacional e Arbitragem**. São Paulo: Quartier Latin, 2019.

HARROIS, Thibaud. British Foreign and Defence Policy since the End of the Cold War: the State and Security Governance. **Observatoire de la société britannique** [Online], 16, 2015. Acesso em 20 ago de 2020.

HOBSBAWM, Eric. **A Era dos Impérios**. 13 ed. São Paulo: Paz e Terra, 2011.

HOFFMANN, Stefan-Ludwig. Genealogies of Human Rights. *In:* HOFFMANN, Stefan-Ludwig. **Human Rights in the Twentieth Century**. Nova Iorque: Cambridge University Press, 2011.

HUNT, Lynn. **A invenção dos direitos humanos: uma história**. Tradução Rosaura Eichenberg. São Paulo: Companhia das Letras, 2009.

________. **2018 Report of Executive Directors on the ICSID Convention**, 2018. Disponível em <https://icsid.worldbank.org/ICSID/FrontServlet?requestType=ICSIDPublicationsRH&actionVal=ViewAnnounc...>. Acesso em 3 fev. 2020.

INTERNATIONAL DEVELOPMENT RESEARCH CENTRE. **The Responsibility to Protect: Report of the International Commission on Intervention and State Sovereignty**. Ottawa: International Development Research Centre for ICISS, 2001. Disponível em <http://www.iciss.gc.ca>. Acesso em 16 ago 2020.

INTERNATIONAL LAW COMMISSION. **Fragmentation of International Law: Difficulties Arising from the Diversification and Expansion of International Law**. Disponível em <https://legal.un.org/ilc/documentation/english/a_cn4_l682.pdf>. Acesso em 9 jun 2020.

ISHAY, Micheline. **The History of Human Rights – From Ancient Times to the Globalization Era**. Londres: University of California Press, 2008.

JARAMILLO, Javier. New Model BIT proposed by Ecuador: Is the Cure Worse than the Disease? **Kluwer Blog**, 2018. Disponível em < http://arbitrationblog.

kluwerarbitration.com/2018/07/20/new-model-bit-proposed-ecuador-cure--worse-disease/>. Acesso em 23 out 2020.

JUSTITIA ET PACE INSTITUT DE DROIT INTERNATIONAL Session de La Haye – 1875 **Compétence des tribunaux**, 1875. Disponível em <https://www.idi-iil.org/app/uploads/2017/06/1875_haye_05_fr.pdf>. Acesso em 12 out. 2020.

KARAMANIAN, Susan. The Place of Human Rights in Investor – State Arbitration. **Lewis & Clark Law Review**, 2013.

________. Human Rights Dimensions of Investment Law. In: WET, Erika; VIDMAR, Jure. **Hierarchy in International Law: The Place of Human Rights**. Oxford University Press, 2012.

KLEIN, Nicolas. Human Rights and International Investment Law: Investment Protection as Human Right? **Goettingen Journal of International Law** v. 4, 2012.

KLEINHEISTERKAMP, Jan. The Future of The BITs of European Member States After Lisbon. **ASA Bulletin, Association Suisse de l'arbitrage**, v. 29 Issue 1. Holanda: Kluwer Law International, 2011.

KOSKENNIEMI, Martti. Constitutionalism as Mindset: Reflections on Kantian Themes About International Law and Globalization, Theoretical Inquiries in Law L. 9, 18, 2006.

KOSNENNIEMI, Martti; LEVINO, Päivi. Fragmantation of International Law? Postmodern Anxieties. **Leiden Journal of International Law**. Vol. 15. Issue 03, 2002.

KRASNER, Stephen. Causas Estruturais e Consequências dos Regimes Internacionais: Regimes Como Variáveis Intervenientes. **International Organization**, v. 36, n. 2. Cambridge: Spring, 1982. p. 185-205. Tradução: Dalton Guimarães, Feliciano Guimarães e Gustavo Biscaia de Lacerda. Rev. Sociol. Polít., Curitiba, v. 20, n. 42, 2012.

________. **International Regimes**. EUA: Cornell University, 1983.

________. International Law and International Relations: Together, Apart, Together? **Chicago Journal of International Law** Vol. 1: n. 1, 2000.

KREINDLER, Richard. The Law Applicable to International Investment Disputes. *In* HORN, Norbert; KROLLL, Stefan (eds.), **Arbitrating Foreign Investment Disputes: Procedural and Substantive Legal Aspects, Studies in Transnational Economic Law**, Volume 19. Alemanha: Kluwer Law International, 2004.

KRIEBAUM, Ursula. Case Comment: Grupo Rompetrol N.V. v. Romania. **Journal of World Investment & Trade**, 2014.

________. Human rights and international Investment law. *In* RADI, Yannick. **Research Handbook on Human Rights and Investment. Research Handbooks in International Law series**, 2018.

________. Privatizing Human Rights. *In* REINSCH, August; KRIEBAUM, Ursula (eds.). **The Law of International Relations: Liber Amicorum Hanspeter Neuhold**, 2007.

________. The State's Duty to Protect Human Rights Investment and Human Rights. **International conference: Implementation of the UN Framework and GP on Business and Human Rights**. Espanha, 4-6 nov 2013, Universidade de Sevilla, Espanha, 2013.

KUBE, Vivian; PETERSMANN Ernst-Ulrich. Human rights law in international investment arbitration. **EUI Working Paper LAW 2016/02**. Itália: European University Institute Department of Law, 2016.

LAFER, Celso. **A reconstrução dos direitos humanos: um diálogo com o pensamento de Hannah Arendt**. São Paulo: Companhia das Letras, 1988.

________. Direitos humanos e democracia no plano interno e internacional. **Revista Política Externa**, vol. 3, no 2. São Paulo: USP, 1994.

________. **Direitos Humanos: Um Percurso no Direito do Século XXI. V. 1.** São Paulo: Grupo Gen | Atlas, 2015.

LEAL, Rogério Gesta. **Perspectivas hermenêuricas dos direitos humanos e fundamentais do Brasil.** Porto Alegre: Livraria do Advogado, 2000.

LEW, Julian David Mathew; MISTELIS, Loukas A., et al. **Comparative International Commercial Arbitration**. Holanda: Kluwer Law International, 2003.

LOSANO , Mario. **Sistema e estrutura no direito v.1**. Tradução de Carlo Alberto Dastoli. São Paulo: Martins Fontes, 2008.

LOURIE, Greg. Investment Arbitration, Diplomatic Protection Under the State-to-State Arbitration Clauses of Investment Treaties. *In* KLAUSEGGER, Christian; KLEIN, Peter; et al. (eds), **Austrian Yearbook on International Arbitration**, Manz'sche Verlags- und Universitätsbuchhandlung; Manz'sche Verlags- und Universitätsbuchhandlung, 2015.

LUÍS, Daniel Tavela. **Proteção do investimento estrangeiro: o sistema do centro internacional para a resolução de disputas relativas ao investimento (CIRDI) e suas alternativas**. Dissertação (Mestrado). Universidade de São Paulo, São Paulo, 2013.

LUIS; Daniel. FONTOURA, José. Repúblicas Bolivarianas e o ICSID: Será que o Inimigo não é Outro? **Anuario Mexicano de Derecho Internacional**, vol. 16, pp. 189-212, 2016. Disponível em: https://tinyurl.com/qq75wf7. Acesso em: 18 dez 2019.

MAZUOLLI, Valerio. **Direito dos Tratados**. 2ª ed. (rev., atual. e ampl.). Rio de Janeiro: Grupo Gen | Editora Forense, 2014.

________. **Curso de Direito Internacional Público**. 9ª ed. rev., atual. e ampl. São Paulo: Editora Revista dos Tribunais, 2015.

MCLACHLAN, Campbell. Investment Treaty Arbitration: The Legal Framework. *In* VAN DEN BERG, Albert Jan (ed). **50 Years of the New York Convention:**

ICCA International Arbitration Conference, ICCA Congress Series, Volume 14, Kluwer Law International; ICCA & Kluwer Law International, 2009.

________. SHORE, Laurence; WEINIGER, Matthew. **International Investment Arbitration.** Nova Iorque: Oxford University Press (2nd Edition): Substantive Principles, 2017.

MERON, Theodor. **International Law in the Age of Human Rights (Volume 301).** Haia: Collected Courses of the Hague Academy of International Law, 2003.

MITSI, Mary. The Decision-Making Process of Investor-State Arbitration Tribunals. **International Arbitration Law Library**, Volume 46. Den Haag: Kluwer Law International, 2018.

MUÑOZ, Alejandro Anaya. Regimes Internacionais de Direitos Humanos: Uma matriz para sua análise e classificação. **Revista Internacional de Direitos Humanos**, v. 14, n. 25, p. 171-188, 2017.

NEWCOMBE, Andrew; PARADELL, Lluís, Historical Development of Investment Treaty Law. **Law and Practice of Investment Treaties: Standards of Treatment**. Holanda: Kluwer Law International, 2009.

NICOLAS, Nour. Recent Clauses Pertaining to Environmental, Labor and Human Rights in Investment Agreements: Laudable Success or Disappointing Failure? **Kluwer Blog**, 2019. Disponível em <https://tinyurl.com/yygvyyj3>. Acesso em 24 out 2020.

NIGEL, Blackaby, Investment Arbitration and Commercial Arbitration (or the Tale of the Dolphin and the Shark. *In* MISTELIS, Loukas; LEWS, Julian (eds). **Pervasive Problems in International Arbitration, International Arbitration Law Library**, Volume 15, Kluwer Law International, 2006.

ONUMA, Yasuaki. **Direito Internacional em perspectiva transcivilizacional**. Belo Horizonte: Arraes, 2016.

ONU. Declaração Universal dos Direitos do Homem (1948).

________. Human rights, trade and investment Report of the High Commissioner for Human Rights. Report n. E/CN.4/Sub.2/2003/9. 2003. Disponível em <https://undocs.org/pdf?symbol=en/E/CN.4/Sub.2/2003/9>. Acesso em 12 ago 2020.

________. **Report of the Human Rights Committee Volume I.** 100ª Seção (11–29 de outubro de 2010), 101ª seção (14 março à 1º de abril de 2011) e 102ª seção (11–29 de julho de 2011). Nova Iorque: ONU, 2011. Disponível em <https://www2.ohchr.org/english/bodies/hrc/docs/A.66.40_vol.I.pdf>. Acesso em 26 ago 2020.

________. **UN Committee on Economic, Social and Cultural Rights, General Comment n. 15: The Right to Water (Arts. 11 and 12)** – E/C.12/2002/11, 20 jan. 2003. Disponível em <https://www.refworld.org/docid/4538838d11.html>. Acesso em 26 de agosto 2020.

PAHIS, Stratos. **Bilateral Investment Treaties and International Human Rights Law: Harmonization through Interpretation**. Genebra: International Comissiono Comission of Jurists, 2011.

PAULSSON, Jan. Arbitration Without Privity. **ICSID Review – Journal of foreign investment**, vol. 10, nº 2, pp. 232-257, 1995.

PELLET, Alain. Notes sur la "fragmentation" du droit international: Droit des investissements internationaux et droits de l'homme. *In* ALLAND, Denis; CHETAIAL, Vincent; FROUVILLE, Olivier; VIÑUALES, Jorge (coords). **Unité et diversité du droit international: Ecrits en l'honneur du Professeur Pierre-Marie Dupuy**. Haia: Nijil | Brill, 2014.

________. State sovereignty and the protection of fundamental human rights: an international law perspective. Roma: **Pugwash Occasional Papers**, 2000.

PETERSON, Eric. Human Rights and Bilateral Investment Treaties. **Mapping the role of human rights law within investor-state arbitration**, 2009.

PIOVESAN, Flávia. Cidadania global é possível? *In* PINSKY, Jaime (org.). **Práticas de cidadania**. São Paulo: Contexto, 2004.

________. **Direitos Humanos e Direito Constitucional Internacional**. São Paulo: Max Limonad, 1996.

PROVOST, René. **International Human Rights and Humanitarian Law**. Reino Unido: Cambridge University Press, 2009.

RAMOS, André de Carvalho. **Curso de Direitos Humanos**. 5ª ed. (rev. e atual.) São Paulo: Saraiva, 2018.

________. **Processo Internacional de Direitos Humanos**. 5ª ed. São Paulo: Saraiva, 2016.

________. **Teoria Geral dos Direitos Humanos na Ordem Internacional.** 4ª ed. São Paulo: Saraiva, 2014.

REINISCH, August. **Expropriation**. *In* MUCHLINSKI, Peter; ORTINO, Federico; SCHREUER, Christoph (eds.)The Oxford Handbook of International Investment Law. Oxford: Oxford University Press, 2012.

REISMAN, Michael; CRWAFORD, James; et al. (eds). ***Foreign Investment Disputes: Cases, Materials and Commentary***, 2nd edition. Holanda: Kluwer Law International, 2014.

ROBERTS, Anthea. State-to-State Investment Treaty Arbitration: A Hybrid Theory of Interdependent Rights and Shared Interpretive Authority. Harvard: **Harvard International Law Journal**, 2014.

RODAS, João Grandino. *Jus Cogens* em Direito Internacional. **Revista da Faculdade de Direito da Universidade de São Paulo**. São Paulo: USP, 1974.

RUGGIE, John G. **Just Business. Multinational Corporations and Human Rights**. Nova Iorque, Londres: W.W. Nonton & Company, 2013.

RYAN, Margaret Clare. Glamis Gold, Ltd. v. The United States and the Fair and Equitable Treatment Standard. **McGill Law Journal, 56(4)**. 2011.

SALACUSE, Jeswald W. The Emerging Global Regime for Investment, **Harvard International Law Journal**. v. 427, 2010.

________. **The Law of Investment Treaties**. 2ª ed. Reino Unido: Oxford Public International Law, 2015.

SARAVANAN; SUBRAMANIAN. The Participation of Amicus Curiae in Investment Treaty Arbitration. **Journal of Civil & Legal Sciences**, Vol. 5, Issue 4, 2016.

SCHADENDORF, Sarah. Investor-State Arbitrations and the Human Rights of the Host State's Population: An Empirical Approach to the Impact of Amicus Curiae Submissions. *In* WEIß, Norman THOUVENIN; Jean-Marc. ***The Influence of Human Rights on International Law***. Suiça: Springer, 2015.

SCHIFFLER, Manual. **Bolivia: The Cochabamba Water War and Its Aftermath. Water, Politics and Money**. *In* Water, Politics and Money: A Reality Check on Privatization. Londres: Springer, 2015.

SCHUTTER, Oliver. **International Human Rights Law: Cases, Materials and Commentary**. Cambridge: Cambridge University Press, 2010.

SHAW, Malcolm. **International Law**. 6ª edition. Cambridge: Cambridge University Press, 2008.

SICARD-MIRABAL, Josefa; DERAINS, Yves. **Introduction to Investor-State Arbitration**. Haia: Kluwer Law International, 2018.

SIMMA, Bruno. **Foreign Investment Arbitration: A place for human rights?** International and Comparative Law Quarterly Vol. 60, 2011.

________; PULKOWSKI, Dirk. Of Planets and the Universe: Self-Contained Regimes in International Law. **The European Journal of International Law** Vol. 17 no.3, Nova Iorque: EJIL, 2006.

STAMOS, David. **The myth of universal human rights: its origin, history, and explanation, along with a more humane way.** Nova Iorque: Taylor & Francis, 2013.

STEININGER, Silvia. The Role of Human Rights in Investment Law and Arbitration: State Obligations, Corporate Responsibility, and Community Empowerment. **Max Planck Institute for Comparative Public Law & International Law**, 2020.

________. What's Human Rights Got To Do With It? An Empirical Analysis of Human Rights References in Investment Arbitration. **Leiden Journal of International Law**, 2017.

TAILLANT, Jorge Daniel; BONNITCHA, Jonathan. International Investment Law and Human Rights. *In* SEGGER, Marie-Claire Cordonier; GEHRING, Markus W.; et al. **Sustainable Development in World Investment Law. Global Trade Law Series**, Volume 30. Holanda: Kluwer Law International, 2011.

THIELBORGER, Pierre. The Human Right to Water Versus Investor Rights: Double-Dilemma or Pseudo-Conflict? *In* DUPUY; Patrick; FRANCIONI; PETERSMANN. **Human Rights in International Investment Law and Arbitration.** Oxford: Oxford University Press, 2009.

TRUBEK, David. Max Weber on Law and the Rise of Capitalism, 1972. Traduzido por: ZULLO, José Rafael. Max Weber sobre Direito e ascensão do Capitalismo. **Revista de Direito**, GB v. 3, n.1, 2007.

UNCITRAL; ICSID. **Draft Code of Conduct for Adjudicators in Investor-State Dispute Settlement**. Nova Iorque: Banco Mundial, 2020. Disponível em <https://tinyurl.com/y2j8yc4q>. Acesso em 27 ago 2020.

UNCTAD. Dados disponibilizados pela plataforma Investment Hub. Disponível em <https://investmentpolicy.unctad.org/investment-dispute-settlement>. Acesso em 6 set 2020.

________. **World Investment Report 2006 – FDI from Developing and Transition Economies: Implication for Development**. Nova Iorque: UN. Disponível em <http://unctad.org/en/docs/wir2006_en.pdf>. Acesso em 9 julho 2019.

VAN HARTEN, Gus. Investment Treaty Arbitration and Public Law. Reino Unido: Oxford University Press, 2007.

VANDEVELDE, Kenneth. **A Brief History of International Investment Agreements.** Thomas Jefferson School of Law Research, 2013.

________. The Political Economy of a Bilateral Investment Treaty. **American Journal of International Law**, 1998.

VEEDER, Jhonny. The Lena Goldfields Arbitration: The Historical Roots of Three Ideas. **The International and Comparative Law**, Vol. 47, n. 4. London: Cambrigde University Press, 1998.

WAIBEL, Michael; KAUSHAL, Asha; et al. (eds). **The Backlash against Investment Arbitration**. Haia: Kluwer Law International, 2010.

WEILER, Todd. Balancing Human Rights and Investor Protection: A New Approach for a Different Legal Order. **Boston College International and Comparative Law Review, Volume 27**, 2004.

ZACHARIASIEWICZ, Maciej. Amicus Curiae in International Investment Arbitration: Can It Enhance the Transparency of Investment Dispute Resolution? **Journal of International Arbitration**, v. 29, n.2. Holanda: Kluwer Law International, 2012.

ZENG, Lingliang. **Humanizing tendency of contemporary international law**. Higher Education Press and Springer-Verlag, 2009.

Casos e Decisões

Arbitragens de Investimento

*Ad hoc (UNCITRAL), **Farouk Bozbey v. Turcomenistão**. Procedimento Descontinuiado.*

*Ad hoc (UNCITRAL), **Glamis Gold, Ltd. v. EUA**, Decisão proferida em 2009.*

Ad hoc (UNCITRAL), ***Hesham T. M. Al Warraq v. Indonésia****. Decisão proferida em 2014.*

Ad hoc (UNCITRAL), ***Saar Papier Vertriebs GmbH v. Polônia****, Decisão proferida em 1995.*

Ad hoc (UNCITRAL), ***Thunderbird Gaming Corp. v. México****, 2006 WL 247692, NAFTA Thomas W. Wälde, voto dissidente.*

Ad hoc (UNCITRAL). ***Methanex v. EUA (NAFTA)****. Decisão proferida em 2005.*

Ad hoc (UNCITRAL). ***Ronald S. Lauder v. República Tcheca****. Decisão proferida em 2001.*

Ad hoc, ***Biloune and Marine Drive Complex Ltd v Ghana Investments Centre and the Government of Ghana****, Decisão proferida em 1989.*

Caso ICSID n. ARB/87/3, ***Asian Agricultural Products Ltd. v. Sri Lanka****, Decisão proferida em 1990.*

Caso ICSID n. ARB/93/1. ***American Manufacturing & Trading, Inc. v. República do Zaire (atual República Democrática do Congo****, Decisão proferida em 1997.*

Caso ICSID n. ARB/97/3. ***Compañía de Aguas del Aconquija SA & Vivendi Universal v. Argentina****. Decisão proferida em 2000.*

Caso ICSID n. ARB/96/3. ***Fedax N.V. v. Venezuela****, Decisão proferida em 1998.*

Caso ICSID n. ARB (AF) 98/3, ***Loewen Group Inc and Raymond Loewen v. EUA****. Decisão proferifa em 2003.*

Caso ICSID n. ARB(AF)/99/2 (NAFTA). ***Mondev International Ltd. v. EUA****. Decisão proferida em 2002.*

Caso ICSID n. ARB(AF)/00/2, ***Técnicas Medioambientales S.A. v. México****. Decisão proferida em 2013.*

Caso ICSID n. ARB/01/8, ***CMS Gas Transmission Company v. Argentina****. Decisão proferida em 2005.*

Caso ICSID n. ARB/01/12, ***Azurix Corp. v. Argentina****. Decisão proferida em 2006.*

Caso ICSID n. ARB/02/1, ***LG&E Energy Corp., LG&E Capital Corp., and LG&E International, Inc.v. Argentina****. Decisão proferida em 2007.*

Caso ICSID n. ARB/02/3, ***Aguas del Tunari, S.A. v. Bolívia****. Decisão de jurisdição proferida em 2005.*

Caso ICSID n. ARB/02/16, ***Sempra Energy International v. Argentina****. Decisão proferida em 2007.*

Caso ICSID n. ARB/03/9, ***Continental Casualty Company v. Argentina****, Decisão proferida em 2008.*

Caso ICSID n. UNCT/15/3. ***David R. Aven e outros v. Costa Rica****, Decisão proferida em 2018.*

Caso ICSID n. ARB/03/17, ***Suez, Sociedad General de Aguas de Barcelona S.A., and Inter Aguas Servicios Integrales del Agua S.A. v. República da Argentina****, Decisão proferida em 2010.*

Caso ICSID n. ARB/03/19, ***Aguas Argentinas, Suez, Sociedad General de Aguas de Barcelona S.A., and Vivendi Universal S.A. v. Argentina****. Decisão proferida em 2015.*

Caso ICSID n. ARB/03/19. **Suez, Sociedad General de Aguas de Barcelona, S.A.and Vivendi Universal, S.A. v. Argentina** *(também conhecido como Aguas Argentinas, S.A., Suez, Sociedad General de Aguas de Barcelona, S.A.and Vivendi Universal, S.A. v. Argentina). Decisão proferida em 2005.*

Caso ICSID n. ARB/03/23, **EDF International, saur International e León Participaciones Argentinas v. Argentina.** *Decisão proferida em 2012.*

Caso ICSID n. ARB/03/29. **Bayindir Insaat Turizm Ticaret Ve Sanayi A.S. v. República Islâmica do Paquistão.** *Decisão proferida em 2009.*

Caso ICSID n. ARB/04/19, **Duke Energy Electroquil Partners & Electroquil S.A. v. República do Equador.** *Decisão proferida em 2008.*

Caso ICSID n. ARB/05/07, **Saipem S.p.A. v. Bangadlesh,** *2009.*

Caso ICSID No ARB/05/07, **Saipem SpA v. Bangladesh,** *2009, Decisão de Jurisdição Recomendações sobre medida cautelar de 21 de março de 2007.*

Caso ICSID n. ARB/05/20. **Ioan Micula, Viorel Micula, S.C. European Food S.A, S.C. Starmill S.R.L. and S.C. Multipack S.R.L. v. Romênia.** *Decisão proferida em 2013.*

Caso ICSID n. ARB/05/20. **Ioan Micula, Viorel Micula, S.C. European Food S.A, S.C. Starmill S.R.L. and S.C. Multipack S.R.L. v. Romênia,** *Decisão de Jurisdição proferida em 2008.*

Caso ICSID n. ARB/05/22. **Biwater Gauff (Tanzania) Ltd. v. Tanzania.** *Decisão proferida em 2008.*

Caso ICSID n. ARB/06/1, **Spyridon Roussalis v. Romênia,** *Decisão proferida em 2011.*

Caso ICSID n. ARB/06/3, **Grupo Rompetrol N.V. v. Romênia.** *Decisão proferida em 2013. § 107*

Caso ICSID n. ARB/06/5. **Phoenix Action Ltd v República Tcheca,** *Decisão proferida em 2009.*

Caso ICSID n. ARB(AF)/07/01. **Piero Foresti, Laura de Carli e outros v. África do Sul.** *Decisão proferida em 2010.*

Caso ICSID n. ARB/07/12, **Toto Costruzioni Generali S.p.A. v. Líbano.** *Decisão proferida em 2012.*

Caso ICSID n. ARB/07/26, **Urbaser S.A. and Consorcio de Aguas Bilbao Bizkaia, Bilbao Biskaia Ur Partzuergoa v. Repúlbica da Argentina.** *Decisão proferida em 2016.*

Caso ICSID n. ARB/10/7, **Philip Morris Brands Sàrl, Philip Morris Products S.A. and Abal Hermanos S.A. v. Uruguai.** *Decisão proferida em 2016.*

Caso ICSID n. ARB/10/15, **Bernhard von Pezold and Others v. Zimbábue,** *Decisão proferida em 2015.*

Caso ICSID n. ARB/11/28, **Tulip Real Estate e Development Netherlands v. Turquia.** *Decisão proferida em 2014.*

Outras cortes e tribunais

Corte Europeia de DH. ***James e outros****, 1986.*
CIJ. ***Barcelona Traction, Light and Power Co, Ltd (Bélgica vs. Espanha)****, 1970.*
CIJ. ***Elettronica Sicula S.P.A. (ELSI)*** *(EUA v. Itália), 1989.*
CIJ. ***Opinião sobre Declaração de Independência a Respeito de Kosovo****. Parecer proferido em 22 de julho de 2010.*
CORTE INTERAMERICANA DE DIREITOS HUMANOS. ***Caso Comunidade Indígena do Sawhoyamaxa v. Paraguai****. Decisão de 29 de março de 2006 (Merits, Reparations and Costs).*
CPIJ. ***Mavrommatis Palestine Concession****. Decisão de 1924.*
OMC. ***Estados Unidos – Camarones*** *(USA – Shrimp).*
OMC. ***CE – Amianto*** *(European Communities-Asbestos).*
OMC. ***Estados Unidos – Plomo y bismuto II*** *(USA – Lead and Bismuth II).*
OMC. ***CE – Sardinas*** *(European Communities – Trade Description of Sardines).*